# 语文阅读与写作教学研究

李玉红　陈晓玲　王　芬　著

辽海出版社

图书在版编目（CIP）数据

语文阅读与写作教学研究 / 李玉红 , 陈晓玲 , 王芬
著 . -- 沈阳 : 辽海出版社 , 2018.12
　ISBN 978-7-5451-5091-9

　Ⅰ . ①语… Ⅱ . ①李… ②陈… ③王… Ⅲ . ①阅读课
—教学研究—中等专业学校②作文课—教学研究—高中
Ⅳ . ① G633.302

中国版本图书馆 CIP 数据核字（2018）第 283984 号


责任编辑：丁　凡　高东妮
责任校对：丁　雁


北方联合出版传媒（集团）股份有限公司
辽海出版社出版发行
（辽宁省沈阳市和平区十一纬路 25 号 辽海出版社　　邮政编码：110003）
北京市天河印刷厂印刷　　　　全国新华书店经销
开本：710mm×1000mm　　1/16　　印张：19　字数：280 千字
2020 年 1 月第 1 版　　2020 年 1 月第 1 次印刷
定价：80.00 元

# 前　言

　　语文在中国教育中扮演着极为重要的角色，无论是对基础教育、职业教育还是高等教育而言，语文都是一门重要学科，是重要的交际工具，是中国人日常社交生活中必不可少的一部分。

　　以就业为导向、以服务为宗旨是中职语文教学与普通高等语文教学的最大区别。语文作为中职学校的公共基础课，除了人文性，其工具性也不容忽视。《中等职业学校语文教学大纲》提出，根据校园生活、社会生活和职业生活确定活动内容，设计活动项目，创设活动环境，通过搜集资料、小组合作、交流展示、总结评价等步骤，围绕主题开展语文实践活动，运用语文有关知识和技能，提高学生的语文应用能力与实践能力，培养职业理想及职业情感。

　　语文教学最终要落实到培养学生未来职场需要的能力上。中职语文要突出其特色，注重创设应用情境，培养学生根据特定情境恰当运用语言材料和语言范式进行恰当表达的能力。

　　在全面提高学生语文素质的思想指导下，高中语文教学大纲作了较大幅度的修改，提出了新的要求：既要使写作教学联系生活实际，又要提高学生的应用写作能力；既要培养学生的写作创新意识，又要使学生的想象和联想能力得到充分发展；既要加强对学生课外写作的指导，又要改变写作教学的单一模式。在新形式、新标准和新要求下，针对高中语文写作教育暴露出一些弊病和不足，教师需要结合实际情况采取科学有效的教学方式，才能不断提升语文作文教学工作的水平和质量。

　　新课改要求课堂教学要以学生为主体，提升学生的主观能动性，这就要求教师改变以往的"填鸭式"教学思路，在课堂教学中尽量增加师生互动环节，让学生逐步成为课堂教学的主体。在分析当前高中语文课堂教学问题及成因的基础上，结合个人教学实践，总结基于新课改的高中语文课堂互动教学改革策略。

# 目　　录

3

第一章 中职语文教学概述

# 第一节　浅谈中职语文教学

中职语文课堂教学处境较为尴尬，改变教学的无效状态是每位语文教师面临问题。语文教育家张志公先生说过："今天谈语文教学改革，就是大幅度地提高效率。"中职语文课堂教学要提高效率，要提高语文教学质量，只有从转变教学观念入手，在改革课堂教学方式及内容上谋求突破。

## 一、优化人文教育环境

教育管理者应树立"以人为主"的观念，"人本主义又亦是以更看重人的自由、人格，以人的基本地位为前提来观察世界的思潮"。要加强以语文为主的人文素质教育，提高语文学科地位，切勿让民族浓厚的根基文化在经济时代的浪潮中被冲淡冲垮。在政策方面，确立中职学校发展和改革的人文目标，重视人文教育。中职学校不应削弱语文教育，而是要继续加强语文教育，增加课时量。21世纪是一个高度科技化、信息化、国际化和市场化的社会，社会中的每个人都必须接受新的知识体系，形成新的价值观念、新的心理品质和新的知识体系。广博的基础文化、扎实的专业知识、必备的综合技能、健全的体格特征以及对社会生活的广泛适应性等，是任何一个想在社会中谋得良好生存与发展空间的个体必不可少的素质，这些素质要求与个人的语文能力密不可分。因此，中职语文教育教学改革需要教育界乃至全社会的关注与支持，共同为后来者创设一个良好的语文学习环境。

唯有使专业教育与语文教育相融合，使中职生既具备专业技能又具有人文素养，才能达到造就合格应用型人才的目的。21世纪"语文的未来将是和谐的走势"。

## 二、提高语文教师素养

学校的一切教育活动都要由教师来执行，教师的素质决定了教育的质量。21世纪的中职语文教师应该具有先进的教育理念、较强的现代教学能力，要重视和加强教学研究，努力成为教材开发者和终身学习者。

（一）中职语文教师要树立科学的教育价值观

教育的本质就是培养人，就是提高人的素质。人们从前对教育的价值过分强调为社会服务，而忽视了个人的发展。如今职业教育正在由能力本位教育向人本主义教育转变，即现在的教育价值观是既要为社会发展又为个人的发展服务，"尊重个人需要与尊重社会需要具有高度的统一性、一致性"，是二者的有机结合。现在我国经济要实现快速腾飞，需要数以千万计的高素质的专业型、技能型的劳动者。要在整体上提高劳动者的素质，这就需要教师努力去关注教育价值观的转变。要树立面向全体学生的教育思想，把单纯接受学习、死记硬背、升学就业的教育目标转变为有意义的接受学习，培养学生的创造能力、实践能力、终身学习能力以及生存发展能力的教育目标。

（二）中职语文教师要建立新时代的教学观

教师要建立"以人为本"的教学观。教育的对象归根结底是人，学生是具有独立意义与巨大发展潜力的人，他们既具有同一年龄层次相同的心理特征，又因为家庭条件、社会现象、生活经历等不同而具有独特的思维、情感和知识能力，学生的这种独立性是客观存在而不以教师意志为转移的。学生是语文教学的主体，教师不可能代替学生读书、观察、分析、感知和思考，要想使学生接受自己的指导，就要树立"以人为本"的教学观。尊重学生的个体独立性，在教学过程中紧密结合学生的个体需要，关注学生的能力水平，与学生平等对话，使自己的教育和教学适应学生的身心发展规律，更好地激发学生发展的潜能。

（三）中职语文教师要具有现代教学能力

现代教学能力主要指要更新教育理念、课程意识，了解青少年的身心特点，善于将自己的知识变成学生的知识的教学艺术，良好的教育机制和教学语言，营造富有生气的教学气氛的才能，将学科知识、教育理论和现代信息技术整合在一起的能力，促进学生形成良好的道德品质和个性发展的能力，教师的研究意识和反思意识等。中职语文教师要学习先进、新鲜的教学经验，通过专业期刊及报纸、互联网学习新知识，关注同行的研究，吸纳最新的研究成果，更要灵活地应用教育学、心理学的基础理论，使语文教学建立在科学的教育理论基础上。教师要不断自我学习，熟练地操作运用现代化教学设备，与常规教学手段相结合，从而力求最佳的教学效果。

### 三、激发学生的学习兴趣

孔子说："知之者不如好知者，好知者不如乐知者。"兴趣是最好的老师，兴趣是人们力求认识世界、渴望获得文化科学知识、不断探求真理而带有主观色彩的意向活动。当一个人对学习产生兴趣的时候，他就会全神贯注、积极主动且心情愉快地投入到学习中去。我们要创造条件为学生搭建平台，教师讲课时尽可能与学生生活相关，与他们的经验相整合，从而吸引学生的注意力。运用风趣幽欲的语言和极具感染力的言辞激发学生浓厚的兴趣和求知的欲望，使他们怀着期待迫切的心情渴望新课的到来。

只要努力优化中职学校的人文教育环境，重视提高语文教师素养，激发学生的学习兴趣，中职语文教学就会取得很好的效果。让我们走出误区，立足本岗，正视现实，以学生为中心，以培养学生语文能力为重点，潜心中职语文教学改革，这样就一定会迎来中职语文教学的春天！

# 第二节　中职语文教学变化

中职语文教改的路该怎么走？过去我们常说语文学科是人文性、工具性的统一。以目前的职高生现状来看，无论是人文性还是工具性都很难在课堂中落实，因为学生对你所说的审美意识、人生意识不感兴趣，对于自己能认识多少字、了解多少语法无所谓。他们以走神、睡觉表示抗议，职高语文教师觉得很悲哀。其实"教育的基本作用，似乎比任何时候都更在于保证人人享有他们为充分发挥自己的才能和尽可能牢牢掌握自己的命运而需要的思想、判断、感情和想象方面的自由。"换个角度想，我们为什么不能给他们这种自由呢？我们是否设想过我们要培养怎样的学生？美国学者贾尼丝·萨博把培养"聪明的孩子"还是培养"智慧的学生"概括为两种教育：

（1）聪明的孩子：①能够知道答案；②带着兴趣去听；③能理解别人的意思；④能抓住要要领；⑤完成作业；⑥乐于接受；⑦吸收知识；⑧善于操作；⑨善于记忆；⑩喜欢学习。

（2）智慧的学生：①能够提出问题；②表达有力的观点；③能概括抽象的东西；④能演绎推理；⑤寻找课题；⑥善于出击；⑦运用知识；⑧善于发明；⑨善于猜想；⑩善于反思、反省。

聪明的孩子肯定能考出好成绩，但我们不需要通过考试以分评人，我们需要培养智慧的劳动者，那何不把孩子培养成智慧的学生呢？我认为这才是中职语文教改的目标，在这个目标的指引下，中职语文课改首先要迈出三大步。

### 一、变革应试教育的框架，培养学生质疑、表达的能力

无论我们口头上多么提倡素质教育，当前教育仍是应试教育。职高生毕竟是从应试教育体制中走出来的，他们是悲情的群体，他们成绩不好，课堂中的发言、提问轮不上他们，我听过很多初中语文教学的示范课，他们只是其中的看客和接受者。比如《记念刘和珍君》一文，教师设计诸如鲁迅为什么要写这篇文章、鲁迅眼中的刘和珍是一个怎样的女孩之类的问题，这些问题都可在文本中找到相应的材料，对于高一新生来说是乐于回答的。这样做的目的是培养师生间互相信任的关系，消除学生的发言顾虑，使让学生逐渐意识到说话原来不是想象中那么难。简单之后给学生抛出"你认为她死得值吗"之类带有探讨性的问题，让学生进入思考讨论的层面，当然答案肯定是多种多样的，只要学生思考了，不管他的答案是什么，我们都应该高兴。至于更扩展性的问题，如刘和珍为什么会死等，就涉及很多知识积累，职高生不一定适应，要慎用此类问题，也可在教师的解说下展开。因此，学生要由教师引导，教师要在教学过程中使学生的自我权威感。在这一过程中，教师要具有包容一切的胸怀和存异的思想，要学会接受、尊重学生的观点。

### 二、澄清素质教育的误区，促进学生思维的拓展

中职语文课要想高质量地走出第一步，教师必须开发学生的思维。没有思维，就没有质疑和表达。当前国家所倡导的素质教育，应该是开发思维的教育。职高生语文水平差，这是事实。前几年，我一直在为如何解决学生的基本功和感悟人文性伤脑筋，在一些评课中甚至提出工具性优先人文性的看法，现在看来，当时的做法是错误的。字不会写就教他查字典，不理解文章的内涵是年龄不到、阅历不够，强求不得。与其浪费精力，倒不如培养他们多样性的思维。值得庆幸的是很多老师在这方面进行了探索。比如有人提出假想性推测在语文教学中的运用，让学生对课文中一些情节提出假设，如《项链》中玛蒂尔德没有丢掉项链会怎样？《鸿门宴》中项伯不去救张良会怎样？然后猜想进程并写成文字。要解决这些问题，学生就要寻找资料、研究资料、组织观点，这个过程就是思维训练的过程，培养学生"会学"能力的过程。还有的老师提出语文课堂要留白，要留给学生思考的空间。

### 三、冲破教材的藩篱，让学生找到自己的路

传统的语文教师一直受教材的束缚，每学期所想的就是教学进度，教参中的标准设置，浪费了很多教育的机会。教材是死的，人是活的，教材是单一的，学生却是多元的，教师要能对"语文教科书做出适当的'裁剪'，取舍多寡，增删与否，均要依据该班、该生的实际情况做出相宜的安排"。特别是职高学生的特殊性导致语文教学决不能照本宣科，为了使学生有兴趣跟随教师进入语文世界，教师必须根据学生的要求开展教学。比如教授枯燥、晦涩的《风景谈》时，老师讲了很多课外课外的，发现学生的几个兴趣点，有人喜欢人物传记，有人喜欢历史，有人喜欢了解当时的社会概况。如果不是为了三课时结束教学，我可以和他们探讨很多东西。反思教学过程，我们完全可以不顾教材的规定，抓住学生的几个兴趣点，按喜好对他们分组，做一些收集、分析的工作，虽说与课文关联不大，这何尝不是好的教学呢？语文课本只是一个载体，教师若能在语文课程的共性下自主选择、实施个性化的课程，使每个学生都能在语文中找到适合自己的路，那么中职语文课也就不难上了。

综上所述，中职语文教学要突破旧的观念，在培养学生思维、表达、创新上下功夫，学会尊重学生发挥自己才能、思想的自由。但是，语文教改也不能走上极端，有些观点认为中职语文教学可有可无，只需进行应用文教学，完全放弃语文课程，这是让人无法接受的。

# 第三节 中职语文教学中的人格教育刍议

最近网上流行这样一句话：欣赏一个人，始于颜值，敬于才华，终于人品。人品是一个人最高的学历，好的人品是一个人立足社会的软实力。当今社会，有才华的人比比皆是，但才能出众且人品高尚的人却不多见，人格高尚已经成为一个人施展能力的基础。语文是工具性和人文性的统一，为了培养当代中职生良好的个性和完善的人格，为他们将来步入社会奠定坚实的基础，笔者认为，职高语文教学应尽快改变教学模式，重视学生的品德修养和人格教育。

在培养中职学生健全人格方面，语文作为中职教育阶段的一门基础课程具有得天独厚的优势。因此，中职语文教师要充分利用语文学科的这一优势，对中职学生进行完善的人格教育。

## 一、语文人格教育的含义

语文人格教育本质上是指语文教师在整个教学活动中将知识传授给学生，重视培养学生的语文能力，对其实施人格教育的活动。

在语文学科中对学生进行人格教育有其他学科不能比拟的独特优势，语文课程具有非常丰富的人格教育因素。因此，语文素质教育的最终目标就是塑造学生良好的人格。

## 二、中职语文教学中实施人格教育的可行性

联合国国际 21 世纪教育委员会在新旧世纪交替之际，提出了一个令人振奋的命题："教育，必要的乌托邦。"语文教育太需要"乌托邦"了。语文教学是一个水到渠成的过程，不可以拔苗助长。尽管语文课改 20 多年来，出现了许多现代化的教学理念和新的名词术语，但是真正与教学实践相结合并取得较好成果的课改并不多。许多学校的教学仍不尽人意，具体表现在：在教学内容上，大多数教师仍以传授知识为主，忽视对学生过程与方法、情感态度与价值观的培养；在教学模式上，仍采用传统的"教师讲—学生记"的课堂模式，教师在课堂教学中仍然处于主体地位，而学生依然处于被动地位。无论是在教学内容还是教学模式上，教师都淡化了语文教学人格教育的功能。因此笔者认为，中职语文教学深改的当务之急是教师要树立培养学生健全人格的意识。在中职语文教学中实施人格教育的优势主要表现在以下几方面：

### （一）语文教材中各种文体的作品是塑造学生完善人格的范本

议论文教学不仅可以培养学生严密的逻辑思维能力，还可以培养学生严谨的治学精神；说明文教学不仅可以锻炼学生观察事物的能力，还可以培育他们脚踏实地、求真务实的科学精神。

中职语文教材中一篇篇文质兼美的文章，凝结了作者浓郁的情愫和独特的人生感悟，蕴涵了作家纯朴的情感和独到的追求，包含了他们对人情世故的价值判断和思索。饱览这些作品就是读者和作者进行心灵对话和感情交流的过程，学生研习这些文学作品，不仅有助于他们了解文学基本知识，而且可以使他们净化心灵，熏陶情操，完善人格。

### （二）语文教材中的人物是学生学习的榜样

"安能摧眉折腰事权贵，使我不得开心颜"的李白；"安得广厦千万间，大庇天

下寒士俱欢颜"的杜甫;"先天下之忧而忧,后天下之乐而乐"的范仲淹;"归去,也无风雨也无晴"的苏轼;"数风流人物,还看今朝"的毛泽东……现行高教版中职语文教材中有许多熠熠生辉的人物形象,他们用自己的方式诠释着对真、善、美等崇高人格的不懈追求,这是语文教育弥足珍贵的课程资源。

在语文教学中,教师要充分利用这些资源,不失时机地对学生进行健全的人格教育,从而提升学生的思想境界,完善他们的人格。

### 三、中职语文教学中人格教育的实践途径

#### (一)提升教师自身修养及素质

一名优秀的教师即便长得不好看,也丝毫不影响学生对其的铭记,为什么会这样呢? 我想其中一大部分原因归功于教师有着高尚的人格修养。有句话说得好:"经师易得,人师难求。"这句话强调的是作为一名教师,其职责是教书育人,不仅要教好书,更要担负起育人的任务。教师要善于和学生交流,要对学生的内心世界有比较深刻的了解,让学生感受到来自教师的尊重。语文学科想要培养学生健全、高尚的人格的话,就要求教师应该以健全的人格魅力来引领学生的健康发展。对于语文教师来说,不断丰富自己的涵养,拥有扎实的语文功底,不断提高语文水平,将会使得自身产生巨大的影响力,同时也是教师培养创造力的前提条件。

#### (二)注重体验式学习,促进学生形成健康和完善的人格

中考以及高考这两个考试决定了教师在教书的过程中具有很强的功利性,对学生、教师、家长来说,他们往往会将注意力集中在分数上,至于学生在学习语文的过程中有哪些体会并不在乎,更是无人关心。目前我国中职语文教育更是存在这样一种倾向,那就是重学术却轻视人格教育,在语文教学的过程中,教师过于注重技能以及知识的传授,这种忽视学生人格培养的片面做法,对实现语文教育现代化并没有多大益处。学生的学习过程本质上是一个体验的过程,也是一个不断完善自己的过程。单纯的认知不能够满足一个生命健康成长的需要,而传统的教学方式,不仅与学生人格相冲突,更与其个性发展相矛盾。体验式教学的真正意义是在整个教学过程中不断激发学生的学习兴趣,使学生在有限的生命中活出质量,对智力进行进一步的开发,培养学生健康的人格。

学生通过学习语文加深对知识的理解,学会了融会贯通,不仅要掌握语文知识,提升语言运用能力,更需要有一种深刻的体验,关注生命时需要一种自我的视角。因此,教师在创设教学情境时,应注意让学生充分了解文本上的知识,深化学

生内在的情感体验，使他们在脑海中留下难以磨灭的印象。

(三) 根据教材内容对学生进行正面教育，塑造学生健康人格

中职语文教材中有很多人格教育的重要资源。教师在对学生进行教学的过程中，需要充分挖掘利用这些重要资源，然后因势利导开发和利用学生自身资源，引导学生牢牢记住这些对自己人格教育有益的重要资源，在学习的过程中加强思维训练，反复咀嚼锤炼，并且逐渐使之成为自己生命的一部分。

(四) 巧妙利用学生喜欢的语文活动课进行人格教育

课堂仅仅局限在一个相对比较狭小的空间内，难以留给学生更多的学习空间，而课外活动是语文教学的重要性环节，因此，教师要紧紧把握课外活动这一环节。一是要在读写活动中开展人格教育。教师可以组织学生观看与人格教育有关的书籍、电影，每看完一本书或者一场电影时，教师可以让学生对该书或者这场电影进行评价，这样既帮助学生提升了自身的鉴赏能力，更在无形之中提高了学生的创作能力。学生可以对书中或者电影中的角色提出自己的见解，从而大大提升自己的人格魅力。二是要在编创活动中开展人格教育。教师可以组织学生编创班刊、班报、墙报等，编创内容范围可以比较广泛，能够真实地反映社会面貌，让学生主动投入到编创班刊、班报、墙报的活动中；班刊、班报、墙报等设计需要精心设计，教师应允许并鼓励学生自主构思，通过编创活动充分调动学生的积极性。三是在竞赛活动中开展人格教育。教师要多组织学生参加朗诵、演讲、征文等比赛活动，让学生把自己的特长展示给其他人，从中获得的乐趣与成就感将强化学生的自信，进而使他们形成坚韧、顽强的人格。

语文教学是我国实施素质教育的一个重要组成部分，现代语文教育的基本目标就是全面提高学生的语文素养，进而为塑造具备良好心理特质的健全人格服务。语文教师要积极承担起培养学生健康人格的光荣任务，要站在国家战略全局的高度，脚踏实地地不断探索和勇于拼搏，在实施素质教育、塑造健康人格中不断寻找更好、更为有效的办法。

## 四、如何在中职语文教育课堂中融入人格教育

"形成良好的个性、健全的人格"是语文教学的最终落脚点，也是学生人生规划的起点，没有健全的人格就不会有长远的职业规划，没有长远的职业规划，人生就会迷失方向。所以我们必须对学生进行人格教育，让他们可以更好地规划自己的人生。在上文中我们提到了中职语文课堂的特性，也提到了中职语文课堂对学生人

格教育的重要性。那么在接下来的内容中，我们将探讨如何在中职语文教育课堂中融入人格教育。

（一）学校的研究准备阶段

学校在开展新的课题研究之前，必须要对课题有一个详细的认知，分析人格教育是否具有史诗意义，分析人格教育在本校开展的方式、方法，分析人格教育对学生的意义。所以学校可以建立一个调研组，让优秀教师在调研组中进行分析论证。教师在进行分析之前也要对人格教育有一个详细的认知，比如可以通过查阅资料的方式加深自己对本课题的了解。在有了充分的了解后就可以展开分析，教师也应该分析得出最合理的人格教育方案，为后续人格教育工作的展开提供一个范例。教师也应该详细清楚地明白本次研究课题的研究目的以及最终的研究任务，从多方面出发，为学校的研究课题尽一份力。

（二）学校的调研阶段

在一项新的研究课题展开前，学校首先需要进行调研，调查学生的基本情况，调查学生对本课题的看法，有时也可以调查学生对本课题的意见，所以学校在推广研究课题之前，要先对学生进行调研。学校可以利用调查问卷的形式，在调查问卷中设立自己想要了解到的知识内容，并让学生认真的填写问卷，将问卷的调查结果总和起来，并邀请教育专家对调研结果进行分析论证，分析在本校应该如何以更好的形式人格教育开展，再综合上文中教师的研究方案，双管齐下，开展研究课题。

（三）学校的具体实施阶段

在上述准备充分之后，学校就可以进行人格教育的推广了，在中职语文教育课堂中，教师应该将人格教育的内容充分融入语文知识中进行讲述，并确定实施周期，在本周期结束后对学生进行调查研究。调查人格教育的研究效果、调查在中职语文课堂中融入人格教育后学生的具体表现、观察学生的学习行为及学习情况是否有所改善。综合这些现象对中职语文课堂融入人格教育的课题进行总结分析，并得出具体的分析报告。然后查漏补缺，完善中职语文课堂中融入的人格教育。

教育事业是我国当前各方面都普遍关注的事业，不管是普通高中还是中职学校都应该重视学生的教育，教育不仅包括学生的成绩，也包括学生的人格教育。在文中，我们提出了在中职语文课堂中融入人格教育的研究课题，这是对教育事业的一个创新，也是对学生负责的一种表现。但是，教育事业是需要不断创新的，我们不能满足于当前的成就，还要不断进行钻研，努力促进教育的发展，使教育变得越来越现代化、创新化，让教育跟上时代发展的潮流，跟上世界发展的潮流。让学校真正成为学生接受教育的场所，而不只是学生进入更高教育场所的一个媒介，让教育真正发挥作用。

# 第四节　中职语文教学价值定位及其实现的思考

职业院校教育的核心目标是为了实现职业化的服务理念，以就业作为基本向导，优化办学理念，有效实现中职教育体系的创新发展。中职语文教学中的课程内容是中职教学中较为重要的组成部分，职业化的教学价值是必然存在的。但是，在教学中仍然存在一定的误区，一些中职院校管理者忽视了语文教学的价值、过分地强调语文学科的本位性、过分地要求中职语文专业化的发展等，如果这些误区不能得到及时解决，就会使语文教学失去其原有的目标，也无法对教学价值进行合理定位，从而限制了教育改革。因此，现阶段的职语文教学要明确语文教学价值，对其进行合理定位，彰显中职语文教学的优势性，从而为社会培养更多专业性的高素质人才。

## 一、中职语文教学价值定位分析

### (一) 基础价值

中职语文作为基础性的语言课程，所涉及的文化内容相对丰富，所以也存在多种问题。通过语文基础知识的讲解，可以使学生掌握语音的拼写规则、汉字形体、标点种类，并提升学生的阅读能力以及语言组织能力。

### (二) 人文价值

语言作为一种公共性的基础课程，可以在学习中学生形成语言与思想上的交融，因此，整个教学过程具有一定的人文价值。通过对中职语文教学价值的定位可以发现，学生在语文知识学习中会形成良好的爱国主义情感，树立和谐的社会主义道德观念，并在此基础上树立正确的价值观念。此外，通过语文教学还可以强化中职学生的语文能力，拓宽思维，激发他们的想象能力，实现中职学生专业语文素养的有效提升。

（三）工具性价值

中职语文教学的核心目的是让学生掌握基本的语言使用规则，因此，其工具性价值体现在以下几个方面：第一，通过对语言的积累，可以使学生在语文阅读中掌握大量的语文材料，强化自身的语言结构，实现语言的有效积累。第二，在通过语文课文阅读可以使学生熟练掌握精彩的课文片段，通过熟读、朗诵，可以强化学生的语言组织能力。第三，通过课外阅读积累，可以培养学生的阅读兴趣，使学生形成良好的阅读习惯，并实现语言的有效积累，为学生语文素养的提升提供保证。

## 二、中职语文教学价值定位的误区

### （一）忽视对语文教育作用的认知

职业教育以学生的职业发展为基础，要求学生只要掌握专业技术就可以了，并不关注语文知识的学习。这种现象也就降低了中职院校学生的学习兴趣，使学生在以后工作中不能满足职业角色的需求，从而对学生的发展造成影响。

### （二）过分强调语文学科本位

在中职语文课程教学中，一些教师在教学中很难摒弃传统的学习观念，过分强调语文学科的中心思想，而且在教学中也只是运用以往的教学手段，学生在该种环境下不能发挥自己的主动思维，只是在教师的带领下进行学习，长期如此，就会使学生逐渐失去了学习兴趣，更不用说语文教学价值的展现了。

### （三）过于强调中职语文专业化

在教育改革背景下，一些中职语文教育人员为了满足特色化的教学理念，在教学构建中强调专业性的服务内容，将语文课演变成美术课、表演课等，学生在学习中无法正确了解到语文文化的核心价值，这也就使中职语文课程教学失去了原来的价值。

## 三、中职语文教学价值的实现策略

### （一）实现课程合理定位，激发学生学习兴趣

在中职院校语文课程教学中，为了满足中职语文教学中的价值定位需求，教育人员在教学中需要对课程进行合理定位，并在整个过程中做到以下几点：第一，紧

跟学生专业需求。中职语文教学课程内容的设计与其他教学模式具有一定差异，核心目的是在培养学生学习能力的基础上，强化学生的实践能力。中职语文教学课程项目的设计要在人文化以及工具化的基础上，实现特色化的教学创新。因此，中职语文教师要针对学生的个性特点、人格特点等进行教育体系的革新，保证中职语文课程构建的特色化。第二，在教学中为学生创设学习情境。在中职语文教学中，教师要通过情境教学模式的营造，进行教学内容的创新，并在此基础上完善语文实验教育创新的基本需求，通过专业文化、企业文化以及工业文化知识体系的资源调整，为学生创设合理化的教学情境。在情境教学中，教师要以学生为主体，针对课程进度进行任务分配，并在此基础上运用多媒体教学、音乐教学以及实物表演等课程形式激发学生的学习兴趣，为学生学习能力的提升提供有效支持。

(二) 实现课程灵活调控，满足职业教育需求

在中职语文教学中，教育人员要充分认识教学的基本价值，通过对其内容的科学定位，积极开展教育活动，使在灵活的环境下激发学生的学习兴趣得到有效激发。因此，在课程灵活调控的过程中，教师需要做到以下几点：第一，进行课程活动的合理分组以及科学调控，充分保证每位学生可以参与课程活动。在中职语文实践活动构建的过程中，教师要通过分析课程教学内容营造活动环境，在小组活动搭配中，教育人员要尊重每位学生的特点，按照"同组异质、异组同质"的分组原则，在问题分析及讨论中激发学生的兴趣，并在全员参与的基础上实现学习目标。第二，在分组活动构建过程中，需要将3-4个人分为一组，使每位学生都有交流的机会，从而实现小组成员分配活动构建的合理性，满足中职语文教学价值的科学体现。在该种小组活动中，教育人员可以引导学生定期进行角色的更换，充分发挥每位学生的优势，增强团队合作能力，从而有效避免教学中课程单一以及枯燥的现象，为灵活课堂环境的营造提供有效支持。第三，明确课程任务，提高活动组织的整体效率。在中职语文教学实践过程中，通过明确教学任务可以提高活动内容的控制效率，而且在明确中心的背景下，学生也可以积极探究问题，从而激发学生的学习兴趣，满足学生的基本需求，为教育体系的稳定革新以及教育目标的优化提供保证，为中职语文教学价值的实现奠定基础。

(三) 拓宽教学评价途径，彰显教学价值

在中职教育改革及发展中，传统的教学评价系统已经不能满足教育的核心目标，因此，在教育体系完善的背景下，为了充分体现语文教学的基本价值，教师需要构建多元化的教学评价系统，激发学生语文实践的参与兴趣，实现语文教学的价

值的，从而为教育活动的开展以及教学效果的提升奠定良好基础。第一，教学评价要注重评价内容的过程性以及多元性。过程性评价不能只是单一评价学生的考试成绩，而要通过考察工作的构建提高学生的认知能力，满足学生的基本需求，通过对学生学习目标、学习任务的分析，构建激励性的教学环节，营造动态化的教学评价理念，从而为教学体系的优化创新以及语文教学价值的体现提供支持。第二，教学评价也要充分考虑学生多元化的基本需求，在评价内容分析中，注重学习目标构建以及学习检测活动确立的科学性，注重对学生情感态度以及学习方法的引导，并在此基础上积极拓宽教学评价环节，彰显学生评价的主体地位，教育人员要尊重学生评价的基本方式，通过对学生评价内容的分析，完善评价环节，从而激发学生的兴趣，满足中职语文教学价值的基本需求。

总而言之，在现阶段中职语文课程教学中，教育人员要正确认识语文教学价值定位的核心内容，改变以往的教育手段，通过对教育体系革新内容的认知，实现教学模式的有效改革，在全新的语文课程教学背景下，激发学生的学习兴趣，强化语文素养，从而为其职业化以及综合性的发展奠定良好基础。

# 第五节　中职语文教学的现状、问题及对策研究

近年来，随着经济的发展和教育体制的改革，人们逐渐忽视了中职语文教学，他们对中职语文教学存在认识上的误区，片面认为中职语文对职业人群的技能培养作用不大，导致中职语文教学没有得到中职院校的重视，这种情况下，中职语文必须顺应发展形势，不断解决问题，提高中职院校学生的综合素质。

## 一、中职语文教学的现状

一般来说，进入中职院校就读的学生文化基础都不是很扎实，学生的整体素质较差，他们对学习缺乏兴趣和热情，迫于生存或者家庭的压力才不得不去学习一门技术。即使进入中职院校，他们也是混日子，得过且过，尤其不重视作为基础课程的语文，导致语文课成绩不高，不能满足社会的需求。此外，教师和学生对语文的认识也存在误区：教师认为学生普遍不重视语文教学，教学效果得不到提高，不如得过且过，他们满足于现状，不积极探索教学内容和创新教学方法；学生则认为学习一门技术是重点，语文是可有可无的一门学科。综上所述，中职语文的教学现状十分不乐观，需要各方力量行动起来，积极做出改变。

## 二、中职语文教学过程中存在的问题

### (一) 教学方式缺乏吸引力，教学目标不明确

目前，我国的中职语文教育没有得到足够的重视，并且中职语文教学也存在很多问题，教师授课和学生学习的积极性都不高，学生学习兴趣不高，语文教学效果不理想。大多数中职院校语文教师沿用陈旧的教学方式和教学方法，难以调动学生学习的积极性，忽略学生思考问题的能力，不利于学生思考问题和解决问题能力的培养。中职院校和教师对语文教学效果也缺乏明确的目标，这导致中职语文教学如无头苍蝇一样缺乏明确的方向。

### (二) 教学内容脱离实际，学生缺乏学习兴趣

因为我国中职语文教学和课程体系设计缺乏明确的目标，加上市场上教材种类多且杂，缺乏统一的科学的教材，导致教学质量不高。一般教材内容严重脱离实际，难以调动学生的学习兴趣。

### (三) 教师教学思想落后，教学水平不高

随着教育体制的改革，传统的教育思维已经不能适应新的形势，中职院校语文教师普遍思想落后，教育观念落后，照本宣科毫无新意，忽视了与学生的互动。此外，教师一般受传统示范教育影响，教学技能不高，课堂教学氛围较差，学生学习情绪不高。

### (四) 学习氛围不浓，教学评价方式单一

中职院校学生一般文化基础薄弱，学习成绩较差，普遍认为中职院校学习主要是为了学习一技之长，与语文学习关系不大，普遍缺乏学习的动力。教师对学生成绩的评价也主要是考试成绩，这些都使学习效果大打折扣。

## 三、解决对策

### (一) 准确定位教学目标，创新教学模式和教学方法

为解决中职语文教学中存在的问题，首要任务是明确教学目标，充分发挥语文教学的作用，充分发挥中职语文人文性与工具性和谐统一的作用。此外，中职语文教学要响应教育体制改革的号召，改变传统填鸭式的教学模式，努力探索新的教学

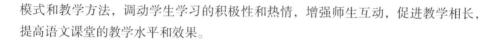

模式和教学方法，调动学生学习的积极性和热情，增强师生互动，促进教学相长，提高语文课堂的教学水平和效果。

（二）探索符合中职语文的教学特色，激发学生学习的积极性

中职语文教学必须针对教学体系和教学对象进行教学内容的改革，融入新鲜元素，调动学生学习的热情和积极性。语文教学更多是应用于实际，教学课程也要尽量与实际相结合，采用实际案例进行教学，丰富课题教学氛围，增强教学感染力，培养学生语文课程的综合素养。

（三）转变教师教学观念，努力提升教学技能

要解决我国中职语文教师教学思想落后、教学技能不高的问题，首先要改变其教学观念，加强其对语文课程的重视程度，定期对教师进修培训，更新其教学理念，提高其教学方法。还要适当转换教师的身份，以学生为学习的主导，取得更好的教学效果。除此之外，可以通过引进先进的教学设备提升教学效果。

（四）营造良好的学习氛围，建立健全教学评价制度

中职学生普遍年龄较小，良好的学习氛围对吸引学生学习的兴趣有较好的作用。教师可以采用情景教学、多媒体教学等营造轻松的学习氛围，把教学内容与实际生活进行有机融合，从而提高学生的学习热情，提升教学质量。此外，还要健全评价制度，对学生进行全面评价，检验学生和教师的学习和教学效果，促进中职语文教学的发展。

综上所述，中职语文教学对学生的职业生涯具有十分重要的意义，中职院校、中职语文教师和学生都要充分重视，多方共同努力推动中职语文教学的发展。

# 第六节　项目教学法在中职语文教学中的应用

随着教育事业的发展，人们对教育教学的观点、方法和策略也产生了很多变化。对于中职语文教学而言，是项目教学法在中职语文教学中的应用。

## 一、项目教学法的概述

项目教学法是将教学内容分成相对独立的项目任务或者模块，并由教师和学生

共同实施并完成这些项目任务的教学方法。项目教学法是在现代教育理论的基础上形成的，它符合现代化的教育理念和教学模式。首先，项目教学法突出了对学生实践能力的培养，与现代职业教育关注学生实际运用能力的观念相符合。其次，项目教学法是在教材知识的基础上，通过相应的项目内容实现学生对学习内容的掌握与应用的方法。最后，项目教学法充分强调了学生在课堂教学中的主体地位和教师的指导地位，突出教师与学生的有效配合。

近年来，我国经济飞速发展，对于专业化人才的需求量逐渐增加。中职教育在培养专业人才方面发挥着巨大作用，而中职语文教学在中职教育中有着举足轻重的地位。将项目教学法应用在中职语文教学中，能够更好地培养学生思考问题、观察生活的能力，提高学生的综合素养。本文主要讲述项目教学法在中职语文教学中的应用意义和操作方法。

## 二、项目教学法在中职语文教学中的应用意义

项目教学法能够大大提高教学效率，它是由老师和学生共同配合开展的教学项目。将其应用在中职语文教学中，在老师的积极引导下，学生能够更好地分析和思考生活中的问题，提升学生的综合素质，同时还能大大提高教学效率。下面具体论述项目教学法在中职语文教学中的意义。

### (一) 能够调动学生学习的积极性

顾名思义，项目教学法的教学方式主要是针对学生开展具体项目，完成教学任务，这种方式能够大大激发学生的学习兴趣。项目操作过程中有很多实践环节，实践中学生自己占主导地位，掌握着指挥权。这样一来，实践中能够很好地培养学生的学习和创新能力。比如，建筑学专业的学生在学习课文《胡同文化》时，老师可以确立下本课的项目，即让学生亲自去看一看北京的老胡同，边观察、变临摹，并在下一次课堂上展示优秀画作。这样就使得教学更加贴近生活，在实践中同学们学习的积极性也被充分调动起来了，提高了学生的思维能力和表达能力。

### (二) 能够促进教学相长

为了全面提高学生的综合素质，语文老师可以主动与专业课老师沟通，让专业课和语文课相互融合，在学习语文课的同时也能学习到专业课的基础知识，大大提高学习效率。课堂内外相结合也是项目教学法的一个重要手段。老师结合实际情况，科学设计项目，让学生们通过走访调查、实地参观完成项目，在实践中巩固知识。走到课外能够激发学生的好奇心、激发他们学习的兴趣，使他们对完成项目充

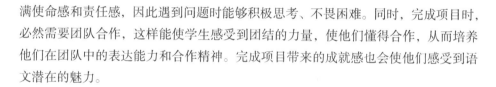

满使命感和责任感，因此遇到问题时能够积极思考、不畏困难。同时，完成项目时，必然需要团队合作，这样能使学生感受到团结的力量，使他们懂得合作，从而培养他们在团队中的表达能力和合作精神。完成项目带来的成就感也会使他们感受到语文潜在的魅力。

### 三、将项目教学法应用在中职语文教学中的操作方法

项目教学法符合以人为本的教学方式，上面已经论述了将项目教学法应用在中职语文教学中的意义。根据调查显示，我国已经有一部分中职院校应用了项目教学法，并取得了不错成果。下面具体论述几点将项目教学法应用于中职语文教学中的方法和注意事项。

#### (一)结合实际制定项目

将项目教学法应用在中职语文教学时，老师应重新梳理教材，结合实际情况，使得课堂内外有机融合。项目制定必须考虑学生的年龄和专业特性，确保项目便于操作和执行，而且时间跨度不宜过大，强度不宜过高。例如，可以通过设置辩论、角色扮演等情景活动锻炼学生的应变能力和语言表达能力；设置出游活动培养学生独立思考、不怕困难的品质。

#### (二)采用小组合作的方法

设置小组合作对培养学生的集体观念具有很大的作用，且能够增强学生的组织能力。这种分小组的方式，不仅可以在同一专业中进行，在不同专业里也可以开展，增强学生之间的交流，进一步培养其组织能力。比如，可以将这种方法运用到学生写作培养中。老师组织外出观察某一处景点，让学生对其进行描写，然后以专业为单位进行比赛，并设立奖项、颁发奖品。这种模式涉及不同专业，学生在完成项目时会更加齐心协力、注重团队合作，在竞争与合作中得到成长。

#### (三)提高教师素质

老师是一个班级的灵魂，学生在完成项目的过程中也离不开老师的引导，因此老师的素质在项目教学法的实际应用中显得尤为重要，教学水平直接受其影响。教学方法不断在革新、教育体制也在逐渐改革，在此环境下，为了适应发展需求，中职语文老师应当不断提升自身素质、提高教学水平。学生能够得到充分发展，在学校能够提升自身能力的必要条件是，有一位专业素质过硬、教学水平高超的老师。随着我国经济、文化的全面发展，社会更加需要全面发展的人才，因此，高校在教

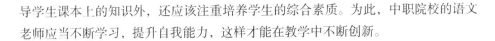

导学生课本上的知识外，还应该注重培养学生的综合素质。为此，中职院校的语文老师应当不断学习，提升自我能力，这样才能在教学中不断创新。

## 四、项目教学法在中职语文教学中的应用

### (一) 确立项目主题

在中职语文教学中应用项目教学法，只有首先确定相应的项目和主题，才能使项目教学得以有序开展。高等教育出版社的中职语文教材中，应用文写作是其中的一部分内容，它对中职学生将来的生活和工作都有一定的帮助。因此，教师可以选择应用文写作中的一部分内容作为项目主题，如，条据写作、求职信写作、日常文书写作等。这既能够让学生掌握相应的写作技巧，还能使其在实践中充分应用相关内容。

### (二) 制订项目计划

教师在确定好相应的项目主题后，应引导学生对如何开展主题活动进行相应的讨论。在学生讨论项目计划的过程中，教师要引导学生以学习目标作为出发点展开思考，让学生能够从理论学习、模拟实践和讨论点评等方面制订出相应计划。如，教师针对条据写作这一主题，让学生能够制订出先学习相应的写作技巧，再进行相关模拟，并对模拟情况进行讨论点评等环节，以保证教学活动能够达到相应的效果。

### (三) 实施项目计划

在制订好相应的项目计划以后，教师便要组织学生开展对计划的实施了。首先，教师应充分调动学生学习的积极性，使其能够主动参与到学习活动中来。其次，教师可以根据相应情况对学生进行分组，令学生能够分工合作，高效完成各自的任务。此外，教师应把控好项目实施的整个过程，既确保项目计划的有效实施，又要确保学生能够充分学习到相关知识，并提高对其的实际运用能力。如，教师根据条据写作的项目计划，将学生分组，并让几组学生充分掌握条据写作的格式，再让相应的另外几组学生负责设计所写条据的场景，然后两组学生开始模拟写作实践活动。的相应情况，及时找出其中的问题和漏洞，以便于点评。学生在成果展示完以后，教师要对学生在条据写作中出现的问题和疏漏进行讲解和补充，使学生能够更好地把握条据写作技巧。

（四）项目活动评价

在对项目主题的学习完成以后，教师和学生还要针对项目教学的整体和各个环节进行相应的交流与讨论，以发现项目教学中容易出现的问题，为以后的项目教学打下良好的基础。除此之外，学生还要对自己在项目教学中的表现进行总结，以使其能够充分认识到自己在项目教学中的表现，为以后保持优势和弥补不足打下基础。教师也要对学生的相应表现进行评价，在对其进行相应的表扬和鼓励的同时，也要对他们提出更高的要求，以使其能够在以后的项目教学中有更好的发挥。

首先，在项目教学法的配套教学设施建设上，学校领导应当给予充分的重视。作为一种创新性的教学方法和系统工程，项目教学法在教学观念以及育人模式等各个方面都具有创造性，学校领导应当及时的和教师进行沟通以明确需要加强的方面，并通过整体的教程改革规划来确定统一的专业课程体系，及时地对教师进行培训以提升教师的教学能力。其次，还要对项目教学条件进行完善以便建立和健全相应的激励机制，只有这样才能够充分的发挥项目教学法在中职语文教学过程中的重要作用。最后，教师应当不断地对自身的教学技能进行提升。培养学生的综合运用能力是中职院校教学的主要目标，因此，教师也应当具有综合技能，其中既包括相应的实践操作技能也包括教学技能。特别是在制定项目和项目的具体实施过程中，教师应当采用合适的教学技巧对学生项目的完成进行引导，只有这样才能够充分发挥教师在项目教学过程中的引导作用。

综上所述，项目教学模式的运用是建立在教师对学生学习情况有一定了解和对其心理特点有充分认识的基础上的，重新考虑他们的学习困难，密切关注他们的学习需求，努力创设民主、和谐学习气氛的一种教学模式。项目教学法在中职语文教学中的应用，不仅丰富了学生的学习方式，激发了学生的学习兴趣，还使学生能够在语文学习中掌握和提高自身的实践能力和人文道德素养，为中职生职业技能和综合素质的提高打下良好的基础。

第二章　中职语文教学创新

# 第一节　微课与中职语文教学

随着社会经济的不断发展，教育领域也在逐步发生变化。微课作为一种新型的教育方式，运用在中职语文教育教学中，有效打破了传统教学方式对于课堂的束缚，实现了信息技术的课堂创新。微课教学方式的使用，不仅能够有效提高学生学习的积极性，还能优化教学内容，合理安排课堂结构，丰富教学形式与方法，让原本枯燥的课堂充满趣味，使得教师教学过程更加流畅，学生学习更加轻松，整个课堂教学氛围相对较好。

## 一、微课的含义及特征

### (一)微课的含义

运用现代化计算机网络技术，将传统学习转变成在线学习或者移动学习，并以此来实现教学目的。大意资料是将教学内容利用录像软件进行录制存储，为学生提供可重复性、有针对性地学习资料。从这层含义我们可以看出，微课区别于传统教学模式，有着极大的影响力。在整个微课学习中，综合了资源利用、评价、设计等要素，以课堂为主要的表现形式，简化了传统课程教育的复杂性，体现出微课独特的优势。

### (二)微课的特征

微课作为一种独具特色的表现形式，在整个教育改革中有着举足轻重的作用。其具有传统教育无法比拟的优势，主要表现在时间短，不受地点范围等因素的限制。首先，微课最大的一个特征就是时间短，绝大多数课程内容利用微课实施，只需要十分钟就可以完成，容易掌握，主题突出，对每一项课程都有一个主题思路；其次，在传播途径方面，利用计算机技术的方式传播到学生学习当中，学生比较容易接受；最后，授课模式的改变，可以激发学生对于语文学习的兴趣；任何地点任何环境下都可以进行微课学习，资源方便，课程内容讲解直截了当，具有很强的针对性及有效性。

## 二、微课对中职语文教学的意义

微课作为一种现代化创新教学方式，对于中职语文教学来说有着极大的重要性。

### (一) 微课教学改变了传统教学单一的教学方式，改变了以往知识传输的途径

通过微课教学，对于中职语文教学来说，改变的不仅是教学方式，更多是给学生以及老师带来的深远影响。随着计算机技术在教学当中的不断普及，促进了教育方式的不断改革，使得微课在中职语文教学中的重要性逐渐凸显出来。由此可见，微课这种创新教学模式对于中职语文教育的改革有着极大的作用，也因此凸显了微课在中职语文教学中的重要性。

### (二) 微课在语文教学的信息化提升方面起到了一定的辅助作用

传统的教学方式以理论讲述为主，因此，在整个教学过程会显得十分枯燥。然而微课是以计算机技术作为基础，教师通过现代化计算机技术，将需要教学的内容通过一定方式结合起来，并利用计算机表现出来，使得语文教学与信息技术相融合。因此，将微课运用在中职语文教学中，可以有效提高语文教学的信息化。

## 三、微课在中职语文教学中的具体应用

微课在实际课程中的应用方式多种多样。常用的方法比如讨论法、讲授法、演示法、问答法及练习法等等，而在中职语文教学当中，根据教材的特色，可以采用练习法、演示法、启发法及讲授法等方法。

### (一) 设置情境，营造氛围

情境氛围的营造有利于学生更好地学习。在中职语文教学中，最大的难题应该是文言文。在教学之前，教师不妨多进行情境教学演示，让整个文章的架构以及表达的思路更加清晰，必要时可以让学生进行情境演示，让学生观摩并加以学习文章的情感表达方式。娱乐性的演示还可以帮助学生加强记忆和理解，达到微课资源的充分利用。

### (二) 合理补充，丰富内容

采用什么方式进行授课，在中职语文教学当中至关重要。许多知识都需要经过老师的讲授才能更加明白透彻。简单的授课形式很难让学生融入情境，且易产生厌

学情绪，达不到教学效果。所以，在授课之前，教师可以准备有关的视频、音像等材料，对所要讲述的内容进行补充。比如，在学习鲁迅先生的文章时，可以多找一些有关鲁迅先生的影视视频，来介绍为什么要创作这样一篇文章，联系当时创作的背景，讲解其目的及意义，同时也可以增强学生学习的求知欲。

（三）全面展示，提供启发

使用微课教学模式进行授课，可以丰富教师对知识的理解，并结合自己的教学经验以及大众的评价，向学生进行提问。比如，在学习《红楼梦》或者《水浒》的时候，教师可以从网上搜集一些专家的看法或者是普通人对这篇文章的评价，再加上自己的见解，给学生讲解，以此来鼓励学生对此文章提出看法，发现问题，分析问题，解决问题。

综上所述，微课在我们的学习以及教育当中有着至关重要的地位，改变了传统教育的单一性，增强了学习的趣味性，引入了更深层次的教学方法，实现了中职语文教学的改革，提高了教师的教学水平以及教学效果。微课在中职语文当中的运用，对高效的学习具有重要的意义。

# 第二节　中职语文教学与专业发展的关系

培养专业技术人才，让学生掌握专业技能，是中职教学的主要目标，也是中职教学内容的重要组成部分和核心内容。这导致有些中职教育工作者产生了轻视文化学科教学的思想，甚至有些学校擅自改变语文、数学、英语这三门文化学科的教学时数，不按照国家关于中职课程安排进行教学。区教育厅在南宁组织召开了关于中职课程改革的会议，有关领导明确提出，文化课的课时数每周不得少于三节，可见，文化课的教学对于专业的发展依然起着重要作用。

笔者自从事中职语文教学几年以来，深深地意识到语文教学在中职教育面临着极大的危机和挑战。结合本人多年的教学实践经验，本人认为语文这门学科至关重要，它影响着其他学科发展。为此，正确处理好语文学科与各专业学科的关系，是真正发挥中职语文教学职能的关键，而语文课教学应该以学校的专业发展为本。要处理好中职语文教学与专业发展之间的关系，可以从以下两个方面入手：

## 一、职业教育中的语文教学

长期以来，语文课在职业教育中作为主修课，每周3节，不管什么专业都使用同一个语文版本，教师基本上按照普高的要求进行教学，学生也同普高学生一样按应试教学模式进行学习。学生都怕写作文、怕古文、怕阅读，多数学生认为"语文教学与专业课没有关系，是浪费课时"，学生没意识到语文学科的重要性、实用性，对语文的学习兴趣不高，缺乏学习激情。这就是目前中职语文教学危机的现状。究其原因，主要有两方面：

### (一) 学生学习观念未能转变

由于中职生本身文化素质较低，对语文这样的文化课学习兴趣不高，未能认识到语文教学对专业素质的提高的重要作用，再有，教师在传统教育——应试教育模式的长期影响下，导致语文教学脱离社会生活，脱离中职生学习与发展的需要，不能对学生进行很好地引导，进一步滋长了学生对语文轻视与厌学情绪。学生看不到学习语文对专业知识的掌握有任何作用，认为语文是没用的学科，干脆放弃，学习观念得不到转变。

### (二) 教师教学观念未能转变

进入职校后，很多学生片面认为，职业学校只要专业技能好，其他科目无所谓，部分学生家长也持这一观点，对语文教师的要求自然也不高，导致了部分语文教师课堂教学应付了事。此外，由于没有升学压力，教师提高教学水平的压力相对较小，学习现代教育思想，改变教学观念的欲望不高，参加教研、教改的积极性低，学校的语文方面的学术研究氛围不浓，再加上目前没有一套教学评估体系，结果，教好教坏一个样，教师教学教研的积极性未能得到体现。

针对以上语文教学现状，笔者认为要想改变中职语文教学的不利局面，应该跳出语文是基础课程的旧框，在语文教学过程中有意识地启发学生从语文学习去体会学科间的联系，引导学生对相关学科的探索热情，增强学生的自信心，这样才能体现中职语文教学的职能。语文教学要围绕学生专业发展进行，使职校语文教学以学生为本，以学生专业发展为本。

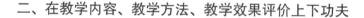

## 二、在教学内容、教学方法、教学效果评价上下功夫

### （一）教学内容要以学生学好专业为本

以现在中职院校使用的教材来看，每个专业都统一使用同一套文化课教材，各专业语文测试也使用同一套试题，这使得文化课教学千篇一律，尤其是语文教学未能调动学生的学习兴趣。因此，要达到教学目的，教师应以专业为突破，巧妙地把语文教学内容与学生所学专业联系起来，使教学内容更具实用性，使学生切身体会语文不仅是一种语言工具，也是一把开启学习专业学科的金钥匙。学习语文是有用的，学习语文是有趣的，是有生命力的，是富吸引力的。比如，计算机专业的学生，学习专业理论可能会感到枯燥乏味，没有学习兴趣。作为此专业的语文教师，教给学生一些名家名作、名言警句、优秀作品等，告诉他们在上计算机课进行文字录入练习过程中，选取这些内容进行录入练习，使学生在练习的过程中开阔了眼界，增长了见识，在掌握专业技能的同时也体会到了文学的美、语文的美，教师教授的语文教学内容真正为学习专业技能服务。这样才能最大限度地调动学生学习的积极性，专业课也不再那么枯燥无味，他们还能在愉快的氛围中掌握知识。

### （二）教学方法要结合学生的专业特点开展

现阶段，中职生文化素质不高，也不太专心学文化知识，但部分学生对所学的专业却很重视。部分学生初中时学习成绩不是很好，但进入职校后却成了技术能手。我校汽车应用与维修专业的学生大部分是男同学，他们平时书看得少，但对汽车修理、装配、机器的拆卸方面非常拿手。在20年技能大比武中，其中有一个蒙上双眼限时组装发动机的项目。选手们表现都很出色，在极短的时间内完成了整套程序，动手操作能力令人佩服。可见，我们教师只要花费一定心思是能把我们学生培养成才的，这也说明教学方法、教师的引导发挥了作用。同样地，在语文教学中，只要适当地采取有效的教学方法启发学生发现学科间的关系，使语文教学为本专业服务，那么学生在专业技能提高的同时，文化素质也能相应得到提升。比如，在旅游服务与管理专业中，我们的语文教师就做得很好，教得很出色。在一次公开课中，教学内容是口语训练。笔者紧紧按照旅游专业口头表达训练要求，结合旅游专业课本《中国民族婚俗》这节内容，要求每个学生准备一个中国少数民族婚俗的材料，轮流到讲台上演讲，时间为5到8分钟，分组进行。同学们的兴趣特别高，积极参与。讲述了关于壮族、侗族等少数民族的青年恋爱、婚宴的习俗，生动有趣、语言流畅、谈吐大方、表达准确，活脱脱一位小导游在向游客侃侃而谈。这既是一节语文口语训练课，又是一节专业技能训练课，学生在课堂上既获得了专业知识，又提高了口才演讲能力，可谓一举多得！而这种自主式的教学方法，更值得推崇。语文教师把课堂主动权交给学生，发挥了学生在收集信息、发现问题等方面的兴趣特长，使学生在自我学习中体验成功的喜悦，从而达到扩展知识、掌握专业技能之目的。

(三)语文教学效果评价要结合专业实际

本人认为，中职校，对教师教学效果的评价不应再以分数的高低为标准，否则结果只能是教师死教、学生死学，导致教师没有创新，学生实践能力未能提高，专业知识、专业技能也日趋淡化。试想，如果文秘专业的学生不能写得一手好字，书写能力、表达能力、口语交际能力较差，基本的文书也写不好，甚至连一封求职信也写不好，那语文教学不是完全失效了吗？这样的教学只会使中职生职业能力更差，缺乏竞争力，用人单位会聘用这样的毕业生吗？由此可见，评价教学效果不能只看分数而应当评价能力，语文考试不能单靠一张标准化试卷，而应从听、说、读、写、专业运用能力等方向进行评价。在语文教学中应更多地引导学生多考些证书，如文秘证书、普通话等级证书、中文打字录入等级证书等，以适应专业需要和将来择业就业的需要。由此可见，语文教学的评价要以提高学生实际能力为出发点，要更新评价方法，要与时俱进，以学生的专业发展为根本，一切为专业发展服务。

总之，肩负着提高学生学习技能、听、说、用等重任的中职语文教学，一定要从社会需要出发，结合学生专业情况，通过礼仪活动、自我介绍、模拟现场招聘问答等多种形式的实践活动，对学生的听、说、读、写能力进行系统、严格训练，全面提高学生适应社会的能力，从而适应专业需要和社会的需要。针对目前职业教育中语文教学的现状，中职语文教学只有以专业发展为本，在教学内容、教学方法、教育评价体系等方面大胆改革创新，中职院校语文教学才会受到学生的青睐，才能发挥其真正的教育职能。

# 第三节　中职语文教学定位思考

中职语文的教学工作必须从职业学校的培养目标与特点出发，按照语文学科的特点及其规律开展语文课程教学工作，是提高学生学习兴趣、活跃课堂气氛、提高

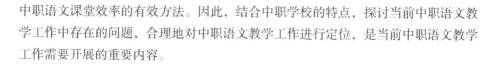

中职语文课堂效率的有效方法。因此，结合中职学校的特点，探讨当前中职语文教学工作中存在的问题，合理地对中职语文教学工作进行定位，是当前中职语文教学工作需要开展的重要内容。

## 一、中职语文教学定位的原则与要求

### (一)"适用、够用、实用"的基本原则

因材施教是当前教学工作的重要途径，这就要求教师应该了解学生的实际需要。学生学习需要内部动力，而学习动机的核心内容则是社会对学生学习的客观要求的集中体现，在学生学习过程中会以兴趣、意向、意图、信念等形式体现。中职学生由于其自身的特点，例如文化基础知识较差，难以接受复杂、偏深的知识，所以教师应该深入挖掘课程内容，将内容梳理、浓缩，从而将教学内容化繁为简，使中职语文课程适用、够用、实用。

### (二)"以学生为本"的基本要求

中职语文教学工作必须将教学内容和教学内容的方式巧妙地组合起来，使教师的教学活动与学生的认知特点相吻合，并最终能够被学生接受，使学生在学习过程中获得积极、愉快的学习体验，形成对语文教学活动的良好积累。根据教育心理学研究，人只有在相对轻松、活跃的环境中才能形成良好的思维能力。压抑的环境使课堂教学氛围沉闷，难以获得良好的教学效果。因此，中职语文教学必须从实际出发，重构每一堂语文课程内容，将学生作为教学工作的根本，使语文教学工作更加具有魅力。

## 二、对中职语文教学的合理定位

### (一)将中职语文教学回归至听、说、读、写环节中

听、说、读、写是语文教学的重点，也是中职学校语文教学的方向及基本原则，是语文教学工作最终的动机。虽然当前中职语文教学大纲中没有将听、说、读、写内容明确提出来，但是如何描述中职语文教学目标，依然与听、说、读、写联系紧密。叶圣陶先生认为"学习语文的目的在于运用，要养成运用语文的习惯。"因此，中职语文教学过程要回归至听、说、读、写，使学生养成良好的学习习惯。

## (二) 合理分组，保证全员参与

在中职语文教学工作中，通过对语文教学活动进行合理的分组，可以使具有不同潜能的学生都得到展示自己、相互促进的发展机会。同时，要保证语文实践教学活动中的所有学生都积极地参与、共同完成教师安排的任务。但是在实际操作过程中，很多学生都袖手旁观，不愿意参与其中。这使部分学生需要承担更多的工作，不能按计划完成相关学习任务，使整个教学活动进程受到影响。

## (三) 明确教学目标，提高教学活动组织效率

在中职语文教学活动开展过程中，一个明确的教学任务、学习目标可以有效提高教学活动的整体效率。教师通过向学生下达教学任务，使学生的所有学习任务都围绕该目标展开，学生在强烈的动机驱动下能够积极主动地应用这些学习资源，通过自主探索、互作协同的方式，显著提升教学活动的质量与效率。这种以教学任务和教学目标为目标、以教师为主导、以学生为主体的教学方法，能够有效激发学生的学习兴趣，使学生学习知识与技能。

## (四) 合理评价，形成多元化的教学评估方式

学生学习成绩的评定是学习活动和教学工作的指挥棒，其直接影响学生的学习效果。合理的评价方式可以显著激励学生学习中职语文的热情，让他们积极参与到语文实践教学活动中，提高学生学习的积极性才能为后续相关活动打好基础，才能实现中职语文教学的最终价值。

评价工作应该是多元化的，可以通过多种评价指标对学生不同的特点进行综合评价，从而提高对学生综合素质评价的合理性。更重要的是，要合理地评价学生的学习过程，通过动态的评价方式反映学生的学习趋势。

《中职语文课程标准》明确指出："语文是最重要的交际工具，是人类文化的重要组成部分。工具性与人文性的统一，是语文课程的基本特点。""语文课程的任务是注重基本技能的训练和思维发展，加强语文实践，培养语文的应用能力，为综合职业能力的形成，以及继续学习奠定基础；提高学生的思想道德修养和科学文化素养……"

### 三、教学目标的定位——体现"四要"

（一）中职语文教学要"适应学生学习专业的需要"

中等职业学校的语文教学除了对学生进行基础知识教学外，还应注重语文知识的专业实用性，注重学生就业的需要，使语文学习为专业学习服务，这样才能使语文教学更具实效。

以本校为例，学校共有文史财经类、理工外语类、艺术类等3大类14个专业18个方向65个班。这就要求语文老师事先对所授班级的专业特点进行充分的了解，了解该专业学生的就业方向以及学生以后就业需要的语文知识和能力。比如旅游管理专业的学生毕业后主要从事导游、宾馆服务等工作，因而这类专业的语文教学应侧重于口头表达能力的培养，即口语表达能力的训练，多进行即兴创作思维的训练和情境口语教学，培养学生简洁准确的表达能力，并增大此专业学生的课余阅读量，进行文学作品的熏陶和欣赏，提高学生的审美感受力等。而电子电器专业的语文教学则应强调严谨思维，对该专业的学生要求字句通顺、表意清晰、准确、简洁。

我曾经担任过文秘班的语文课教师，文秘班的学生毕业后大部分从事当秘书、文员工作，职业要求他们要有一定的应用文写作能力，所以我在语文课上很注重学生应用文写作能力的培养。平时上课时，对课文中应用文写作则作重点要求，教授学生学习写作商业信函、公文、会议记录及学生找工作时的个人简历和求职信等，因为这些都是他们走上工作岗位前必备的技能。在课堂上，我组织学生模拟情境进行各种形式的公文书写，并讨论、发表自己的见解。我还注重学生普通话的练习，纠正他们的发音，指导他们把握正确的语速，培养他们的语感。

（二）中职语文教学要"提高学生科学文化素养"

"提高学生的思想道德修养和科学文化素养。"是《中职语文课程标准》的教学目标。

中职语文教学既要提高学生的阅读能力、写作能力、口语交际能力，又要在教学过程中引导学生接受优秀文化的熏陶，培养学生的人文思想和审美情操，使他们树立热爱祖国的语言文字思想以及集体主义、社会主义思想，发展个性特长，形成健全的人格。还要教育学生养成助人为乐、勤奋好学的良好品质，为以后营造和谐的人际关系打下基础。

（三）中职语文教学要"提高思想品德修养和审美情趣，形成良好的个性、健全的人格，促进职业生涯的发展"

语文教师要根据语文的特点，挖掘教材中美的内容，对学生进行审美教育，培养学生的审美情趣。中职语文教材中能进行审美教育、培养学生审美情趣的内容很多，有揭示人性美的丰富内涵，或在境界、或在善良、或在付出、或在对爱的感恩，如《合欢树》《人生的境界》和《父亲的手提箱》；科学美如《科学是美丽的》《飞向太空的航空》和《中秋月》。

（四）中职语文教学要"重在培养学生口语交际的能力"

从某种意义上来说，培养中职学生的口语交际能力比写作能力更重要、更实际、更迫切需要。《语文课程标准》明确指出："指导学生学习必需的语文基础知识，掌握日常生活和职业岗位需要的现代文阅读能力、写作能力、口语交际能力……"

这个目标的提出既向教师和学生发出了新的挑战，又适应了时代发展的要求。中职生毕业后就业时，口语交际能力是必不可少的。现实中相当一部分中职生说起话来结结巴巴、啰唆重复、主次不分，语病较多，甚至答非所问，表达不清，这样的学生一旦走向社会，就不能与人进行良好的沟通，对自己的工作怎会没有影响？那么，如何使学生在说话时尽量大方得体、从容自若、谈吐自如呢？这就要求教师加强对学生的口语交际训练。新编中职语文教材基础模块根据听说活动的基本实践形式，安排了表达与交流的教学内容，加强了学生"说话"能力的训练，有利于语文教师在不同场合，面对不同对象，恰当、得体地进行口语训练。

## 四、新课标下中职语文教学定位思考

### （一）构建口语情境，激发交际情感

中职院校毕业生，毕业后最重要的就是寻找合适的工作，这时学生的口语交际能力就起到了重要作用。学生的口语交际能力是发挥其他能力的基础，只有口语交际能力强，才能真正发挥学生的个人能力，同时也能对他人的意图进行相应的回应。锻炼学生个人口语能力能够提高学生的独立思维能力，并使学生准确地判断对方的意图，从而做出灵敏的回应。为了培养学生的口语交际能力，中职语文教学应当注重培养学生这方面的能力。比如在李白的《将进酒》一文的教学中，笔者就要求在规定时间内，看哪一小组学生会背诵的最多，并对获胜方给予适当的奖励，于是学生们争先恐后地背诵起来，最后这个小组获得了胜利，笔者趁机表扬了他们的做法。

在作业完成方面，笔者也要求小组长先检查，在作业评讲时，也对各小组完成情况进行点评，表扬做得好的小组。此法若能运用得好，定能使课堂气氛活跃起来，取得较好的教学效果。在培养的过程中，当学生比较紧张时，教师应当合理引导学生，使其朝着正确的方向发展，使学生避免出现一些比较紧张的口头禅。在学生练习口语交际能力时，教师应当及时指出学生的错误之处，指导学生及时改正，并鼓励学生有话就说，提高学生说话的能力，这对学生口语交际能力的提高具有重要作用。

（二）合理取舍教材，拓展课文知识

中职语文教师不仅要熟练掌握课本知识，同时还应该了解其他学科的一些内容，这样才能引学生的注意力，提高学生的学习效率。一般情况下，中职语文是一门比较复杂的学科，因为其包含了许多课外知识，这些课外知识对中职语文教学能起到辅助作用。例如，在中职语文教学中对作者写作背景的介绍，可以通过一些有关的影片向学生传达作者的写作背景，加深学生对文章的理解。因此，在中职语文教学中应当合理取材，拓展教学内容，这对教师的要求就提高了，要求教师除了要掌握专业课之外，对其他的课外知识也要有一定程度的了解。

（三）理论与实践挂钩，真正做到学以致用

新课改中将应用文写作单独作为一个单元进行讲解，突出了应用文对中职语文教学的重要性。应用文是锻炼学生写作能力、与他人交际能力以及沟通能力的关键，同时也是提高学生综合能力不可缺少的部分，所以应当加强学生应用文写作能力的锻炼。学生对于如何提高个人的应用文写作能力比较头痛，无从下手，这时教师就应鼓励学生进行写作，并指引学生进行正确写作。首先学生应当练习一句话信息，通过讲授新闻学中的5个w（who、when、what、where、why）和1个h（how）原理，对事物进行比较全面的描述，提高学生对描述事物的兴趣。在练习的过程中，学生应当注重理论与实践的结合，以理论指导实践写作，以实践检验所学的理论知识，这是有效提高学生写作能力的重要手段，在一定程度上也能鼓励学生进行独立学习。

（四）丰富学生业余生活，加深对语文科目的喜爱

中职教育中语文教学新课改并不单单为了提高学生的考分，更重要的是提高学生自己学习的能力，摆脱学生在应试教育中的束缚。传统的教学模式中，教师采取的是死记硬背的方法，对课本中的内容并不没有全面的了解，这样只会制约学生的学习。如何将新课改中的内容融会贯通是中职语文教学中教师应当注意的，教师应

当静下心来仔细研究学生的心理变化，这对于培养学生善于思考学习的习惯具有重要意义。中职生有不少坏习惯，但是事物都是具有两面性，这些坏习惯能促进中职生发挥自身的潜力，能够促进学生进行独立创新，这也是展现自身能力的一种重要推动力量。所以，学校应当丰富学生业余生活的，使其更加丰富，促进学生对中职语文教学产生浓厚的兴趣，从而激发学生学习语文的激情，提高学生学习语文的能力，促进学生能力的综合发展。

综上所述，中职语文教师应当适应新课改的要求，摒弃传统的教学模式，这样才能充分发挥学生在课堂上的主观能动性，提高学生学习语文的效率，促进学生全面发展。

# 第四节　中职语文教学中人文素养的培养

随着社会的进一步发展，中职院校在培养人才的过程中要紧密结合人文素养的培养，良好的人文素养不但可以提高学生的学习能力，在一定程度上还可以提高学生的综合素质。中职院校学生的就业方向主要集中在技术、管理以及生产一线，所以教师要培养学生良好的职业素养，培养学生的人文素养就显得尤为重要。因此，教师在教学过程中可以通过语文的教学不断培养以及强化学生的人文素养。

## 一、中职院校培养学生人文素养的重要性

新课改的教学目标中明确要求，要提高现代职业教育，职业教育发展的内涵和标准是为社会培养一批优秀的综合型人才。然而，如今社会的竞争日益激烈，这就要求学生具备适应社会快速发展的条件，所以中职院校要不断培养中职学生的人文素养。在中职院校的教学模式中，"灌输式"的传统教学模式已经慢慢被摒弃了，教育工作者不断更新职业教育重心，从而使中职院校的学生可以更好地适应社会的发展。本文主要以中职语文学科为研究对象，中职语文在教学过程中不仅要注重课堂的教学质量，还要放眼于未来，只有这样才能为社会培养综合型的社会人才。

## 二、中职语文教学中培养人文素养的策略

### (一)打破传统思维模式，结合现代媒体教学

近观近几年的就业形势，社会对人才的综合素质要求又上了一个台阶，所以学

生要想找到满意的工作，就需要不断地提升自身的综合素质。在学生时代，教师对提高学生的人文素养具有十分重要的作用。因此，教师要摒弃传统思维模式，完善自身的教学结构以及体系，并结合现代媒体方式进行教学，从而获取新的知识。在教学过程中，教师要不断创造新型的教学模式，不断激发语文学科的开放性和实用性。从而使学生在轻松愉快的学习氛围中学习知识，不断激发学生的学习兴趣，要以学生为教学主体，并将"以人为本"的教学理念坚持下去，只有这样才能使学生感受到人文精神。

（二）挖掘教材中蕴含的人文精神

在中职院校语文学科的教学过程中，教材具有多样化的特点。因此，要想保证课堂教学的顺利进行，教师需要努力挖掘教材中所蕴含的人文精神的相关文化知识。例如，《我很重要》一课着重讲述了要正确指导学生正视自己的价值，要将自己生命的价值发挥到极致，这就讲述了美好的情操。《我的母亲》一文主要表达了作者对母亲的感恩之情，学生可以在文章的学习过程中充分体会母爱的伟大，意识到亲人与朋友对自己有着不可替代的位置，要在学习与生活中抱着一颗感恩的心去与他人交流。如《社会没有义务等待你成长和成熟》一文告诫学生不能盲目地跟从世俗，要对自身的理想有坚定之心，从而养成美好的道德情操。中职语文的教材中有很多与人文素养有关的知识，这些都会在很大程度上影响学生的日后生活与学习发展。因此，中职语文教师在教学过程中，要将教材中的科学精神以及优良品德、道德素养呈现在课堂的教学过程中，从而不断地完善学生的性格。

（三）对学生进行个性化教学

中职院校的语文学科教学主要是为了提高学生的能力，从而使他们在一定程度上更好地适应社会的发展。然而中职院校的学生整体文化知识水平较低，所以在实际语文的教学过程中，教师要根据学生的个性化特点进行多样化的教学。在中职院校语文学科的教学过程中，教师要将探究性以及合作性集于一体，从而不断提高学生的综合素质，使学生更好地适应社会的发展。除此之外，教师要多进行实践性教学活动，使学生对日常生活有全方位的感受，从而更好地提高学生的人文素养。

（四）引导学生课外阅读，培养良好人文素养

中职学生课余时间丰富，适于课外阅读。教师可以以任务的方式安排阅读，比如《读者》《意林》《青年文摘》等杂志，或者《海底两万里》《童年》及四大名著等适合青少年阅读的作品，当然也可以是《天龙八部》等武侠小说。为了培养学生的兴

趣，帮助学生克服阅读障碍，教师宜适度点拨、讲解。教师要充分利用学校可阅读资源，以教材为点向外辐射。学生阅读时要由少到多、由浅入深，从把握故事情节入手，逐步理解作品思想内容，从而达到培养学生人文素养的目的。

总之，要想提高学生的人文素养，就要不断加强中职学生的语文基础知识。通过教师的耐心指导与启发，学生才能在轻松愉快的学习氛围中收获知识，学生对知识的认识也会更加全面。打破传统思维模式，结合现代媒体教学、挖掘教材中蕴含的人文精神、对学生进行个性化教学三个教学策略的落实可以在很大程度上提高学生的人文素养，并提高学生运用语文知识的综合能力，从而使学生全面发展，适应以后的社会发展以及工作需求。

# 第五节　中职语文教学的情感教育

## 一、中职语文情感教育规划

随着教育教学体系的改革，中职教育教学策略和侧重点也进行了适当的调整。对语文的情感化教育作了重点强调，通过教师在课堂教学过程中的情感化渲染和引导，使学生在学习过程中对自己的情感把控和未来人生有一定层次的思考。中职语文教材选取也特别在情感教育方面进行了强调，使教师在教学过程中能更好地通过"情景渲染""角色扮演"等体验式教学方式进行情感渗透。

## 二、当前中职生情感教育缺失的具体表现及原因分析

(一) 当前中职生情感教育缺失的具体表现

当前，中职生年龄主要集中于十五至十八岁，正处于人生发展的关键时期，但受年龄段的影响，许多中职学生因缺乏情感教育存在这样那样的问题，具体表现在以下几个方面：

1.空虚和无聊情感

大多数中职学院学生之所以选择中职学校并不是自己的本意，而是受父母之命，他们并不喜欢中职学校的环境，也不喜欢中职学校的生活与学习，面对较多的自由支配时间，他们常常显得不知所措，迷失自我，在空虚和无聊中将自己的青春年华浪费在上网和打游戏上，恋爱、上网成瘾现象屡见不鲜，空虚和无聊情感普遍存在。

2. 自卑和厌学情感

中职生选择中职学校的另一个主要原因是他们在中学时期成绩不够理想，在经历了无数次的失败之后，普遍存在消极心态，有些同学甚至出现了自卑情感，久而久之不喜欢上课，即使上课也会迟到或早退，课上交头接耳，对学习毫无兴趣，产生厌学情感。

(二) 当前中职生情感教育缺失的原因分析

1. 中职生自身原因

一部分中职生并不喜欢学习，他们并不喜欢学校开设的课程，过着做一天和尚撞一天钟的日子，没有明确的学习目标，更没有前进的动力和方向，整天无所事事，不思进取；有的中职生甚至在经历了中考失败后，迟迟不能走出失败的阴影，失败的痛苦仍然困扰着他们。另外他们心理极不成熟，自我控制能力差，害怕挫折和失败，过低地评价自身的潜能，看不见自身的优点，常常认为自己一事无成，严重缺乏自信心。

2. 传统的教育观念和教学模式

虽然国家一直强调素质教育，但以成绩论英雄的现象仍然普遍存在，主要表现为学校将升学率作为评价教师教学质量的唯一标准，而教师则将自己的注意力过多地放在学生的学习成绩上，填鸭式的授课方式普遍存在，重视灌输知识，忽视情感教育和情感投资。

## 三、中职语文教学中的情感教育的具体实施对策

(一) 转变原有观念，建立平等的师生关系

平等的、良好的师生关系是实施情感教育的关键，所以中职学校要引导教师在教学过程中注重与学生间的情感交流，摒弃原有的"教师永远是课堂的主角"的观念，语文教师也应该如此，转变教师角色，改变原有的严肃形象，加强与学生的交流，做学生的好朋友。在具体的教学过程中，中职语文教师要多采用鼓励性的语言，因为鼓励性的语言是激励学生的良药，特别对于学习成绩差的学生更应该以鼓励为主，要看到他们的进步和努力，尊重他们的兴趣和爱好，做好他们的倾听者和领路人。

(二) 注重中职生的亲情的情感教育

亲情是所有情感教育的基础，因此中职学校要注重学生的亲情教育，语文教

师要利用语文的教材优势，多多挖掘亲情素材，充分抓住每一篇与生活息息相关的生活化文章，用心挖掘文章的情感线索，充分结合中职生的生活，抓住每一次对其进行亲情教育的机会。例如老舍先生的《我的母亲》作为中职生语文教学中的重点，文中用大量的事例描述了老舍先生对自己母亲的怀念和愧疚之情，教师要抓住这样的机会，对学生进行一次情感的洗礼，激发学生对亲情的深刻认知，懂得感恩。

### (三)注重培养学生自信心的情感教育

自信心是学生成功的重要因素，因此中职学校教师要注重学生自信心的情感教育，使学生清楚地明白自己是一个独一无二的个体，明白天生我才必有用。例如中职语文教师可以通过讲解毕淑敏的《我很重要》一文，引导学生正确地看待自己，帮助学生树立自信心，通过采取在讲解过程中随时提问的方式引导学生主动思考，从而使学生感受到自己的重要性，还可以让学生就此展开讨论，给予学生正确的引导，激发学生自我认知力，从而达到对学生进行自信心培养的目的。

### (四)注重中职生文学素养的情感教育

了解历史人文知识是对学生进行文学素养的情感教育的重要环节。在实际的教学过程中，语文教师可以通过讲解教材中大量的古诗词，培养中职生的文学素养，例如通过对唐诗宋词的讲解，培养学生热爱古诗词的情感；通过对《赤壁赋》和《鸿门宴》等的讲解，让学生了解有趣的历史故事；通过对《再别康桥》和《致橡树》等当代诗歌的讲解，正确引导学生的爱情观。从而扩展学生的视野，激发学生对祖国和人文历史的热爱之情，最重要的是提高了学生的文学素养并培养了学生的爱国之情。此外，语文教师还可以通过布置作业的方式，让学生主动查找自己喜爱的历史故事和历史人物，加强学生的文学素养的培养。

### (五)运用先进的教学手段来实施情感教育

先进的教学手段不仅可以提升语文课堂的教学效率，还对顺利实施情感教育具有很好的促进作用。先进的教学手段有很多，主要包括情景教学和多媒体教学。情景教学主要是通过教学情景的设计帮助学生快速理解教学内容，从而有利于学生情感的体会，多媒体教学则是通过音乐、视频等多媒体手段让学生更加了解文章的内容，有利于学生学习兴趣的激发，丰富学生情感体验的同时，也加强了学生的情感素质教育。

教学评价对教学过程的实施具有很好的促进作用，传统的教学评价体制过多地强调学生的学习成绩，不利于情感教育的开展，因此中职语文教师需要重视情感教育教学评价机制的建设，激励和疏导学生形成良好的学习态度，从而实现良性的情感教学循环。

中职学校作为培养实用型和技术型人才的重要基地，对全面提高中职生的素质具有不可推卸的使命，而语文教育又是中职教育体系的重要组成部分，要努力把培养学生的健全人格作为教育的终极目标。在教学过程中，教师要将语文教育和情感教育融合在一起，把情感教育放在中职语文教学的重要位置，通过不断总结经验、创新教学手段，运用合适的教学方法和情感教学手段，活跃课堂气氛，在提高语文教学质量的同时，通过有效对策全面改革现代教学体制，为全面提升中职教育水平奠定坚实的基础，创造有利于学生独立自主健康成长的良好氛围。

第三章　中职语文教学改革

# 第一节 "面向职业"的中职语文教学改革

职业学校的教学宗旨是使在校者获得某种职业知识与技能,同时培养他们的职业道德,职业教育的开展为我国现代化经济社会的发展提供了基础保障。中职语文教学具有人文性与实用性,强化了受教育者的综合素养,在教育体制改革的进程中,中职语文教学也随之改革,本文对其面向职业的改革途径进行研究。

## 一、中职语文教学改革的方向

中职语文教学改革应彰显中职教育特色,提升自身的服务意识,为受教育者就业指明方向,对语文教学内容适度地删减,使其精炼化,设置难度梯度,在改革的进程中突显中职语文的应用与实用价值。总之,中职语文教学改革的方向就是帮助学生明确职业知识、技能、态度等方面的基本准则,在反映就业创业需求的同时,彰显中职教育风范,建立健全多层次语文课程结构体系,为受教育者的职业生涯以及专业知识的学习提供优质的服务。

## 二、中职语文教学"面向职业"的改革途径

### (一)提高教师对语文教学改革的重视度,有针对性地开展教学活动

从某种意义上来说,职教语文课程的设置目的主要是提高学生对语言文字使用的能力,能使他们将语文知识运用到实际生活以及未来的工作岗位中,达到学以致用的目的。因此,中职语文教师应该积极适应教育改革的政策体制,在明确改革方向的基础上,降低语文课程的难度并激发学生的主动性,有针对性地教学要求语文教师结合学生的专业特点开展教学活动。例如对于"营销管理"专业的中职语文教学改革而言,教师在课堂上开展了"我卖促销品"的活动,鼓励学生扮演促销者等各类角色,在这种活动中,学生说话时要注意控制语速、掌握交流方式、学会委婉含蓄的表达技巧,也培养了他们百折不挠的道德精神。由此可见,职教语文改革的途径体现了该课程的实用性,中职受教育者的语文素养也得到锻炼与强化。

### (二) 使中职语文教材富有职业化特色

教材的职业化是建立在语文课文内容质量达标基础上的。目前，大部分中职学校选用的都是普适性的语文教材，希望强化学生的职业道德水平。职教语文教学改革仅仅做到以上提及的一点是不够的，要对普适性教材进行补充，不仅使学生语言文字知识应用的能力，还要融入人文性的教育理念，例如将自立、自强、自信、诚实守信的精神品质渗透于语文教材中，是对课本知识的有效拓展。此外，要使职教语文富有职业化特征，教材版本就必须具有专业性，也就是将语文知识与专业特点有机地整合，使职教语文教材含有专业思想理念，含有人文性、专业性的职业语文教材必然会推进改革进程，这是一条极为可行的改革途径。

### (三) 对考核评价模式进行改革创新

为了达到上述目标，教师可以采用多样化的方式方法，例如改变语文作业布置的形式，使学生不再视语文作业为一种负担、一项任务，语文教师将课后作业改为社会实践活动的形式，学生在各类调查活动中培养了团结互助的职业精神，同时锻炼了口语表达技能，丰富了与人交际的技巧。当然，改变做课后习题、模拟考试这些考试方式也能达到对职教语文有效改革的目标，例如教师带领学生团队走进社会、感受并适应社会，对学生写作策划能力、探究能力、语言应用能力进行考核。总之，多元化考核评价模式在调动学生学习兴致的同时，也完美地完成了"面向职业"的中职语文教学改革的任务。

总之，中职语文教学改革是迫在眉睫的工作内容，教师应该秉持"以生为本"的改革原则，践行创新型的改革路线，不断拓展语文课程教学知识，尽最大可能拉近语文教学与就业之间的距离，使中职语文知识为受教育者提供更高质量的服务，全面提高他们的综合素质。

## 第二节　如何有效整合中职语文教学和职业核心能力

如今，社会发展对竞聘岗位的求职者的要求越来越高，因此，要求刚走出校门的中职学生竞聘时必须具备较强的职业核心能力。中职语文作为中职学校的基础学科，具体教学过程中应该以提升学生的综合素质和职业能力为主。中职语文教学和职业核心能力的有效整合能为中职语文教学带来生机和活力，因此，本文着重对二

者的有效整合进行分析探讨。

## 一、职业核心能力概述

职业核心能力是人们职业生涯中除岗位专业能力之外的基本能力，它适用于各种职业，适应岗位的不断变换，是伴随人终身的可持续发展的能力。它是中职学校教学活动的重要组成部分，是企业单位考核人才综合素质的关键。职业核心能力一般包括数字应用、信息处理、自我学习、与人交流、与人合作、解决问题、创新革新等能力。其中，重要的几个能力体现如下：

### （一）人际交往能力

人际交往是中职学生社会化进程的推进器。社会化即个人学习社会知识、生存技能和文化，从而取得社会生活资格，开始发展自己的过程。在信息化时代，中职学生应该具备较强的人际交流和沟通能力，主要表现在能够充分利用信息技术和现代语言进行交流沟通。一般情况下，交流能力包括口语表达能力和书面语表达能力。

### （二）自我学习能力

自我学习能力是学生个体根据已有的知识和经验，充分利用各种教育资源和手段，主动探索新知，不断更新自己的知识结构的能力。我国处于社会主义市场经济体制的快速发展和完善阶段，在这个过程中想要实现更好的发展，要求中职学生必须具备自我学习能力。

### （三）解决问题的能力

解决问题的能力主要是指劳动者发现问题、分析问题、解决问题以及对问题进行检查的能力。中职教师要注重培养学生解决问题的能力，以便中职学生在将来工作中能够清醒、客观、冷静地面对各种问题，进而解决各种问题。

### （四）团队合作的能力

团队合作的能力是指在团队的基础上，发挥团队精神、互补互助以达到团队最大工作效率的能力。中职教学应有机渗透团队合作能力的训练，从而激发团队成员不可思议的潜力。

（五）信息处理的能力

信息处理的能力主要是指劳动者利用各种信息处理软件对所获得的信息进行采集、加工、整理的能力。提高信息处理能力对中职学生适应当今知识爆炸的时代具有重要的意义。

（六）创新革新的能力

创新革新的能力是指在前人发现或发明的基础上，通过自身的努力，创造性地提出新的发现、新的发明和新的改进革新方案的能力。有意识地培养中职学生创新革新的能力，有助于学生将来走上可持续发展的道路。

## 二、现阶段中职语文教学中存在忽视职业核心能力的问题

（一）教学理念较为落后

很多中职教师是从普通中学改行过来的，在语文教学方面很大程度上仍沿用普通中学的教学理念。课堂以教师为主导，学生只是"知识的储存库"，课堂教学基本上还是"一言堂""独角戏"或"一问一答"的有限课堂提问。不少老师还是习惯于把一篇篇文章分解化为知识点，详尽而系统地灌输给学生。这种教学模式过于强调语文的工具性、人文性，阻碍了学生的思维和个性的发展，在很大程度上忽视了培养学生的职业核心能力。

（二）教学内容过于随意

目前，大多数中职学校使用的语文教材基本上来源于普高教材，可以说是普高教材的翻版。所选文章大多是传统的经典篇目，这虽然有利于学生语文素养的提升，但为专业服务的功能不强。部分篇目甚至和学生的思想、生活、专业相去甚远，这些都不利于培养学生的职业核心能力。

（三）评价方式过于单一

现阶段中职语文教学采用传统的终结性评价方式，即主要是以试卷成绩检验学生的学习效果。这种评价方式不利于学生语文学习积极性的提升，也不利于培养学生的职业核心能力。

### 三、中职语文教学和职业核心能力有效整合的策略分析

（一）改变教学观念，渗透职业核心能力理念

中职语文教师可以在教学设计和教学实施上有策略地渗透职业核心能力，将职业核心能力培养任务分解并设计在中职语文教学中。在教学设计上，教师不应该再使用传统单一化的课程传授方法，而要根据不同的语文课程要求设计不同的教学任务，并采用任务驱动法促进和提升学生的语文学习能力。在语文教学任务的设计中，不同篇目的内容只需要设置完成一到两个能力训练点就可以，切忌为了面面俱到而变得没有重点。比如在中职人教版语文综合实践活动"校友职场感悟采访"的学习中，教师根据采访的基本内容和活动安排，具体设计"策划筹备"和"活动应用"。围绕采访校友职场感悟，让学生设计采访内容，学会如何灵活有效地解决实际采访中存在的问题。具体要求学生能够根据采访内容设计提纲，提出相关的职场问题。如何提出有针对性的职场问题，进而设想采访中遭遇冷场时又应该如何解决问题，通过问题的一步步设定训练学生发现问题、分析问题和解决问题的能力。再如，在学习语文综合实践活动"春联觅趣"时，教师可以把语文教学任务设定为让学生查找和搜集春联的起源、创作方法、创作故事等，鼓励学生积极搜集自己喜爱的励志对联，并引导学生在课堂上初步赏析这些对联，从而在学习过程中提升学生搜集、整理、分析、总结归纳、应用资料等综合能力。

（二）改革教学方法，训练学生的职业核心能力

随着新课改的深入进行，语文教学模式也得到了创新，中职语文教师可以通过案例教学法和辩论分析法实现语文教学与职业核心能力共同提高的目的。其中，案例教学法主要是指将生活中的实际案例通过恰当的方式引入到语文课堂中，并根据实际需要以一种全新的方式对语文案例进行诠释。在语文教学案例分析的过程中，教师可以有策略地将语文教学内容和实际案例进行有机结合，训练学生分析解决问题的能力。再者，辩论和演讲的方式也能实现对中职语文教学的创新。这种方式是将学生作为语文教学活动的中心，教师在给出辩论和演讲题目之后，对学生进行分组，组织开展辩论活动。在辩论结束之后，教师根据学生的表现对其进行激励性评价。这种辩论分析法不但增强了学生的团队合作意识，也提升了学生的综合能力。此外，教师还可以在中职语文教学中应用情境教学法，为学生创设身临其境的语文授课环境，而换位思考是创设情境教学法的关键。在中职语文教学中，应用换位思考是指让学生换位到作者或者文章主人公的位置来感受他们的处境，从而进一步激

发学生的语文学习兴趣，更好地提升学生的信息处理等职业核心能力。比如在中职语文人教版《林黛玉进贾府》的授课中，教师可以要求学生站在老祖宗的角度感受失去爱女、怜惜孙女的心境，换位思考林黛玉进入贾府之后处境的无奈和胆怯。教师设定思考的情境，让学生身临其境地感受主人公的心境，并随着角色的转化进一步加强对课文的理解，形成自己的观点态度。以上种种教学方法的改革创新能有效训练学生的职业核心能力。

(三) 充实教学内容，提升学生的职业核心能力

中职语文课程教学的目标是为社会发展培养具有实践能力和专业技能的人才，从而满足社会发展对复合型应用型人才的需求。因此，中职语文教学在满足社会发展对复合型、应用型人才需求的同时，教师要紧紧围绕语文课程教学的内容和重点，在教学中融入一些实践性的内容，加强思辨训练，引导学生在操作性和活动性并存的语文教学内容中深刻理解文章内容，进而提升自己的职业核心能力。例如，在中职人教版语文教材《懒惰哲学趣话》教学中，教师可以通过设置具有实践性和思辨性的课堂活动进行教学。首先，通过合作分工，寻找资料，一方面能够补充学生匮乏的历史写作背景常识，另一方面能为学生在课堂上更好地理解文章内容奠定基础。其次，进行观点总结。学生在了解"作者及时代背景"的基础上，要通读、熟读整篇文章。在充分理解文章内容和总体思路之后，教师将学生具体分为两组，让两组学生分别代表游客和富翁，进行两种不同人生态度的观点总结。最后，教师组织学生进行辩论训练，要求学生根据各组搜集的材料进行分析和补充，形成自己的人生态度观。这种思辨训练不仅强化了学生独立思考的能力，更有利于提升学生的职业核心能力。

(四) 完善教学评价，促进学生全面发展

教学评价对中职语文教学的教学质量监测具有重要的作用，教学评价的本质目的是实现学生、教师和学校的共同发展。因此，中职语文教学评价工作要改变传统的终结性评价方式，改变单一化的语文试卷教学评价方式，在尊重学生语文学习主动性和个体差异的同时，推行一种发展性的教学评价方式。例如，中职语文教师可以将学生的语文能力分解为与职业核心能力相关的听、说、读、写等专项技能，制定相应的专项技能考核标准，在校内进行各种语文单项技能的考核鉴定工作。教师有针对性、灵活性地设置考核项目，对学生进行多种语文技能的考核评价，可以客观全面地反映学生的语文技能水平，这样就避免了单一化的语文试卷教学评价方式。教师在进行语文教学评价时要多肯定学生的表现，激发学生语文学习的热情，

从而提升学生的职业核心能力，促进学生的全面发展。

综上所述，职业核心能力是企业单位考核人才综合素质的关键。这就要求中职语文教师应通过不断的学习和探索挖掘中职语文教学与职业核心能力有效整合的策略，着眼从教学观念、教学内容、教学方法、教学评价等方面进行改革创新，注重将职业核心能力的培养贯穿到语文教学的每一个环节中，这将充分改变中职语文教学的现状，提升中职语文教学的有效性和科学性，更有利于提升中职学生的综合能力，凸显学生的职业核心能力。

# 第三节　中职语文教学与学生健康人格的培养

深入推进中职教育改革是全社会的共识。随着改革的深入，注重人格培养、促进学生全面发展，培养学生高尚品格等的目标越来越摆在了突出的位置。人格教育，就其内涵而言，是指在学生的这一成长时期中，对其施加积极影响，影响其性格、气质、品格、情操等方面，使其养成健康人格。这对学生整个人生都是非常重要的，对其今后的事业成功、理性地处理人际关系、形成创新能力都具有不可替代的作用。

## 一、中职语文教学对学生健康人格培养的优势

新课程标准指出，在中职语文教学中，应使学生在爱国主义、社会主义良好品德以及科学的思想方法上受到正确引导，在教学过程中还要重视培养学生的品德和审美标准，着重培养学生独立思考的能力，形成创造力，发展健康个性，培养良好的道德情操，使得学生逐步形成康健人格，发展良好个性，形成正确的人生观、价值观，树立积极向上的生活态度，促进其全面发展。语文教学在这方面有着其不可替代的作用，中职语文教学不只是向学生传授知识、培养其良好的语言表达能力，更重要的是在其情感教育功能和审美教育方面，通过疏导、思想灌输、情感培养、模范带头作用、实践等形式，使知识教育、能力培养、人格养成结合起来，使学生在学习知识的同时能得到能力的培养，使他们受到正确的引导和熏陶，从而陶冶情操，净化心灵，养成健康人格。

## 二、中职语文教学中培养学生健康人格的途径

语文课程是中等职业学校学生必修的一门公共基础课。中等职业学校语文课

程在九年义务教育的基础上，中等职业学校不仅要指导学生学习必需的语文基础知识，提高其科学文化素养，培养语文的应用能力，为综合职业能力的提高奠定基础，还要引导学生接受优秀文化的熏陶，提高思想品德修养和审美情趣，形成良好的个性、健全的人格，促进职业生涯的发展，以适应就业和创业的需要。如何在语文教学中塑造学生的健康人格呢？笔者谈谈自己浅显的认识：

**(一) 充分发挥语文教学思想教育功能，塑造学生健康人格**

德国思想家雅斯贝斯说教育在本质上"是人的灵魂的教育而非知识的堆积"。可见，在教育的双重功能中，人格塑造是首位的。中职阶段是学生人格形成的重要阶段，同时也是最容易出现问题的阶段。中职语文教学中塑造学生的健康人格不能脱离语文教学的实际，要结合语文知识的学习、语文能力的培养，在教学过程中实施人格培养。教学中教师要充分尊重每一个学生，发挥学生在教育中的主体作用，激励学生通过自己已有知识和经验去感受作品，读出自己的真实感受。教师不仅要教会学生读书，而且要教会学生通过所读中去了解自己、对照自己和分析自己，进而提高自己，使学生在感知课文内容的同时，也使其人格受到正面熏陶。

语文教学学生人格塑造方面，它能够融合知识教育、能力训练、道德培养、情操陶冶于一体，使学生既获得了知识、培养与能力，又受到潜移默化的思想教育，从而陶冶情操、塑造健康人格。语文教材中相当一部分课文具有强烈的思想性、教育性，每篇课文都体现了作者的思想情操和道德风尚。如《我们拥有一个名字叫中国》表达了一个古老而伟大民族的心声；《荷花淀》通过一对青年夫妻参与抗战的故事，谱写了一曲人民战争的颂歌；《隐形的翅膀》塑造了一个自强不息的青年形象：他不屈于挫折，满怀希望和梦想，不断追求；《读书人是幸福人》使学生认识到读书人的幸福不仅在于知识的积累，更在于精神的感化和陶冶；《在困境中更要发奋求进》使学生从著名数学家华罗庚先生坎坷的经历中领悟到人生的真谛；《闻一多先生的说和做》展现在我们面前的闻一多"是卓越的学者，热情澎湃的优秀诗人，大勇的革命战士"。"他，是口的巨人。他，是行的高标"……语文教师要充分利用语文教学特有的形象性、情感性、生动性，在潜移默化中对学生进行思想品德教育，达到提高学生人格思想素质的目的。教学不应只是传授学生知识与技能的过程，更应是提高学生素质和培养学生健康人格的过程。

**(二) 充分发挥语文教学的审美教育功能，塑造学生健康人格**

《中等职业学校语文教学大纲》指出，要引导学生重视语言的积累和感悟，接受优秀文化的熏陶，提高思想品德修养和审美情趣，形成良好的个性、健全的人格，促进职业生涯的发展。语文教材中所选的文学作品为进行审美教育提供了便利条件。语文教育家于漪说："认识语文是人文学科的特点，讲究语文教学的综合效应，使学力形成和人格形成有机统一起来，努力培养学生理想和运用祖国语言文字的能力，塑造学生优美的心灵。"因此，教师要充分发挥作品的审美陶冶功能，引导学生体会作者的语言、感情，指导学生辨别真假、是非、美丑、善恶，提高鉴别欣赏能力，诱发学生心灵感应，使之在美感共鸣中受到启发，实现人格塑造目的。如《合欢树》表达了对母亲的深切怀念和对母爱的高度赞美；《善良》热情讴歌了善良的伟大力量以及对善良的坚定信念；《人生的境界》阐述了不同层次的人生境界，启发学生深入思考人生的意义，不断提升自己人生的境界；《父亲的手提箱》讲述了作者对文学创作的感悟及父亲对自己走上文学道路的影响，表达了对父亲深沉的怀念；《一碗清汤荞麦面》表现了母子三人逆境中坚忍奋发的精神以及人世间互相理解的温情；《好雪片片》刻画了具有"人的好本质"的弱势群体中的一员，使人感受温暖……。教学中教师通过范读或指导朗读、生动描述或创造性复述等方式，以富含艺术性的教学语言开启学生形象思维，激发情感，引导学生进入审美的境界，体会文章中寄寓的丰富情感，在学生获得美感享受的同时，净化其心灵，汲取塑造健康人格的有益养料。

（三）充分发挥语文综合实践活动功能，塑造学生健康人格

教育家蔡元培先生曾经对教育作了前瞻性的论述："教育者，养成人格事业也，如仅为灌输知识，练习技能之作用，而不贯之以理想，则是机械之教育，非所以施与人类也。"蔡元培先生所极力推崇的培养学生人格，即认识、思维，终极审美的"世界观教育"的观点，在教育界强烈呼吁弘扬人文精神的今天，这种观点也无疑有着深远的指导意义。《中等职业学校语文教学大纲》指出，要从相关职业的实际需要出发，选取活动内容，设计活动项目，模拟职业情境，组织语文综合实践活动。在活动中提高学生的语文应用能力，增强他们的合作意识和团队精神，培养职业理想和职业情感。在思想教育和审美陶冶中汲取完善自我人格的情感力量，只有通过生活实践活动才能内化为集体的信念和行为方式，进而使学生形成稳定的性格特征。教师要精心组织综合实践活动，为学生提供一个个积极的人格实践机会，让学生都能在活动中尽情表达自己的思想和情感，尝试到成功的喜悦，培养学生的团队精神、合作精神、竞争意识、责任意识。如开展"认识专业，树立信心""专业——助我点燃信念的灯"实践活动，帮助学生了解专业、热爱专业，树立专业认同感和学习自信心。"点亮爱心、奉献青春"实践活动培养了学生的责任意识和语文综合能力。"走进生活、关注环保"实践活动，让学生了解日益严重的环境污染

情况，增强环保意识，培养社会责任感。教师还要根据重大节日、纪念日开展主题教育实践活动，对学生进行爱国主义、集体主义、革命传统教育、感恩教育等。如在教师节，建议学生亲自制作礼物，或组织学生进行演讲会，向老师献爱心。学生为了准备礼物、写好演讲文章，就会利用课余时间进行调查采访。这一过程增进了对教师的感情和理解，磨炼了意志，锻炼了思维能力，有利于弘扬尊师重教精神和对学生进行感恩教育。

　　教师是人类灵魂的工程师。在教学过程中，教师应使学生受到爱国主义教育、社会主义思想品德教育，养成良好的意志品格，塑造健康人格，形成积极的人生态度和正确的价值观。只有这样，才能落实立德树人根本任务。

第四章　中职语文教学生活

# 第一节　中职语文教学与生活的有效融合

从事中职语文教育十多年，深感中职语文教学与生活渐行渐远，其尴尬现状是：①学生家长认为语文无大用，技能才是真功夫；②学校认为专业课和技能训练是本分，各种比赛名次影响招生名额；③老师觉得大气候如此，循老规蹈旧矩更加轻松稳妥。因此，更让生活远离了中职语文。

我国著名教育家陶行知先生曾说："没有生活做中心的教育是死教育，没有生活做中心的学校是死学校，没有生活做中心的书本是死书本。"由此看来，教学应力求贴近生活，利用现实生活中的资源优化语文学习的环境，扩大学生语文学习的空间，变封闭的、语言文字等的教学为开放的、生活化教学。只有走教学生活化的道路，才能真正改变教学远离学生生活实际的窘迫现状，培养学生的实践能力，促进学生的全面、健康发展。生活是写和说的源头活水，说出的为语，写出的为文，这就是语文，若无生活这源头活水，哪来语文，若语文教学若脱离了生活，又何其为语文？

## 一、课堂教学生活化

中职生的性格活泼、好动，思维敏捷，动手能力强，具有极强的表现欲。但"上课蔫，下课欢"是中职生的语文学习现状。整个课堂气氛沉闷，学生学得苦、学得累、学得厌倦，学习效率低下。

传统的语文教学环境过于封闭、单一、压抑，学生被束缚在秧田式的课桌、椅子中间，面对的是冷冰冰的黑板、严肃的老师和拘谨的同学。生活化的语文教学注重设置模拟生活的课堂教学环境，营造宽松、无拘束、富有生活气息的课堂教学氛围，让课堂不再远离生活，这种教学环境更符合中职课堂的教学要求。

教贾祖璋的《南州六月荔枝丹》时，我先布置学生进行水果摊调查，了解荔枝的产地，观察荔枝的外形、颜色，并把观察结果形成书面材料。在上课的时候，我特地买了几斤鲜荔枝，还特意准备了几颗干荔枝。给班上每个同学发一颗鲜荔枝，让他们先触摸其外壳，仔细观察其颜色、形状，再剥开壳，观察果肉的颜色，品尝果肉的味道。还提醒他们不要忽略壳内的花纹和紧贴壳壁的薄膜。又请几个同学剥开干荔枝，让大家观察、比较、品尝，了解二者的区别。在这样的基础上，我再引导他们自读课文。

指导学生排演课本剧或者自编剧也是一种行之有效的方式。我常常让学生根据角色、宿舍、私交等因素自行分组，开学即进行任务分配，从剧本《雷雨》《威尼斯商人》到小说《祝福》《装在套子里的人》《鸿门宴》等，让学生事先自选剧本，预习该课文，几个同学一组，先选择角色、制作道具、揣摩人物，然后上课时分角色扮演剧中的人物，这样的课堂环境使学生更易理解作者所塑造的人物，体会剧中人物形象和人物语言。同时也给参加表演的同学一次展示自己创造性、表演性才能，锻炼语言表达能力的机会。表演结束后，让同学们共同讨论成败得失，调动了学生积极性，活跃了课堂气氛，加深了学生对课文的理解，这样既保持了语文本身的特点，同时又实现了中职语文为专业服务的目标。

## 二、实践活动生活化

比如，先让学生开口，让学生关注每天的新闻及身边的逸闻趣事，然后在上课时用3~5分钟的时间，让学生先自由表述，改变课堂不吭声、课后闹哄哄的局面。再引导学生好好说，模拟播报新闻，要求使用普通话，从语音、语调、语速到表情体态进行循序渐进的训练提高。也可以创办手抄报，安排学生进行新闻采访，充当校园讲解员；举办征文、朗诵比赛；每学期，我还举行"我也来当当老师"的体验活动，让学生自选一篇课文进行15分钟的讲解等，这些都是一举多得的活动。现在校园电视台的两位主播是我班学生，进行小型比赛时，从主持到评委，从计分到PPT制作，再到场地布置，学生各有分工，都已轻车熟路。这样一来，学生走出了课堂，走出了教材，走向了生活，拓宽了视野，增长了见识，同时提高了语文能力，更重要的是可以使学生在实践中悟出人生的道理，提高创造力，从而培养学生的人文主义精神，这也使中职语文教学恰如其分地发挥了育人功能。

## 三、作业布置生活化

职高学生原本对学习文化课的兴趣就不浓厚，许多学生从中学甚至从小学开始就不爱做作业，进入职校自然也不能轻易改变过去的习惯。因此，语文教师在布置作业时，不应把语文作业或局限于课本知识，切断学生与家庭、社会的联系，尤其不能切断与专业课的联系，应将作业与现实生活联系起来，使作业成为语文教学与社会生活紧密联结的桥梁。

2015年寒假，我布置给任课班的共同作业是：①作文两篇《我家的一件\*\*事》和《最精彩的春晚节目》；②我最关注的20条新闻。机电专业作业：①《关于机电专业在我家乡的现状和前景的调查报告》；②《家乡机电小作坊中存在的问题》。这一尝试让我收获不小。尤其是专业作业，学生写出了家乡从事焊、车、刨、铣的大小作坊的大概收入、收入来源、雇工素质、工作时间、劳动强度、工资状况、操作工序、加工质量、安全隐患、改进设想等，虽然每个人的内容有别，也不可能十分全面，但大都经过亲自实习或实地调查，开学后我又要求他们进行有效的整合，共同写出了一篇相当有质量的调查报告。

### 四、专业生活语文化

中职语文教学中的传统教学方式很难实现按需施教的目的，因此中职语文的教学内容要针对学生专业特点，培养适应未来岗位需要的人才。教师在语文教学中要尽可能地将教材内容与学生专业紧密结合。例如，在汽修班，张贴与他们专业有关的汽车发动机图片，让学生向大家介绍说明，学生参与积极性高。在护理班，拿出人体模型让学生或介绍整体结构，或介绍个别器官，学生兴致勃勃，积极参与。因此，通过熟悉的事物介绍并不熟悉的抽象知识，激发了他们学习语文的兴趣。

### 五、课余生活"语文化"

生活永远是语文学习的源头活水，"生活是整个语文教学的源头"。要使学生生活"语文化"，教师应该引导学生关注生活，扩大生活信息的接受量，引导学生在日常生活中不由自主地学习语文或者运用语文，要求学生充分利用每一次学习机会学习语文。

（一）抓住时机，矫正不文明用语

因为我校学生大都是农村孩子，平时说话满口方言土语，"出口成脏"，这是我长期思考并想要致力改善的现状。一次晚休检查，听着宿舍内满口方言土语、"出口成脏"的热烈讨论，我得到启发，安排学生悄悄录音，然后让全宿舍学生听录音，他们很难为情。然后我要求他们将对话以作文形式重新表达，写好交我审查合格后再在宿舍朗读。最后让他们制作文明用语提示标志张贴在本班宿舍，且保证今后尽量改正，录音就不再播放，所扣宿舍纪律分处罚从轻。此举进行不到一学期就取得明显成效，一旦有人说脏话，说方言，常有同学从旁提示。

（二）设置话题，用语文表达真情

我设置话题，让学生模拟电话通话，如何劝解失恋的同学走出阴影，如何说服沉迷上网的同学转移兴趣，如何安慰家庭遭遇变故的同学重新振作起来，如何调解

同学矛盾，等等。

(三) 节日庆典，用语文传递祝福

利用节庆活动编写祝福短信、元旦、国庆、中秋、端午、教师节、父亲节、母亲节、同学生日等，我都会让学生编写祝福短信，传递祝福。

(四) 校园活动，用语文激浊扬清

学校开展的各种活动是学生运用语文的好机会，我让学生写报道、写小结批评不良习气，表扬好人好事。中职语文教学要与生活相联系，走向生活化。哪里有生活，哪里就有语文；哪里有语文，哪里就有生活。

总而言之，通过对职高语文生活化的教学，有利于激发学生的学习兴趣。语文教学只有着眼于生活这片广阔的天地，充分利用现实生活中的语文资源，才能真正扩大学生的语文学习的空间和视野，摆脱以往语文教学远离学生生活实际的尴尬境地。

# 第二节　中职语文的兴趣教学策略

语文学习是一个长期积累的过程，语言能力也不是一朝一夕可以养成的，要求学习者具有持久的恒心和学习兴趣，才能在语文成绩和语言素养上有所提高。然而，纵观中职语文教学，学生的学习积极性明显不高，对语文学习的兴趣也不浓，中职学生上课交头接耳、玩手机、睡觉，甚至旷课的现象屡见不鲜。因此，对于教育工作者而言，如何激发学生学习兴趣，调动他们学习语文的积极性和主动性，是中职语文教学课改的重要任务。

## 一、中职学生语文学习缺乏兴趣的原因

### (一) 学生自身的因素

其一是缺乏正确的学习动机。通过与学生进行交流得知，部分中职学生认为语文没有什么作用，一个人只要会说话、会写字就行了，语文成绩的好与坏对自己未来发展没有什么实际帮助；有的学生认为上学就是学技术、学专业，应该把主要精力放在专业课上，学习语文纯粹是浪费时间；部分学生对什么学科都不感兴趣，上学就是混学历、混日子，自然对语文学习缺乏足够的兴趣。其二是学习信心不足。

中职学生大多学习基础较差，从小到大学习成绩一直不好，很少在学习上得到家长和教师的表扬，久而久之对学习存在畏惧心理，学习信心不足，畏难情绪严重，语文学习上受到一点挫折就裹足不前。其三是处于叛逆期。中职学生大多处于14—17周岁之间，这个年龄段的学生正处于青春的叛逆期，他们追求个性张扬和独立意识，不喜欢受教师和家长的约束，同时又缺乏自制力和辨别力，养成了一些不良的生活习惯，很多学生沉迷于网络游戏、谈恋爱以及抽烟喝酒。他们对教师的管教十分反感，甚至起到适得其反的作用，直接影响了他们对语文的学习兴趣。其四是学习习惯不当。在日常教学中教师发现，部分学生对语文学习有一定的兴趣，但由于缺乏合理的学习方法和学习习惯，导致语文成绩一直徘徊不前，久而之久就产生厌倦情绪。主要表现为很多学生不懂得如何预习课文，上课不知道如何高效率地记笔记，作业也大多是抄袭他人或者网络，平时没有良好的阅读习惯，写作水平低下，语言能力较弱。正所谓内因决定外因，中职学生没有发自内心的学习语文的动机，就很难在语文学习上取得明显的进步。

（二）教师的因素

其一是教学方法不当，课堂气氛沉闷。调查中人们发现，中职语文教学中"一言堂"的现象十分普遍，部分语文教师教学观念陈旧、教学方法老套。以自我为中心，满堂灌地讲述知识点，忽视了学生的知识水平和接受能力，整个教学过程教师的"教"与学生的"学"不在一个轨道上，师生之间缺乏沟通和交流，学生认为教师上课就是自导自演，学生只能被动地听和记，像个局外人。整个教学过程沉闷，课堂气氛压抑，久而久之，学生就丧失了学习的兴趣。在调查中，当被问及对语文教学的看法时，学生纷纷表示"教师讲得太快了，还没明白过来，就到下一环节了。""教师就是在读课本，照本宣科，太没意思了。""教师只看多媒体，下面有没有学生听都不管，学生都在玩手机、说话。"这种教学方法不能适应当代中职学生的学习需要。其二是评价机制不合理。为了保证通过率，使绝大多数的中职学生都能考试及格，顺利拿到毕业证。教师在出题时，会刻意地降低试卷难度，或者提前将考试相关内容告知学生，学生很容易就通过考试。这样一来中职学生在语文学习时没有任何压力，也就没有学习的动力，也打击了那些语文学习比较努力的学生的积极性。

（三）学校和社会的因素

其一是学校重视程度不足。大多数中职院校教育的主要精力放在专业课上，对语文这类公共基础课的重视程度不足，有的学校第一学期语文是必修课，第二学期就改为选修课;有的中职院校将语文课大多安排在上午三四节或者下午五六节,这个时间段是学生比较疲倦、学习效率较低的时候,这样不仅影响中职语文教学的成效,而且也给学生一种语文课可有可无的错误认识。其二是招生标准不断降低。近年来,随着生源的减少,中职院校面临的招生压力越来越大,为了增加生源,学校不断降低招生标准,包括初中未毕业的学生、往届毕业生,或者参加工作多年后又回校拿文凭的学生,甚至包括初中阶段被开除的学生,导致中职生源来源复杂,年龄跨度大,语文基础也是参差不齐,给教师的教学和管理带来难度。其三是家长教育管理不当。由于中职学生学习成绩一直不理想,家长对孩子的成绩也不重视,对学生在学校的表现不闻不问,只要求学生拿到毕业生就行,因此很多中职学生存在自暴自弃的心理,学习上放纵自己,成绩越来越差。

## 二、中职语文兴趣教学的途径

### (一) 创设平等、温馨的课堂氛围

首先,教师要关心学生、尊重学生。根据马斯洛需求层次理论,人的需要是分为多个层次的,当个体满足生理和安全的需要之后,就会寻求尊重和自尊的需要。中职学生也不例外,每个学生都希望得到教师或家长的表扬。但由于生长环境、智力以及其他因素的影响,中职学生学习成绩一直不理想,很少得到教师和家长的表扬,于是他们自暴自弃。尽管中职学生表面上看起来比较强势,给人一副无所谓的态度,但内心都十分敏感和脆弱。如果语文教师能够把他们当作朋友,给予其充分的关心和爱护,拉近与学生之间的距离,将极大地唤起他们的学习兴趣。例如语文教师要利用最短的时间记住所有学生的名字,尤其是那些所谓的"问题学生",上课时尽可能地提问每一位学生。当有学生没来上课时,教师在下次课前要询问一下学生没来上课的原因,让学生感到教师在关心和爱护他。

### (二) 帮助学生树立学习信心

中职学生在学习上普遍存在畏难情绪,认为自己能力不足,根本不是学习的料,只要在学习上遇到一点挫折,就丧失了继续努力的信心。语文教师要帮助学生树立学习的信心。只有树立正确的学习动机,才能产生学习的兴趣。在上第一节课时,教师不要急于讲授知识,先给学生讲解一下语文学习的重要性,使学生了解语文学科的重要性,让他们明白一名合格的职场从业人员必须具备一定的阅读能力、良好的语言表达能力和一定的写作能力,这些能力的培养离不开语文教育,而且语文学习对提升个人气质、审美水平和思维能力等都有极大的帮助。此外,在上课过

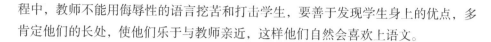

程中，教师不能用侮辱性的语言挖苦和打击学生，要善于发现学生身上的优点，多肯定他们的长处，使他们乐于与教师亲近，这样他们自然会喜欢上语文。

（三）采取多样化的教学方法

中职学生活泼好动，对传统的填鸭式教学模式比较排斥，为此语文教师要采取多样化的教学方法激发学生的学习积极性。其一是采取问题情境教学。中职学生自制力比较差，对长时间的学习感到枯燥，语文教师可以通过创设问题情境的方式，根据教学大纲和教学内容，向学生提出一些难度适当的问题，让学生带着问题去阅读和思考，从而激发学生的求知欲。值得注意的是，问题教学中的问题不能难度过大，不然会打击学生的积极性，也不能过于简单，否则无法激发学生探究的欲望，问题要新颖而有趣，不能千篇一律。例如教师讲解《士兵突击》一课时，向学生提出如下问题：大家都看过王宝强演的《士兵突击》这部电视剧吧，大家都喜欢电视剧中的哪个人物呢？为什么？大家在阅读时认真找一下课文中哪些描写体现了许三多不抛弃、不放弃的精神？这样的问题会引起学生的兴趣，中职学生纷纷开始阅读课文，当教师提问时，都能积极举手表达自己的见解，课堂气氛热烈而融洽。其二是采用联想教学法。联想教学方法是让学生在学习新课文时，学过的语文知识，对作者的个人经历和写作背景有更清楚的了解，激发其阅读的兴趣。例如语文教师在讲授《荷塘月色》时，可以带领学生重温初中学过的《春》和《背影》等课文，让学生在对作者有系统的了解和认知的基础上，再学习这篇课文，从而激发学生的阅读兴趣。其三是开展合作学习。《学记》有云：独学而无友，则孤陋而寡闻。"中职学生语文基础薄弱，学习能力不足，单独完成学习任务有一定的困难，通过组成学习小组进行合作学习，可以发挥他们各自的优势，互相促进学习。中职学生自制力差，通过合作学习，可以互相督促、互相鼓励，形成良好的学习风气。例如在学习《拿来主义》一课时，教师可以将学生分为4-6人的学习小组，目的是培养学生自主学习的习惯和提高学生自主学习的能力。要达到这个目的并不简单，这是一个系统工程，需要各方面的支持与配合。

（四）准确反馈与评价语文学习结果

准确、合理的评价方法能够激发学生的学习兴趣。以往中职语文教学的评价主要是结果性评价，主要以期末考试的分数评价学生语文学习的表现，这种评价方式忽视了学生在语文学习过程中的努力程度和学习态度，打击了学生的学习积极性。因此，需要建立及时、准确的语文学习反馈机制。首先，反馈与评价要及时，在语文课堂教学实践中，教师既要将学生的语文学习情况及时、准确地反馈给学生，还要及时做出相应的评价。要让学生在第一时间就了解自己的学习结果，可以强化语文学习动机。其次，反馈与评价内容要具体。评价内容要具体，不要泛泛而谈，要注明好在哪里，如学生谈论一下中国改革开放以来发展的产物。小组成员热烈讨论、各抒己见。有的认为人们拿来了电脑、手机、电视、汽车、西装、摇滚音乐、麦当劳等，有的认为人们拿来了庸俗、暴力、功利等不好的东西。这种学习方式既启发了学生的想象力，又培养了他们的团结协作精神。再次，倡导体验教学。中职学生活泼好动，个性张扬，对枯燥的理论知识不感兴趣，但对参与性的活动比较感兴趣，乐于在众人面前展现自己的才华，展示自己的实力。语文教师可以利用学生的这一特点，选取合适的教学内容，让学生以话剧、小品、演讲等方式展示才艺。例如讲授小说《项链》一课时，教师可以让学生组成学习小组，让其根据课文内容，排练一场不少于20分钟的话剧进行表演，表演时让其他同学们投票选出最佳表演奖、最佳团体奖等奖项。事实证明，学生们兴趣浓厚，都主动利用课下时间积极排练，有的还自费购买道具和服装，激发了他们的语文学习兴趣。最后，倡导分层教学。分层教学就是从实际出发，把一部分学生根据知识学习、能力形成等方面的具体情况与个人愿望进行分班，组织开展教学活动的一种因材施教的教学模式。中职学生相对于普通学校学生素质较低，且程度参差不齐。在教学方法上，要从"一刀切""一锅煮"改为针对性的教学。在教学目的上，不仅要提高学生的语文水平，而且教学要使用鼓励性评语，如"好，望继续努力"等。此外，给学生以展示的机会，让学生介绍自己成功的体会，带动其他学生一起进步。最后，加大平时成绩比重，改变评价标准。平时成绩包括考勤、作业、月测和课上表现。要想提高平时成绩，就要保证不旷课，认真完成并及时提交作业，认真对待每次月测，上课积极主动、不违纪、期末考试认真复习。只有这样，才能让平时表现优秀的学生取得比较好的成绩，防止学生产生投机的心理。

激发中职生的语文学习兴趣是提高语文教学质量和语文学习效率的关键。这不是一朝一夕可以完成的，而是一个长期的过程，需要学校、教师、家长、学生乃至全社会的帮助和努力。

# 第三节　中职语文课堂与专业知识的有效融合

习近平总书记在十九大报告中指出，优先发展教育事业，完善职业教育和培训体系。职业教育的目标是培养具有较高职业素养的社会应用型人才。中职教育以职

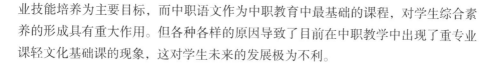

业技能培养为主要目标，而中职语文作为中职教育中最基础的课程，对学生综合素养的形成具有重大作用。但各种各样的原因导致了目前在中职教学中出现了重专业课轻文化基础课的现象，这对学生未来的发展极为不利。

## 一、中职语文课堂与专业知识融合的必要性

大部分中职生是被中考淘汰到中职学校的，生源素质相对较低，学习习惯较差，学习能力及语文素养较低。面对他们眼中可有可无的语文更是被动学习，有的是漠视语文，个别学生甚至认为只要学好专业课就行了，语文课被学生分类到边缘学科。

如何走出中职语文教学的窘境，中职语文教学的低效问题就是广大中职教师急需解决的难题。以就业为导向的中等职业教育，要求我们必须改变以往的教学思路和教学理念，要创新教学方法，构建有鲜明职业教育特色的语文课教学环境。具体说就是在中职语文课堂上增加学生"用得上"的知识，在教学中进行专业渗透，将中职语文课堂与专业知识进行有效融合，这样既能吸引学生的注意，激发学生学习语文的热情，有效提升学生的文化素质，又巩固了学生的专业知识，达到双赢的目的。

## 二、中职语文课堂与专业知识融合的途径

### (一) 创设情境，实现学科和专业的融合

中职生文化基础较差，学习习惯也不好，但他们的智力并不低，一般动手能力较强，老师在备课时应该考虑这一特点，并做出相应调整。教师在设计课堂教学时也要充分考虑这一要素，选用灵活的教学方式，从专业的角度出发，根据学生和专业的特点，设计与专业相融合的教学活动。

譬如《长江三峡》这一类的文章，给旅游管理专业的学生讲授时，教师可以创设情境模拟相关场景，给学生提供一个上岗的机会。教师课前布置任务：要求学生以导游的身份，为独立带团游览长江三峡做好各项准备工作，学生自行分组，做好分工合作。学生根据学习用书确定长江三峡各段的起始位置、各自景物特征，设计从本校或本城出发的最佳行程路线和出行方式，把长江三峡的自然风光做成课件，也可加入和三峡有关的传说故事，还可穿插人文之美，尽量选择同学们比较熟悉的诗词文赋，在课上边播放边讲解。使同学们在汇报的过程中充分感受三峡的壮丽景色，对祖国大好河山热爱的情感就油然而生了，进而很想学习作者是如何抓住景物特点，拟声、绘色、摹形的，又是如何做到移步换景和同景变角，成功吸引了学生

的关注点，文章也就解读到位了。这样通过和专业知识的融合，激发学生的学习兴趣和学习主动性，让学生真正成为"学"的主人。与专业及岗位相关的教学，既能活跃课堂，又能调动学生语文学习的积极性。

他山之石可以攻玉，这样设计中职语文课堂，同学们特别喜欢上语文课，甚至都有些期待了。

(二) 借用专业知识，展示学生风采

语文作为一门基础性学科，听、说、读、写是其四种基本能力，这四种能力也是语文课上必须锻炼的能力，以进一步提高学生正确理解与运用语言文字的能力。中职学校的语文课程除了要提高学生的科学文化素养，还肩负着适应学生就业和创业需要的重任。教材的设计者注意到了这一与普高语文课堂不一样的地方，校学业水平考试大纲也把表达与交流明确列为考试范围。表达与交流是中职语文教材重要的组成部分，每单元都会安排一个专题，其中有一单元的口语交际就是情景对话。

所谓情景对话，就是在一定的语境中，围绕特定的主题进行对话。老师在教授这一课的时候可以通过"我所认识的专业"等话题进行讲解，训练学生的听、说能力。一些专业的学生需要和客人打交道，对口才的要求比较高，为提高与客人打交道的沟通能力，以及应对突发状况的能力等，教师应该根据实际情况，结合专业设计情景对话。譬如针对酒店管理专业的学生，可以模拟场景进行仿真训练。一个学生扮演酒店前台接待员，一个或两个学生扮演住店客人，就选房、入住、就餐等内容进行情景对话；针对旅游管理专业的学生，则可以进行导游和顾客之间的情景对话，针对团过程中可能遇到的问题，游客对食宿不满意、感觉景点与预期的有落差，对游览路线有看法等突发情况，甚至遇到苛刻挑剔的客人时，均可以设计一些情景对话，训练学生的应对能力。让学生通过情景对话掌握一些职场中的应对技巧，并体会口语表达能力的强弱对自己职业的巨大影响，从而认识表达与交流的重要性，进而自发提高自己的口语表达能力。

这样的教学设计学生喜欢，不仅提升了学生表达与交流的能力，也加深了学生对所学专业的认识和了解，达到了事半功倍的效果。学生也运用了专业知识，展示了个人风采，增加了学生的自信，为他们将来的就业打下了坚实的基础，语文知识和专业知识相互促进，形成了共同进步的良好局面。

(三) 巧用作业，培养学生的综合素养

作业是教学活动的重要组成部分，通过做作业，学生不仅巩固了在课堂上所学的知识，而且加以强化内化为自己的能力。中职学校的语文老师可以将作业和专业

知识进行融合，培养学生的综合素养。

《诗经》是我国最早的诗歌总集，十五国风大都是民间歌谣，也是《诗经》的精华部分，《静女》就是其中的一篇。先秦诗歌往往具有很强的表演性，结合影视编导专业，我们可以让学生小组合作，编成剧本并在课堂上表演。对于本专业学生而言，编写影视脚本，在图像与文字之间进行思维转换是重要的专业能力，写作影视分镜脚本是影视编导专业的必备能力。从学生提交的作业来看，他们能够从诗中提取场景、人物情感等关键信息，打破学科界限，使语文学习推动专业实践素养。编写剧本时要尊重原作、合理改编，要突出主要细节，描写语言要生动有趣。教师把班级学生分成几个小组，每个小组合作修改后传到班级的网络教学平台，然后投票选出最优秀的剧本，排练后在课堂上展示。学生自编自导自演，通过穿越千年的爱情，体会男女主人公纯真、热烈的爱情，认识到古代劳动人民对美好爱情的追求和向往，建立健康的爱情观，激发学生对传统文化的热爱之情。学生在全程参与的同时，既加深了对诗歌的了解，也训练了学生的专业素养。

综上所述，文化课和专业知识的有效融合既能提升学生的文学素质、专业素养，又有助于实现应用型、技能型、高素质劳动人才的培养目标。中职语文教师必须关注这一点，在教学中努力寻找与专业的契合点，挖掘语文中的专业因素，在语文教学中不断地渗透相关专业知识，创新中职语文课堂教学模式，充分体现语文的价值，从而以语文教学促进学生综合素养和能力的提升，只有这样才能实现中职语文教学和专业教学的共赢，促进中职生的更好发展。

# 第四节　微信及其公众平台支持下的中职语文混合式教学

随着信息大爆炸时代的到来，在中职教学课堂中，以教师讲解为主的课堂教学模式已经无法满足学生的需求，而完全脱离课堂的在线学习模式既不利于学生系统知识的学习，也不便于教师监督学生的学习过程，无法形成良好的师生互动，甚至可能使学生因为孤独感而产生厌学情绪。同时很大一部分学校由于资金缺乏、设备不够完善、教师信息技术水平较低等原因，无法真正实现网络式教学模式。此时，微信在师生间普及使用这一现状就可以很好地利用起来，这也是目前传统教学模式的良好补充，短平快地实现教学的最大效率。

微信作为高度普及的一种手机应用软件，仅耗少量流量即可实现发送文字、语音短信、图片、视频等点对点的沟通交流，也可作为群聊、分享文字、图片和视频等信息化平台，适合大部分智能手机。微信公众平台主要包括服务号、订阅号和小程序，本文的微信公众平台主要指微信订阅号，主要利用微信向学生传达资讯，实现和特定群体的文字、图片、语音、视频的全方位沟通和互动，形成线上线下微信互动教学模式。

通过微信及其公众平台在中职教学中开展混合式教学，可以突破传统教学模式，加快以教为中心向以学为中心的转变，不受时间、空间、环境的限制，只要有手机就能随时学习。将传统学习的优势和网络化学习的优势结合起来，实现师生双主动的新型教学模式，使教学达到最优化效果。而这就是一种国际推行的新型教学模式：Blending Learning（混合式学习或教学），所谓 Blending Learning 就是要把传统学习方式的优势和 e-Learning（即数字化或网络化学习）的优势结合起来，既要发挥教师引导、启发、监控教学过程的主导作用，又要充分体现学生作为学习过程主体的主动性、积极性与创造性。

接下来本人就以中职语文课程为例，利用微信及其公众平台进行混合式教学探究：

## 一、通过微信及其公众平台巩固学生语文基础

学生获得语文基础知识，主要有两种途径，一是被动途径，即在课堂上听教师语言分析和学生自己对课本文字材料的阅读，也就是我们平时的课堂教学模式。二是主动途径，即教师引导学生主动了解教材，通过网络查阅资料、收集整合、参观访问等主动感知教材。但主动途径操作起来并不容易，课堂时间也有限，所以教师可以通过微信群和公众号扩充教材，比如课文背景、学习方法和重点等，使学生对教材有更深层次的认识。

### （一）扩充教材，丰富认识

由于地域限制、时代不同等原因，对于个别课文，学生确实不好理解其中的内容。教师可以提前布置预习作业，在公众号里发布预习内容或问题，扩充教材，丰富学生对文本的认识。

以课文《壶口瀑布》为例，该篇文字叙述详细优美，但如果学生没有到过现场，还是较难理解瀑布的结构及其震撼场面，教师可以在网上收集相关的视频和资料，群发在微信公众号中，要求学生提前预习，加深对教材的理解。

（二）积极思考，理解情感

在学生掌握语文感性知识的基础上，教师要引导他们进行抽象的思维活动，并尽量切身体会作者的情感，通过阅读作者的背景材料和作品是了解作者情感的最好手段。因此，教师在授课后可以在公众号中分享这类文章，使学生学有所思、学有所获。

比如朱自清的《荷塘月色》，在分析课文后，如何引导学生理解作者当时的情感是淡淡的喜悦，又是淡淡的哀愁呢？教师通过公众号分享当时详细的时代背景（这在上课可以简单提到，但无法详说，毕竟时间有限），让学生理解朱自清当时的心境。教师还可以分享朱自清的传记及作品，这样学生就由单一的课文内容扩充到无限的抽象思维中，对感知的材料加以抽象分析、概括，由现象到本质，真正掌握基础知识，也才能真正理解作者的思想感情。

（三）微信问卷，复习巩固

学生理解知识后，需要复习和巩固。一是要在理解的基础上记住知识点，二是要及时回忆复习。传统教学可能就是让学生做课堂练习或者单元考试，但这有两个弊端，一是课堂时间有限，二是教师改卷工作量太大。

现在网络发达，我尝试在班级微信群中群发复习卷（可在"问卷网"中设计好题目），通过学生的填写和提交，教师就可以直接在后台看到结果，也可以通过号数查询哪位学生没做或者做得比较不好，并在课堂上有针对性地进行讲解。这既使学生及时复习巩固了知识，又大大节省了教师改卷时间，同时不用纸质考卷也实现了节约用纸的环保理念。

## 二、通过微信及其公众平台引导学生鉴赏国学

（一）了解国学文化

国学文化源远流长，在课堂中只能是言简意赅地介绍，学生若想详细了解，仍然需要教师长篇大论。因此，教师可以在公众号中分享相关的国学文化，引导学生了解国学、认识国学并喜欢上国学。

（二）鉴赏国学文章

国学内容毕竟是文言文，很多学生因为不懂所以排斥，教师在授课的基础上，可以从最简单的角度入手。如分析课文《劝学》后，在公众号里分享相关的鉴赏评

论文章，让学生慢慢爱上国学文化。

比如我曾在公众号中分享过一篇《〈论语〉知人论世》，该文章对孔子的名言警句进行摘录和翻译。我布置学生阅读后选择其中一句名言完成150字的短评作业，直接留言给我，最后发现作业的质量特别好，可以看到学生隔空与古人思想的碰撞。比如有个学生就提出"道不同，不相为谋"和"四海之内，皆兄弟也"是否矛盾呢，通过思考最后得出结论："皆"的意思是"都有"，而不是"全有"，所以并不矛盾。这也在无形中锻炼了学生的古文阅读能力。

### (三) 分享国学视频

相对于文字而言，学生更易接受和喜欢视频这个载体。如今有很多国学篇章都已经翻拍成视频，教师可以网上搜索下载视频，再放到公众号中分享，这就让深奥的文字输入变成浅显易懂的视频输入了。比如《林教头风雪山神庙》和《林黛玉进贾府》这两篇课文就很适合在公众号里分享视频。当学生产生兴趣之后，教师再趁热打铁教授课文，就可以起到事半功倍的效果。

### (四) 组织学生讨论

通过以上操作，学生对国学有了一定了解，教师再组织学生进行讨论总结。比如以"近朱者赤近墨者黑"和"近朱者未必亦近墨者未必黑"为例，教师组织学生开展辩论赛，可以先在公众号中提供论题，并让学生自由留言，进而分组后在微信群里面讨论，最后利用一个课时在课堂上进行辩论赛。这样就可以大大节省许多课堂讨论时间。

## 三、通过微信及其公众平台提高学生写作水平

### (一) 写作训练——教师布置任务

写作是语文素养中必不可少的能力，但现在很多学生特别害怕作文课，教师又因课时有限无法花太多的时间在作文训练上，此时微信写作训练就可以解决以上难题。比如要求学生每周写一篇小短文（200-400字），教师在周五时布置写作任务，介绍写作技巧和要求，并将该内容放到公众号中，要求学生在下周五之前在该篇作业下留言（留言的内容就是作文内容，并附上座号，方便老师统计）。教师看完后及时反馈，并将好的作品放到下周公众号的"佳作有约"中和学生分享。

**（二）佳作有约——分享学生佳作**

在公众号中分享学生的优秀作文，既可以督促学生每周的写作训练，也是对全体学生的激励，谁写得好，谁是抄袭的，在公开的状态下，任何人可以留言点评，更能起到监督和激励的作用。

**（三）我来点评——学生留言点评**

通过学生群体间自我点评和相互点评，教师可以更好地了解学生的所思所想，也使形式单一的写作训练有了更多的表现形式。但教师要注意引导学生文明用语，因为在自由的网络平台下，有些语言暴力令人防不胜防，一不小心就会伤人。

## 四、通过微信及其公众平台进行语文综合实践

**（一）实践活动布置**

语文综合实践活动是令很多教师头疼的课程，一是课时确实不够，二是活动组织特别麻烦。但实践活动的成功举办对学生的促进作用是非常大的。

比如根据人民教育出版社《语文》(拓展模块) 中第五单元"表达与交流"的应用文写作：海报的写作练习，我举办了一次以公众号投票评选名次的"海报设计大赛"。

活动要求：

1. 布置海报设计作业，要求全班同学每人设计一份作品，设计时间为一周。

2. 要求全班同学将此次作业上传至班级微信群，同时分组讨论，并选出本组最优秀的两幅作品参赛。

3. 教师利用微信公众号平台，将学生作品上传并设计"幼教153班海报设计大赛"投票活动，发动学生投票。

比赛规则：

（1）每个微信号可以为喜爱的作品投一票。

（2）投票时间为一周。

（3）得票总数前三名同学可获得个人加分：4分、3分、2分，其余选手各获得1分。

**（二）实践活动结果**

学生们都积极参与这次活动，他们制作海报，选择最优的海报参赛，主动拉票，最后投票人数为4955人。

这个活动就利用了典型的混合型教学方式，教师课堂布置任务、教授方法，到学生组团完成作业、上传材料，教师整合材料发布公众号投票，学生卖力拉票。这次活动使学生了解了海报的写作格式，学会了利用网络搜集材料设计海报，不仅锻炼了学生的动手能力，也培养了他们的团队合作精神。

综上所述，我认为通过微信及其公众平台在中职语文教学中开展混合型教学，是教师在教学改革中与时俱进的体现。教师根据教材的优势，利用现代发达的网络技术，通过手机微信及其公众号等通讯软件，巩固学生的语文基础，引导学生鉴赏国学，提高学生的写作水平，并进行语文综合实践，拓展语文知识。我相信，在学生学习热情高涨的前提下创造性地进行语文教学，能够实现中职语文教学效率的最优化！

# 第五节　中职语文教学中的德育渗透功能

## 一、中等职业学校的德育目标

教育部 2014 年颁布的《中等职业学校德育大纲》中规定："中等职业学校必须把德育工作摆在素质教育的首要位置。"高中生的德育目标是"形成坚毅不怕困难、敢于创新的品格，对不良影响有一定的识别能力和抵制能力，并具有一定的自我教育和自我管理能力。""公共基础课和专业技能课等课程教学要结合课程特点，充分挖掘德育因素，有机渗透德育内容，结合专业特点和岗位工作要求，寓德育于教学内容和教学过程之中。"由于中等职业学校学生的特殊性，德育教育尤为重要。

## 二、在中职语文教学中实施德育的必要性

《新课程标准》强调："培养学生高尚的道德情操和健康的审美情趣，形正确的价值观和积极的人生态度，是语文教学的重要内容，不应该把它作为外在的附加任务。应该注重熏陶感染，潜移默化，把这些内容贯穿于日常的教学之中。"因此，在中职语文教学中渗透德育教育具有得天独厚的优势。

（一）语文学科的特点决定其德育的便捷性

选入中职语文教材中的篇目大多文质兼美，实现了语文实用性、工具性、人文性、思想性的统一。在苏教版中职语文教材中，不乏对爱国主义的颂扬，对青春年华的描绘，对高尚情感的感悟，对无私奉献的称颂，对生命真谛的探寻。语文教材

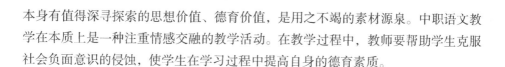

本身有值得深寻探索的思想价值、德育价值，是用之不竭的素材源泉。中职语文教学在本质上是一种注重情感交融的教学活动。在教学过程中，教师要帮助学生克服社会负面意识的侵蚀，使学生在学习过程中提高自身的德育素质。

（二）中职学生的特点决定在语文教学中必须渗透德育教育

进入中等职业学校的学生大多缺乏足够的社会经验，易受到社会上一些不良风气的影响而养成不良好的行为习惯，久而久之，便形成了错误的世界观、人生观和价值观。在学生紧迫需要成长和完善自我的阶段，在语文教学中对学生施加的德育渗透无疑是雪中送炭，可以为学生指明人生的前行方向，使学生更加身心健康地成长。教师应当告诫、劝勉学生追求独立的人格、自由的思想、高贵的情操。

## 三、在中职语文教学中，有针对性地进行德育渗透

（一）以作品作者为榜样进行德育渗透

教师在教学中要重视文章作者的榜样作用，深挖作者的人格魅力，利用作者的高尚品德陶冶学生，让学生走进作者的内心世界。如鲁迅先生作为一代著名作家、学者、思想家和民主战士，其作品多次被选入各年级语文课本。学生在品味其精深的文学造诣时，更应结合鲁迅弃医从文的人生经历，感受他忧国忧民的高尚道德和不屈不挠的伟岸人格，从而引导学生将小"我"的理想与祖国的"大我"需要结合起来。使学生认识到个人目标固然重要，但人生理想和长远目标是以社会的发展、民族的强大、祖国的富强为旨归，更加重要。

由此可见，作者的生平经历是一处用之不竭的矿藏，更加容易说服、感召学生向着真善美的方向去发现、学习、效仿他们身上的闪光点。教师教学时不可太注重文本，而忽略作者本身可资渗透德育的功能。

（二）以文中人物作为榜样进行德育渗透

除作者外，经过作者艺术加工后的作品人物性格更鲜明，形象更鲜活，更是学生学习的榜样。如《马克思墓前的讲话》中，教师可以从德育渗透的角度对马克思的生平成就进行分析，马克思正是在作为思想家、科学家和革命家三个方面为人类社会的发展做出了不可估量的贡献后，才受到了广大无产阶级革命者的尊重和爱戴。从而使学生树立这样的人生观、价值观：一个人只有在为家庭、事业做出了应有的贡献后才会被世人尊敬爱戴，甚至长久怀念，他才能真正实现自己的人生价值。倘若毫无追求、浑浑噩噩地闲过浮生，将是毫无意义的。因此，文章中人物具

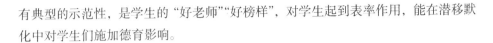

有典型的示范性，是学生的"好老师""好榜样"，对学生起到表率作用，能在潜移默化中对学生们施加德育影响。

### (三)以文章主旨进行德育渗透

在教学过程中，教师要善于挖掘运用教材中的情感态度和价值观。如朱自清先生的《荷塘月色》，作者用优美的笔调描写了许多美好事物。学习欣赏这幅"优美画卷"时，教师要让学生充分感受事物的美好，逐步消除心理负面意识的影响，从而引导学生以更加阳光的态度看待世界，对世界产生憧憬与向往，产生正面积极的意识和思想。

### (四)在写作教学中渗透德育

写作教学在中职语文教学中具有重要作用，目的是培养学生关注生活、热爱生活、感悟生活的能力。在写作教学中渗透德育是践行德育教育目标的有效途径，对学生养成良好的品德具有重要作用。在写作教学中，教师可以引导学生在现实社会中发现素材，在体味人生百态中感悟人生。让学生自己命题写自己的生活见闻，倡导"吾手写吾心"，自由发挥。如在写以"理想""生命""责任""感恩""奉献""爱国"等话题为作文时，引导学生要怀着感恩的心去表达自己反哺社会的情感，从生活细节、琐人琐事中，发现其中的深刻内涵，写出合乎其身的感悟，从而实现思想上的升华。

"问渠哪得清如许，为有源头活水来"，语文教学就是德育教育取之不尽、用之不竭的"源头活水"。在教学中如何深挖教材内容，如何有意识地引导学生领悟教材中的德育素材，使学生自觉提高道德素养，树立正确的世界观、人生观、价值观，需要老师们孜孜不倦地深入探索。"随风潜入夜，润物细无声"，一节语文课或许很快就结束，但语文教学过程中的德育渗透，获得的德育成果将会影响每个学生的一生。

第五章　中职语文教学应用

# 第一节　情境教学模式在中职语文课堂教学中的运用

## 一、情境教学模式分析

情境教学是语文教师在课堂教学过程中根据学生的知识接受能力和不同的课题类型，通过实践教学的方式，使学生真正了解语文学习内容的一种教学模式。在中职院校的语文教学中，情境教学法是一种重要的教学模式。随着中职院校语文新教材的改进，阅读文章的理解部分及写作部分所占比重增大，阅读文章理解部分的内容与社会实际生活的关系也变得密不可分。情境创设是中职语文教学的辅助教学方式，教师在进行授课前，要充分掌握学生的心理特征，了解学生对语文学习的看法，从而采取适合学生的情境设置。中职院校的语文教师可以在授课时采用大量形象、生动的情境，使学生能够轻松地掌握和理解不同情境、语境下语文词汇和语文语法的使用方法，增强学生对阅读文章的理解，更好地把握文章所要表达的中心思想。

在语文课堂教学中，教师要适当地加入情境引导，培养学生的独立思考能力，引导学生独立自主地发现问题、解决问题，调动学生学习的积极性。在课堂教学过程中创设情境时要加强学生和教师之间的互动，教师可以更好地了解学生的想法，拉近与学生之间的距离。对于学生来说，中职语文所包含的内容较复杂，学习难度较大，学生有大量需要背诵和默写的文章和词汇，学习压力较大。语文教师在教学时增强与学生间的互动，可以缓解课堂教学气氛，为学生营造一个良好的学习环境，学生可以在轻松的氛围下进行学习，减轻语文学习的压力。此外，教师在语文课堂教学中采用情境教学模式，可以更好地集中学生的注意力，有效地改善学生课堂注意力不集中的状况。语文教师也可以根据学生的不同学习状况采用不同的情境教学模式，比如引入故事情境教学时，教师让一些语言能力较强的学生讲述一些小故事，故事情节要形象、生动，这种具体的故事情境教学法可以有效吸引学生的课堂注意力；再如，语文课文经常通过生活场景、人际关系、文化差异等向学生传递各种知识。因此，教师在运用教材情境教学时，可以根据教材的具体内容和学生的语文水平，设定不同的语文教学方法，然后再根据具体的语言环境有针对性地对学生进行训练。

## 二、情境教学模式在中职语文课堂教学中的运用

### (一) 故事情境在中职语文课堂教学中的运用

在中职语文教学中创设故事情境，可以增强学生情感方面的带入感，从而使他们全身心地投入到语文学习中。中职院校的语文教师在授课前应该对学生的心理状态和学习状态有一定的了解，还可以适当地跟学生进行沟通，了解学生对什么类型的故事比较感兴趣，哪一类的故事情境更加吸引学生的注意力，教师可以根据学生的实际情况，在语文课堂上创设一些学生感兴趣的故事情境，增强学生情感的带入感。

比如在鉴赏朱自清的散文《背影》时，这篇文章主要从作者的角度回忆父亲曾经送他去浦口火车站的经历，父亲在送他去车站的过程中，虽然没有说过多关心他的言语，却默默地替他买了橘子，这一情形在作者的脑海里留下了深刻的印象。语文教师在讲到此处时，可以采用故事教学法，引导学生思考自己有没有遇到过类似的情形，比如在与父母离别时，父母是怎样叮嘱自己的，父母为自己做过哪些令自己感动的事等。学生通过回忆自身的经历与作者产生共鸣，从而更好地理解作者的写作心情和用意；还可以让语言表达能力比较好的学生阐述自己的某个回忆或者经历，以小故事的形式讲解给大家，一些内容丰富、情节有趣的小故事能吸引学生的注意力，符合学生成长过程中的认知特点，是中职语文教师创设故事情境的一种很好的方式。在实际的语文教学中，语文教师可以为学生讲述一些与语文教学案例相关的小故事，拓宽学生的学习思路，锻炼学生的逻辑思维能力，使学生可以举一反三。在这种全新的代入式学习模式中，学生可以在真实的情境中体验人物的经历和角色，与作者产生共鸣，感受学习语文带来的愉快体验，亲身体会到语文学习的魅力，从而提高学生学习语文的积极性和主动性。

### (二) 生活情境在中职语文课堂教学中的运用

语文是一门比较特别的学科，它无限地接近生活，可以为学生提供很多的学习资源和生活智慧。在对中职院校的语文教学研究中发现，部分语文教师对语文教学存在误区，比如教学内容与实际生活严重脱节，甚至已经完全背离了实际生活。在中职学习阶段，学生的世界观、人生观、价值观已经基本形成，对周围的人、事、物也有了基本的认识。如果教学内容与实际生活严重脱节，会使学生对语文学习产生反感心理，这样会严重影响学生语文课堂的学习效率。生活情境在中职语文课堂教学中的运用，能够有效提高学生的语文学习能力，包括对语言词汇的理解能力、

写作能力的提升以及对阅读文章的理解能力的提升。语文来源于生活，在语文教学中引入生活情境，需要语文教师带领学生仔细地观察生活、体验生活，让学生体会到语文和实际生活是密不可分的。

因此，语文教师在教学过程中可以创建表达真实生活的情境或者再现生活的情境，构建出一个具有交际特点的生活化教学模式，把语文课堂演变成一个真实的生活场景，尽量缩小课堂教学与实际生活的差距，从而为学生创造一个较好的学习环境，让学生在没有压力的环境下进行学习，从而体会语文学习的实际意义。比如郁达夫的《故都的秋》，作者从杭州去北京时，正赶上秋天，作者全文用了42个"秋"字表达了北国之秋的悲凉和清冷，表达了作者当时的境遇和悲观的情绪。学到此处，语文教师可以引导学生回想一下以往的秋天自己是怎样度过的，以及自己对秋天的理解。由于中职学学生来自不同的省份和地区，教师可以鼓励学生讲述一下自己家乡的秋天，同学之间也可以相互分享自己对秋天的看法，将文章中作者的情感融入生活，从而增强学生对文章的理解，加深学生对文章内容的印象，从而达到提升课堂教学效率的目的。

在中职院校中，语文学科不同于其他学科，语文学习的知识比较复杂，内容丰富多样，对学生来说具有一定的难度。由于学生自身的原因和教师教学方法的影响，语文教学会存在一定的问题，从而影响学生的学习效率。将情境教学法引入中职语文教学中，不仅可以更好地吸引学生的注意力，使大部分学生参与到语文课堂教学中去，还能通过引入生活情境，使学生体会到语文与实际生活息息相关，从进而提高学生的学习兴趣，提升语文课堂的教学效率。

# 第二节　中职语文教学中行为导向教学的应用

中职学校课堂教学注重对学生实践能力的培养，其主要教学目的是提高学生的综合能力及对就业市场的适应性。但是受此思想的影响，越来越多的学生丧失了对语文学习的兴趣，使语文教学呈现出被边缘化的现象。然而，语文教学作为各阶段、各高校教学的重点，其在培养学生综合能力、提高学生就业能力方面有着非常重要的作用。因以，加强对中职语文教学的重视，提高学生的学习兴趣就显得尤为重要。行为导向教学注重对学生实践能力的培养，将其应用于中职语文教学具有非常重要的作用。

## 一、行为导向教学的常见方式

行为导向教学也叫实践导向教学，行为导向教学并非某一具体的教学方法，而是一种教学指导思想。行为导向教学的应用能够很大程度上激发学生的学习兴趣与潜能，促使学生转变被动的学习状态，有利于学生自觉、主动地参与学习活动。目前，应用较多的导向教学方式主要有以下四种：

### (一) 模拟教学

模拟教学主要是指教师在教学活动中特意营造一种教学场景进行教学活动的一种方法。模拟教学方式可以使学生置身于相应的场景中，让学生切实感受相关的环境与氛围，从而更好地帮助学生掌握相关知识与技能。

### (二) 案例教学

案例教学主要是指在实际的教学活动中以真实的案例对学生进行引导的教学方式。通过实施案例教学可更好地培养学生发现问题、解决问题的能力，使学生通过分析实际的案例获取更多有用的知识，对培养学生实际分析、解决问题的能力有重要帮助。

### (三) 角色扮演

角色扮演也是比较常用的教学方式，其主要是指通过还原某一场景的方式进行教学，以学生为教学主体，让学生参与到角色扮演中，从而让学生融入教学活动中，使学生在学习过程中增加对其他社会群体的了解，并逐渐提高学生的实践能力。

### (四) 项目教学

项目教学法主要是指由教师与学生共同参与到一个项目中，通过共同完成一个特定的项目帮助学生学习相关专业知识，同时提升学生解决问题的能力、培养学生团队精神与合作精神的一种教学方式。

## 二、行为导向教学在中职语文教学中的作用

现阶段，中职语文教学主要面临两方面的难题与困扰，从而使其发展受到了很大限制，第一，学生的学习积极性不高，处于被动学习的阶段；第二，学生的学习能力不足，仍有待提高。很多同学认为语文和职业发展没有必然的联系，所以很多

同学都会将精力放在与职业发展有直接关系的专业课上，这也就使中职语文教学陷入了非常尴尬的局面。行为导向教学法的诞生与应用则在很大程度上为中职语文教学的发展提供了思路与方法。将行为导向教学应用于中职语文教学中，其主要作用体现在以下三个方面：

(一)促使教学重点转变

以往中职语文教学过于注重知识传授，忽略了学生职业能力的培养。职业教育的最高目标是培养学生初步掌握现代化生产的相关职业技巧与技能，同时可将所学知识应用于实际的工作实践的能力。行为导向教学注重"以人为本""以学生为教学主体"的教学理念，注重对学生职业能力发展的培养，同时强调学科间的重要联系。这才能使中职语文教学由传统的注重知识讲解向注重能力培养转变，让语文教学不仅仅是对知识的阐述，更是知识与技能的结合，在提高学生文化素养的同时，培养学生的社交能力、自主学习能力等多方面的能力，从而达到知行合一的目的。

(二)注重多种教学方法的结合与实践

行为导向教学注重打破传统教学模式对学科体系的限制，注重对教学内容进行优化，同时注重根据职业行为活动对各个学科的理论知识与技能进行综合汇总，从而有利于形成师生间、学生与学生间的互动。行为导向教学注重以培养学生的能力为依据选择合适的教学方法，从而可在多种不定型的实践活动中对学生进行有效引导，使学生在学习过程中做到手、脑、心并用，这也就能在很大程度上提高学生学习的积极性，也使教学方法更具针对性。

(三)注重师生共同参与

行为导向教学强调以学生作为教学主体，注重教学活动中师生的共同参与。在实际的教学中，强调由教师引导、以学生为教学主体进行课程内容学习，通过师生间的互动、讨论、合作交流等方式达到发现问题、解决问题的效果。对培养学生的实践能力、真正实现学生的主体地位有重要价值。

## 三、中职语文教学中行为导向教学的应用分析

以往中职语文教学的主要方式是教师讲解、学生听课，这种教学模式较为枯燥，极易学生丧失学习兴趣。行为导向教学和以往传统的教学方式不同，其更注重以灵活的教学方式进行教学活动，对激发学生学习兴趣有非常重要的作用。现在笔者就上述几种常用的行为导向教学模式在中职语文教学中的应用情况进行分析。

### （一）导向教学中模拟教学方法的应用

模拟教学法主要有两种类型，一是设备模拟，设备模拟主要是借助相关设备进行教学的方式。例如，对于空乘专业的学生进行教学时，教师就可以通过航空实训设备开展相关教学活动，为学生创造真实的学习场景，让学生在相关场景中模拟乘务员、客舱服务员的日常交流，从而帮助学生更快地学习相关知识，提高学生的实际操作能力。二是情景模拟，情景模拟主要是指在行为教学的引导下，以具体行为内容为依据，教师为学生设置相应的教学情景，让学生置身于相应的教学情景中，从而有效地提高学生的现场感，让学生在此过程中得到有效的锻炼与学习。例如，在学习应聘启事、聘书等内容的时候，教师可为学生创建一个招聘会场景，让学生模拟招聘，从而帮助学生在此过程中学习规范的文体操作。

### （二）导向教学中案例教学方法的应用

案例教学主要可分为两种类型，即专业型案例教学与非专业型案例教学。在中职语文教学中，教师可以合理地利用案例教学方式开展教学活动。例如，专业型案例教学。虽然语文教学并非专业教学，但是中职语文教师也要不断提高自身的综合能力，提高自己对不同专业的敏感性，同时中职教师还要善于选择有代表性的案例进行教学。例如，在合同文书学习过程中，教师可以根据学生的专业选择相应的典型案例进行讲解与学习。若学生为航空运输专业，则需要选择民航运输中的典型案例，若学生为工程专业，则需要选择工程专业的典型案例。这样通过为学生讲解典型的、有针对性的案例可为学生提供有效的指导，帮助学生更深入地了解、掌握所学内容。在非专业型案例教学的学习中，教师也要尽可能地选择一些典型的、有代表性的事例、人物指导学生进行分析，让学生在分析问题的过程中提高自己对社会的认知。

### （三）导向教学中角色扮演教学方法的应用

角色扮演也是中职语文教学中比较常用的一种导向教学方式，其和案例教学的区别在于角色扮演的重点是人，而案例教学的重点则是事件或和人有关的事实。通过角色扮演教学能够让学生在扮演角色的过程中切实感受角色的特点，从而使学生对教学内容有深入的了解与认知。例如在学习《鸿门宴》《茶馆》等课文的时候，教师可以先组织学生观看相应的影视作品，在学生了解课文内容及相关电影情节之后，以自己的认知为基础编写相应的剧本，完成剧本后再组织学生分组进行表演。让学生在此过程中更加深入地了解《鸿门宴》《茶馆》等作品所表达的主要思想、人

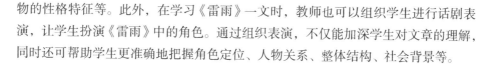

物的性格特征等。此外，在学习《雷雨》一文时，教师也可以组织学生进行话剧表演，让学生扮演《雷雨》中的角色。通过组织表演，不仅能加深学生对文章的理解，同时还可帮助学生更准确地把握角色定位、人物关系、整体结构、社会背景等。

（四）导向教学中项目教学方法的应用

小组教学是项目教学的基本方式，需要小组成员共同协作，一起制定计划，并以计划内容为依据由小组成员通过分工协作或共同努力的方式促完成项目，从而实现教学目标的教学方式。进行分组的主要目的是培养学生的协作能力与交往能力，在促进学生个性发展的同时促使其形成集体观念，让学生在相互合作的过程中养成良好的合作品德。项目教学可在同一专业内进行单一合作，同时也可在不同专业内进行多元合作。单一型的项目教学更容易进行小组成员间的协调，而多元型的项目教学则更利于培养学生的团队合作精神。但无论是哪种类型的项目教学，都需要教师指导学生做好小组内的协调工作。例如，为锻炼学生的写作能力，教师可组织学生以小组方式参加实践活动，由小组成员自行确定研究课题，并由小组成员自行协调、分工合作，可让善于沟通的人去做调查，让善于写作的人撰写活动报告等，通过小组成员间的协调合作共同完成课题研究，从而达到提高学习效率的目的。

行为导向教学是目前中职语文教学中比较常用的教学方式，在实际的教学中，教师一定要根据实际情况，如教学环境、对象、内容等合理地选择教学方式。无论选择哪种教学方式，教师在教学过程中都要以培养学生的职业为导向，使学生在相应的场景、案例教学中更加深入地理解教学内容，掌握所学知识，同时有效地培养学生的思维能力，提高其综合能力。总的来说，在中职语文教学中实施导向教学具有较高的价值，值得推广使用。

# 第三节　思维导图在中职语文写作教学中的运用

思维导图是一种对学习很有效的思维模式，如果运用在学生的写作中，可以从仿写课文开始。教师在进行阅读教学时，可以适当运用思维导图，绘制出整个文章的思维模式，从而更加充分了解课文的写作特点。教师也可以让同学模仿课文思维导图绘制写作的思维导图，根据写作思维导图进行课文仿写。相较于长篇大论的文字，图形是更形象清晰的信息载体，它能将所有的信息通过图形展现出来。思维导图是一种表达发散性思维的图形思维工具，它的最大特点就是以不同层次的图形的

方式，将复杂的信息简明扼要地展现出来。

## 一、思维导图在中职语文教学中要注意的问题

### (一)思维导图的关键词存在随意性

思维导图相当于学生在写作过程中的一个导向图。教师一般会要求学生按照教材当中的经典文章进行自学，但并不要求课本的思维导图和学生写作思维导图必须是相同的。学生应当按照自身的实际情况进行写作的练习。

### (二)防止思维导图公式化

思维导图通过放射性思维锻炼学生的写作能力，这种方式不仅能让学生更好收集信息，还能使学生的组织能力、创造能力以及思考能力得到提升。学生在写作过程当中运用思维导图的方式，虽然是在一定程度上模仿课文(也仅仅是模仿课文的结构以及方式)，但主要还是学生进行创作并表达，因此应当避免思维导图公式化，不能为了绘图而绘图。

## 二、思维导图在中职语文写作教学中的运用

### (一)运用思维导图寻找素材、确定立意

在学生根据题意分析出多个立意之后，教师可以进行指导，让其想出最佳立意，然后根据立意寻找素材。这时学生可以根据他所用的素材选择立意，哪一个立意的素材更多更典型，就写哪一个，这样写出来的文章的丰富度和深度就能更高。同时，题目也会变得更加具体，写作的范围、立意的角度、文章的形式体裁就基本能具体化，最终就能定下来。例如，写一篇题材关于"冷和热"的作文，刚拿到这个题目时，很多同学可能是一头雾水，不知道从何下手。这时候，教师就可以利用思维导图讲解"冷"和"热"这两个对立的矛盾体背后所代表的意义和人生态度，教师带领同学们审题时，可以让同学们尽量发散思维，多挖掘能代表两种态度的比较新颖的素材，这样立意就会逐渐清晰。同学们这时可以根据素材的新颖度以及对素材编辑的简易度，选择合适的内容进行写作。

### (二)通过思维导图打破思维惯性、发散思路

题材中给出的材料无论是短语还是图画或是词语，我们都要通过自己的理解对其进行解读，从而将它转换成自己的东西，这是写作文最开始的步骤。理解这个题

材的概念后，如果只是从概念本身出发，这篇文章可能就没有太出彩的部分了，学生也不会感兴趣。联想的东西都和本身密切相连，难免会千篇一律，所以看到的是什么，不能就只是以为是他看到的，还可以将它向各个方向发散，从而一生十，十生百。例如，作文题材给的是"水"，这时同学们就可以从不同的方向进行思考，教师可以引导学生不要拘泥于水这个物体本身，将思维发散，打破常规，突破固有模式。学生会慢慢将思路打开，涌现出很多灵感，例如，水可以写为"君在长江头，我在长江尾，流动的水将相思蔓延过去，带到思念的人身边""青春是水，时间太短，指缝太宽，没来得及去抓就流走了"诸如此类。

总而言之，写作文就像盖房子一样，打好地基是非常关键的一步。想要更好地完成这一步，思维导图是非常实用的学习工具，它可以使学生对题材进行发散性思考，并且将自己所掌握的语文知识更加充分地展示出来，而思维导图中的每一层都可以将写作中需要用到的观点一步步深化和明晰化。可以说，思维导图给中职语文写作带来了新的方向和灵感。同时，这种方法更适合中职学生，因为他们在思维的主动发散方面还存在一些困难，思维导图能很好地帮助他们发散思维。

# 第四节　任务驱动式教学法在中职语文学习活动中的应用

任务驱动是一种重要的教学方法，在中职语文教学过程中发挥了重要作用，任务驱动突破了传统的教学方法，提升了学生在课堂教学中的主体地位，激发了学生的学习积极性，有力地推动了课堂学习活动的开展。

## 一、任务驱动教学法含义

任务驱动教学法是指学生围绕既定任务开展活动，并通过自主探究、小组合作等模式完成既定任务，实现教学目标以及学习目标。任务驱动教学法可以对整个教学目标进行分解，使其成为若干个小目标，并围绕目标制定若干个任务，逐步实现教学目标。在中职语文学习过程中，教师采用任务驱动教学法，应考虑各种因素，包括学生专业特色、学习特点以及用人单位的需求，以提升学生各项能力为主，激发学生学习兴趣，促进学生的全面发展。

## 二、任务驱动教学法实施步骤

### (一) 活动设计

对任务活动进行设计过程中，应遵循可行性原则，便于学生进行操作。同时应合理地选择任务活动的内容，满足教学目标以及学生兴趣需求。同时还应注意一些额外的限制条件，如课堂时间、场地等问题，此外任务活动最好贴近学生的实际生活，提高学生解决实际问题的能力。

### (二) 活动过程

在任务活动开展过程中，教师应进行适当的指导，根据活动任务设定阶段目标，合理开展活动，可以是学生独立完成，也可以通过小组合作的方式完成，若采用小组合作方式，应合理地分配任务，使学生明确目标，合作开展活动。

### (三) 活动评价

活动评价对任务活动的开展至关重要，活动评价应采用多元化的方式，并从多角度出发，对学生进行合理的评价。通过评价应达到激励学生的目的，树立学生的学习信心，并让学生从中认识和接受自身的不足，及时改善。

## 三、任务驱动式中职语文学习活动的实施策略

### (一) 结合学生专业，设置目标任务

与普通高中学校教学不同，中职学校的学生选择了不同的专业，诸如会计专业、计算机技术专业、设计与制造专业以及服装设计专业等，这些专业都以培养技能型人才为主要目标。因此中职语文学习活动过程中，教师采用任务驱动式教学法，应加强对学生的关注，紧紧围绕学生的专业特点制定具有针对性的任务。

如在学习《景泰蓝的制作》时，教师采用小组合作的方式，并制定任务：首先，让学生通过阅读课文了解景泰蓝的制作顺序以及工艺特点，感受我国传统工艺的美；其次，让学生在探究中明确说明文的写作顺序以及手法；再次，把课堂知识迁化转移，根据不同专业学生的特点，带领学生到相关企业或工厂进行参观，了解其工艺流程。这样不仅让学生了解强化了自己所学专业的相关知识，同时还加深了他们对本专业的了解，极大地激发了学生对所学专业的热爱，并使其积极投入学习。

（二）深度解读教材，确定任务内容

任务驱动要使学习行动顺利实施，教师应加强对教材的深度解读，合理确定任务的内容。任务内容设定的过于简单或者困难，都不利于学生探究能力的提升。若任务内容设计的过于简单，就无法达到锻炼学生思维的目的，反之，则打消了学生的学习积极性，使学生对问题探究失去兴趣。特别是对于中职学生来说，语文学习能力参差不齐，因此这就要求教师深入解读教材，确定的任务内容既能满足教学目标，又能符合学生的学习能力，激发学生探究的欲望，从而锻炼学生的学习能力。

譬如《雷雨》这篇课文，对一些知识基础比较弱的学生来说理解起来就比较困难。所以教师对这篇文章的知识目标、能力目标要深入分析，结合学生的学情，将其分为难和易两部分任务：易的部分如"了解戏剧的基本常识""关于曹禺作者的简介"等，采用自主学习的方式，让学生独立完成；难的部分如"了解周朴园、鲁侍萍的性格特点""鉴赏人物的个性化语言"等，则采用小组合作模式，一些能力差的学生分析不够全面，能力好的学生可以进行补充，以此完成课堂教学目标。

（三）创设情境实践，推动任务驱动

中职语文教学更加注重对学生能力的培养。中职语文学习不应只局限于课堂教学，还应加强学习实践。将书本知识运用到具体的生活实践中，让学生通过亲身实践感悟知识的魅力，激发学生的学习兴趣，提升学生学习自主性，有效提升学生知识的实际运用能力。中职语文教学任务驱动法的实施就是一个将知识转化为技能的过程，所以要求教师适时恰当设置情境，开展对应的实践操练，促进学生专业实践能力的提升。

现代社会中，口语交际是学生综合素质的重要体现，所以加强口语教学的实践性对学生的全面发展具有重要作用。如口语交际《即兴演讲》这一课，教师可为学生设置一个演讲主题"中职生的理财问题"，让学生围绕这一主题，小组合作进行3分钟的演讲准备。每组成员可以分工合作，有的负责收集材料，有的负责整理提纲，有的负责撰写演讲稿，有的负责来演讲。

总之，任务驱动法对中职语文教学活动的有效开展具有重要作用，不仅可以激发学生的学习探究积极性，还可以提升学生的综合素质。所以在中职语文教学中，教师应结合教学内容，根据学生的能力特点制定合理的任务目标开展活动，进而实现提升中职学生综合素质的目标。

# 第五节　信息技术在中职语文教学中的运用

信息技术与中职语文的教学整合是"信息技术与教育教学的全面深度融合"的一个组成部分。要想准确结合现代信息技术和语文教学，最重要的是明确信息化教学的含义和信息化教学的意义。所谓的信息化教学，一方面是传统教学和现代多媒体教学手段的结合，另一个方面是以现代信息技术为手段，对整个教育体系进行一系列的改革。

## 一、注重应用策略，培养参与意识

信息化教学在中职语文教学中的应用应遵循以下几个原则：其一，课程教学活动的进行要在网络和多媒体的环境中；其二，以信息化为手段对教学内容进行处理，处理之后的教学内容才能成为学习者的学习内容；其三，能够使用信息工具对学习者的学习方式进行改进，使学习者能够对学习的知识进行重新建构和组合。

依据前文提出的信息化教学在中职语文教学中应遵循的三个原则展开实践，取得了非常好的效果。我们也根据中职语文教学大纲找到应用的切入点，在教学内容、教学方法、教学评价、教学对象等方面，结合教学实际制定应用策略。

### (一) 创设情境

"兴趣是最好的老师"，中职语文教学的情境创设可极大地激发学生的学习兴趣。语文教学中情境的创设，在语文教学导入部分，教师可以先利用信息化的环境，向中职学生展示出现在教学中的一些食物现象和其发展过程，积极主动地激发学生的好奇心，从而引发其学习的欲望，使学生能主动地探索知识，让学生在强烈的求知欲的引导下和教师一起学习，再进一步探讨学习内容。

### (二) 开展综合实践活动

以往的综合实践活动常常因为教学中的情景、实验或者其他不同客观条件不能实现。信息技术可以利用先进的教学设备，使往常不能实现的综合实践活动得以实现，模拟类似真实的学习环境，使学生身临其境，让学生能自然而然地将知识应用到实践中，对学生所学的知识起到一个巩固作用。教师可以通过微博、QQ群等及时了解学生的实践状况，给予必要的指导帮助，有利于实践活动的深入开展，不断提高中职学生的语文综合应用能力。

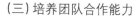

(三) 培养团队合作能力

现今社会是一个信息化的社会，所有的事物都围绕着信息化进行，互联网已经普及到人们无法想象的地步。无论是在工作中还是在生活中，人们都可以通过互联网搜索到自己想要的东西。这样便利的网络环境，不但可以帮助老师寻找需要的教学材料和教学视频，还能帮助学生对不懂问题的研究，可以通过网络寻找资料。教师和学生也可以通过网络增加交流，可以通过在线学习，彼此共同完成学习任务，这样便于开展合作学习与个人学习相结合的自主学习模式。

在中职学生的学习生活中，教师是学习的组织者和指导者，通过合作学习，中职学生不仅学到了知识，而且学会了学习和合作，自己去发现、去钻研、去探索，学会与伙伴沟通交流，培养学生的自主学习和团队合作能力。

## 二、信息化技术有助于教师教学

信息化教学中职语文教学中应用在，一方面教师可以不用花费太多的时间进行备课，能够有效地提高教学的质量，对整体教学设计有所帮助，另一方面教师通过这种电子备课的方式减轻了自己的重复劳动，不必对一篇一样的教学内容反复地写教学设计。在信息化的环境中，教师可以博采众长，有利于自己专业的发展。利用信息技术授课，课堂容量更大、形式更生动，同时师生交流更方便，有利于新型师生关系的形成。

信息化教学中职语文教学中应用在，有利于激发学生的学习兴趣，有效促进知识的获取和保持，有利于培养学生的信息素养，弥补传统语文教学的不足，给学生创造了一个愉快学习的氛围，有利于教师减少重复工作量，有利于教师在课堂教学设计中提出大胆创新，加强了师生间的沟通交流，改革了语文的教学方式。

## 三、开展教学实践，不断提升水平

《中等职业教育改革创新行动计划》指出要以信息技术创新教与学的方式与环境，开发整合数字化资源，为教师、学生和社会人员方便快捷地获取优势学习资源与交流信息提供服务。信息化教学在中职语文教学中的应用主要是由阅读与欣赏、语文综合实践活动两个方面组成。

(一) 信息化教学在中职语文阅读与欣赏教学中的应用

在学习《永远的蝴蝶》这篇课文时，教师可应用信息化手段辅助教学。在教学过程中，教师利用多媒体播放《永远的蝴蝶》动画视频、《人鬼情未了》的音乐等，

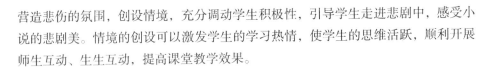

营造悲伤的氛围，创设情境，充分调动学生积极性，引导学生走进悲剧中，感受小说的悲剧美。情境的创设可以激发学生的学习热情，使学生的思维活跃，顺利开展师生互动、生生互动，提高课堂教学效果。

（二）信息化教学在中职语文综合实践活动教学中的应用

高教版中职语文基础模块第三单元表达与交流口语交际中《自我介绍》的实践活动。缺乏自信、渴望提高的中职学生可以通过网络和博客平台自主学习，联系个人特点进行自我介绍。教师在活动中通过网络平台及时指导小组内的学生，尝试结合自身特长进行个性化的自我介绍；在课堂上通过视频让学生了解精彩的自我介绍，然后通过情景模拟，让学生展示自我风采，增强信心。信息化技术的应用能有效提高中职语文课堂效率，改善师生关系，让学生在信息化的环境中勤学、乐学。

（三）中职语文教学中存在的误区分析

信息化教学得以迅速地发展、大量运用，得益于信息化教学在语文教学过程中的大量运用，但是这并不代表信息化教学没有误区，它也存在许多误区，主要包括以下几个方面：

用多媒体完全地代替传统的黑板粉笔。现在多数人都在批判传统的教学模式，大力倡导信息化的教学模式，从以往的粉笔、黑板完全地转变为鼠标、屏幕，但是这真的好吗？俗话说过犹不及，我们只是从一个没有信息的极端走到了另一个完全信息化的极端，这种方式是不好的，在课堂中完全不利用黑板，只是依赖多媒体的教学方式是不对的，教师在教学过程中会不断地产生灵感，这个时候就需要粉笔，鼠标是代替不了的。

超出了学生的接受范围。许多教师利用多媒体便利的特点，在幻灯片中加入一些知识，在课堂中看着课件长篇大论，完全没有考虑学生的接受能力，这样是不好的，不仅达不到原有的教学效果，还使学生对课文的理解更加困难。同时，中职学生的阅读量非常有限，如果教师在课堂中加入大量的课外知识，不但不能达到培养学生创造性思维的目的，还会使学生更加不容易理解，限制了学生的想象力。语文教学的最终目标就是指导学生正确地理解和运用语言和文字，不恰当地引用信息化教学会对教学目标的实现产生影响。

# 第六章　中职语文阅读应用

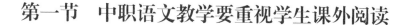

# 第一节 中职语文教学要重视学生课外阅读

## 一、中职语文教学开展课外阅读的必要性

以就业为导向的中职学校，为了凸显培养学生专业技能和职业能力的办学特色，更多地强调语文这一公共基础课的工具性。语文作为最重要的交际工具，是学生学好其他学科以及今后终身学习的基础，但语文又不同于纯粹的工具性学科，语文能力的培养和语文素养的提高不能通过纯知识性的传播，或简单的模仿就能习得，必须要经过一个慢慢领悟和渐渐积累的过程。中职学制三年，碍于学制所限、课程学时分配，笔者认为，在有限的语文课内要完成这个过程的最好途径就是引导学生在学习期间养成阅读的兴趣和习惯。

《中等职业学校语文教学大纲》中对语文课提出"阅读各种优秀作品，体会其丰富内涵，加深和拓宽对自然、社会、人生等问题的思考和认识"的教学要求，并明确中职学生"阅读优秀文学作品总量一般不少于 200 万字"的学习任务。然而，在当前普遍"重课内、轻课外，重讲授、轻阅读"的中职语文教学中，一方面，受传统的语文教学模式、教学评价等因素影响，大多教师将必读课文大卸八块，条分缕析，课堂中专注于细枝末节零碎知识的讲解；另一方面，阅读能力是一种心智技能，在有限的课堂教学时间内学习一套教材远远不能达到教学大纲的要求。因此，在中职语文教学中，我们的视角必须触及课外。

中职学生大多没有升学压力，不必为考试而读书，在学生课业负担较轻且有大量剩余精力的情况下，教师要有计划地组织开展课外阅读活动，以激发学生语文阅读热情、丰富学生的精神世界，拓宽视野，提高品位，对学生今后的心灵成长和职业发展都将大有裨益。

## 二、中职语文课外阅读存在的问题

### （一）学校和教师不够重视

目前，不少中职学校在办学过程中为了强调专业特色及就业优势，认为语文"实用、够用"就行，不断削减语文课时以加强学生的专业技能，此种情况下语文课外阅读又从何谈起呢？很多语文教师虽然知道课外阅读对语文学习的重要性，奈何学校不重视、各项教学评价中又全无课外阅读的身影,乐得清闲,把教材上的文本教完就"大功告成"了。学校不重视,教师不重视,使本来对学习就缺乏主动性的学生更加不重视了。这种情况导致很多中职学校语文阅读教学中的课外阅读有名无实。

(二)学生阅读面窄

很多学生认为在职业学校是学技术、练技能的,把专业课和实训课学好、练好就行了,不少职校学生属于学困生,对学习不感兴趣。笔者曾对任教的学生进行课外阅读的调查,其中对学生如何安排课余时间进行了解时,大部分学生表示宁愿把时间花在上网、看电影、逛街上,也不愿看书。学生对阅读不感兴趣,导致阅读面和知识面较窄。笔者在讲《林黛玉进贾府》时,两个班近百名学生竟然没有一个人看过原著,仅有几个人看过《红楼梦》的电视剧,他们的课外阅读情况由此可见一斑。职校学生作文中常出现标点符号使用不当、错字连篇、词汇匮乏现象,甚至有些学生的文字能力达不到初中学生应有的水平,笔者认为读书少是大部分中职学生语文能力低下的重要原因。

(三)阅读欣赏趣味欠缺

由于缺乏正确的引导,尽管有的学生也有阅读,但不知道什么书有益。不少学生不去读一些经典作品,为消磨时间求刺激,只读那些武侠小说、言情小说、娱乐漫画类的杂志,花费了时间却不一定有益。当下学生对手机、网络等新媒体的熟练使用,使他们更多地依赖电子书、网络信息平台,如微信微博等进行快餐阅读、消遣阅读。在调查中,关于学生平时阅读最多的是哪一类书籍,大部分学生回答是电子书及娱乐漫画书。而对于为什么不看名篇佳作的问题,他们或回答"不感兴趣""没意思",或回答"看不懂"。

(四)阅读方法不当

为了拓宽视野和增长知识,也有学生愿意阅读,但调查中了解到大多数学生因没有任务驱动,阅读无目的、无计划,无系统性,随意性大。有时间、有心情、有自己喜欢看的书就读一点,且只看不动笔,没有喜欢的就几天都不看,这种阅读效果可想而知。

## 三、课外阅读的指导策略

如何解决中职校学生课外阅读存在的问题,使学生通过课外阅读博览群书,广

泛涉猎各种知识，养成良好的阅读习惯、提高综合素养呢？

**（一）学校和教师要重视课外阅读，形成良好的机制**

学校要充分认识课外阅读对提高学生综合素养和职业能力的作用，高度重视学生的课外阅读。在教学工作中，学校要对语文教师提出明确要求或形成一种机制，有条件的情况下，每周安排一节课外阅读课，将课外阅读的指导成效列入对语文教师的考核质量评价中，大力支持教师组织的课外阅读活动。这样才能调动教师的积极性，保证课外阅读真正落到实处。

在信息爆炸、互联网发达的年代，青少年学生需要什么样的阅读？近年推广阅读的"第一人"——朱永新教授主张的阅读是以青少年为主体的、以大众阅读和纸质图书为主的阅读，他的观点是"我推崇书籍阅读而不是网络阅读"，在他看来"纸质阅读和网络阅读完全不是一个概念"，"人类最伟大的思想在书里。尽管我国目前的网络阅读人数已经超过了纸质阅读人数，但我认为，人类最伟大的思想还处在离线状态"。作为传承民族文化重任的语文教师，应站在更高的视角，从学生的终身发展考虑，在新生进校起就为他们量身定做一个三年的纸质阅读计划，每一学期都要把课外阅读纳入自己的授课计划，对学生的课外阅读进行有步骤、有计划地指导，以克服学生阅读的盲目性。

**（二）教师要激发学生阅读兴趣、培养阅读信心**

笔者认为语文教师要在教学中引导学生明白课外阅读的意义，体会主动阅读的乐趣，必须将课堂教学和课外阅读紧密结合起来。比如在讲授课文《合欢树》时，笔者导入时通过作者生平故事的渲染，学生认识了笑容可掬、意志坚毅的史铁生，对他多年来与疾病顽强抗争的事迹心生敬意，于是笔者乘机推荐学生课后阅读史铁生的《我与地坛》，并提示学生通过阅读这部作品就能更全面了解作者身残志坚的精神，就会明白为什么史铁生被冠以"当代中国最令人敬佩的作家之一"的美名。学生通过教师的介绍和课内的阅读，必然对史铁生产生浓厚兴趣，课后便有了翻阅作者原著的兴趣，从而拓宽阅读面。

树立榜样力量也是培养学生阅读信心的好方法。比如，在学生刚进校时选一个或有意识地培养一个阅读广泛、知识面广的典型，使周围同学看到他在阅读理解、写作、口头表达等方面的优势，这样使学生看出阅读能力在生活中对人的巨大影响，充分认识阅读活动的实践意义，形成自发的阅读意识。在刚开始开展课外阅读时，学生可能缺乏自觉性且不知从何读起、读什么，我们要采用任务驱动法，明确每一阶段的任务并定期检查，等他们有了一定的自觉性后再逐步放手。

### (三)教师要推荐阅读书目、传授阅读方法

学生因年龄、性格、欣赏的趣味等原因，辨别力和自控力不强，教师可以根据他们的专业类别以及语文学习的需要等推荐一些必读书目和选读书目，也可以编写与学生语文能力相适应的课外阅读校本教材。课外学习是课堂教学的延伸和发展，课内学方法，课外求发展，针对学生阅读方法不当的问题，教师要在语文课堂中将精读与略读、朗读与默读、快速阅读与鉴赏阅读等几种主要的读书方法有计划、有步骤地传授给学生，反复练习，以期达到熟练掌握并灵活运用的程度。此外，还要训练学生的基本阅读能力，如查阅辞书、筛选信息、利用网络查找资料、写读书笔记等。这些方法与能力在课堂阅读教学中要有意识地加以训练，以课内带动课外，以课外促进课内。

### (四)营造良好的阅读氛围，善于创造机会，适时评价激励

学生在良好的阅读环境中才能充分体验阅读是一件轻松的乐事，学校要合理使用学校阅览室、班级图书角等图书资源，在这些学生阅读的主要场所中营造一种学生喜闻乐见的氛围。语文教师要善于创造机会，每过一段时间让学生展示他们的阅读成果，使他们的阅读技能获得发展。如可以组成读书兴趣小组，也可以利用一节课让学生交流读书体会，或以"向大家推荐一篇美文"为题展开演讲(教师先做示范)，或就必读书目中的某个有争议的人物形象进行辩论，或在黑板报上设一专栏刊登学生发现的名言警句、每日一诗等。学生课外阅读成果得到展示后，要对学生的课外阅读行为、成果做出评价，可以是教师直接点评，也可以是先生生互评，最后教师作以表扬、肯定为主的总结性评价，肯定和鼓励认真对待阅读的学生，同时对个别学生的不认真阅读行为也要做出委婉的提醒。及时的评价对形成学生课外阅读成就感，激发阅读兴趣，养成课外阅读习惯具有积极的导向作用。

正如朱永新教授所言，"没有阅读就不可能有个人心灵的成长，不可能有个体精神的完整发育"。阅读启迪生命智慧，阅读直接影响我们的视野、思想、学识和综合素养。中职语文教师通过课内外的阅读教学使学生在掌握专业知识和技能的同时，能够轻松、自由地享受课外阅读的乐趣，丰富精神世界，提高文化品位，让学生在中职三年的学习中养成"终身受益"的阅读习惯，让语文因有课外阅读而更精彩。

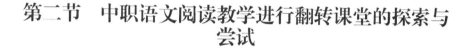

# 第二节 中职语文阅读教学进行翻转课堂的探索与尝试

在中职语文阅读教学中，笔者尝试引入翻转课堂的教学模式，翻转课堂自引入以来，效果明显，学生不仅掌握了程序性知识，也提高了学习的效率。目前，大部分中职语文课堂都以讲授知识为主，在学生进行课后习题时需要大量的程序性知识解决问题。往往在这样的教学模式中，学生不但不能积极有效地掌握知识，学习的积极性也得不到提高，久而久之，学习效率低下。

## 一、分析现行课堂，尝试新型模式

目前，中职语文课堂的阅读教学有很多诟病，教师在课堂中上演"一言堂"，学生听课效率低下，甚至完全处于游离状态。从教师的角度看，一是教师的教学内容安排不妥，二是教学理念本身存在很大的问题，三是教学方法运用不恰当。很多教师在教学上受老旧思想的影响，课堂上忽略了学生的主体作用，简单地运用教学参考书上的教学设计进行讲解，全场没有学生讨论环节。学生在不理解的情况下，把教师的课堂重点摘抄下来，课后也不及时进行消化吸收。长此以往，学生的主体思考能力下降，学习主动性得不到激发。此外，课后的作业布置也是以课堂陈述性知识为主，辅以少量的课后练习。学生在作业过程中发现了问题，也不能第一时间和教师交流解惑。

## 二、引入翻转课堂，探究教学模式

### (一)教师布置预习任务，学生认真准备

在诗歌的阅读教学中，学生可通过课前预习观看视频，了解本诗所要表达的内容和情感，提前复习诗歌的阅读方法。有些学生利用互联网查阅诗人的生平和诗歌风格，搜集大量的资料。对诗歌的重点和难点也有了初步思考，这样教师在课堂讲解时就轻松多了。自学过程中，学生会把遇到的无法解决的问题采用圈注的方式记录下来，并通过网络学习平台反馈到教师平台上。值得一提的是，在给学生布置自学材料的此基础上，笔者还会在预习资料中加入一些基础知识的复习，以扎实学生的基础。笔者在准备《将进酒》时考虑到职校学生的基础较薄弱，还加入了诗歌赏析的方法。笔者会采用多种形式如发纸质稿、看微视频、自学一些简单的程序性知识等布置自学材料。

## (二)解决程序性知识，讨论重点难点问题

笔者在讲解李白的《将进酒》诗歌时，先检查学生的预习情况，接着是学生自主交流时间。学生会把在预习时遇到的难题在小组讨论中共同解答，比如对诗歌主旨的理解，有些学生认为本诗是表达诗人豪放恣肆、不拘细节的一面，有些学生则认为本诗透露出诗人怀才不遇下的强颜欢笑。关于这个问题，笔者还特意组织学生进行了小组讨论，引导学生从诗人的生平事迹并结合时代背景进行分析，学生自行进行总结，这样不仅有利于发挥学生自主学习的积极性，还能提高他们学习的效率。在实际教学中，笔者首先对学生预习的情况进行检查，即对课前所学的陈述性知识和部分程序性知识进行检测，然后根据学生的预习情况适当地调整教学情况。

## 三、反思翻转课堂，夯实实际效果

### (一)稳固基础知识，养成良好习惯

在阅读教学的翻转课堂上，不能仅仅强调视频作用，而忽视基础知识的稳固。微视频和阅读指导方法可以对学生的自学起一个推进作用，为学生夯实语文基础做铺垫。在学习方法上，学生既然已经养成了课前预习的习惯，那么他们其他方面的能力也会随之得到提高，学习的积极性提高而成为课堂的主人。

### (二)激活课堂教学

在阅读教学中运用翻转课堂，笔者意识到教师和学生同时作为主体，才能在教学中真正发挥作用，才能调动学生的学习积极性，从而提高学习效率。翻转课堂突破了以往传统的教学模式，让学生提前自学简单的程序性知识，课堂上则是以分析教学重点和难点为主，这样一方面活跃了课堂氛围，一方面又拓宽了教学内容，对教师的备课也提出了更高的要求。

在教学方法上，伴随着翻转课堂的展开，教师的教学手段也会随之发生变化。笔者曾在课堂上先后尝试了讨论法、多媒体辅助教学、合作教学法等多种教学手段，课堂气氛变得更活泼，学生对学习语文的兴趣也提高了。

综上所述，中职语文阅读课上翻转课堂的应用要适度，不要过分强调翻转课堂的效果。中职语文阅读课的教学形式应该是多样的，不要将翻转课堂作为中职语文阅读课的唯一形式，教师要根据实际需要进行翻转课堂的教学，不要使翻转课堂流于形式，否则只会适得其反。

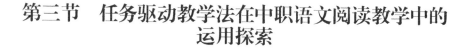

# 第三节　任务驱动教学法在中职语文阅读教学中的运用探索

中职教育注重培养学生的职业技能，与普通教育相比有着明显的特征。大部分中职学生在基础教育阶段属于弱势群体，没有良好的学习习惯，自信心不足，而且很难持之以恒地坚定自己的目标。加之目前中职语文教学仍较多地采用讲解法，学生的主体性得不到充分体现，这样的课堂自然很难激发学生的学习热情，就更不用说培养学生的语文能力、职业技能了。因此，中职语文教学应积极创新教学方法，激发学生的参与热情。克拉夫基说过："教学不能像一道准备好的菜那样向学生呈现好的知识，应该让学生自己去理解、自己去发现、自己去学习。"任务驱动教学法在语文教学中运用的目的是让学生不仅在运用中学，还要为了运用而学，从而培养学生的语言运用能力。这种教学方法更能激发中职学生的语文兴趣，而且更适合当前中职学生学习方式的需求。那么如何在中职语文阅读教学中合理地运用任务驱动教学方法呢？

## 一、任务驱动教学中任务设计的原则

任务驱动教学法是否能够充分发挥其功能，关键在于任务设计。任务的设计应遵循一定的原则，以确保任务驱动法的有效实施。

### （一）目的性

目的性是任务驱动法有效实施的保证。只有任务具有明确的目的和目标，才能让学生明确要做什么事情。教师在描述完任务后，学生应该知道自己要做什么，通过任务的完成，掌握一定的知识和技能。

### （二）真实性

所谓的真实是指任务的设计要遵循语言、情境的真实性，也就是要与学生的实际生活结合起来，提供给学生的语言信息必须是真实的，让学生能够自然地参与到任务中，从而自主地去体会、感受，获得知识。

### （三）阶梯性

课堂上的任务应呈现一种"相依性"，也就是说任务的设计应由简到繁、由易到难、层层深入，而且每一项任务都要以前面任务为基础或出发点，前后任务相依存在，形成阶梯。这种任务设计有利于学生在完成任务的过程中提高学习能力。

(四) 互补性

学生在完成任务的过程中，必须运用自身的知识和技能，通过互问互答、询问他人等方式表达自己的想法。这种交流互动能使让学生达到最佳的学习状态，还可以改善班级内的社会心理氛围，使学生形成良好的心理品质。

## 二、任务驱动教学的实施流程

### (一) 创设情境，激发兴趣

为学生创设融洽的教学氛围有利于激发学生的学习兴趣，并可以把学生带到一个与教学任务和内容相适应的情境中。这样做符合中职学生的特点：第一，大多数中职学生在上课前的几分钟仍处在课前休息的延续状态中，教师要依据学生兴奋中心的保留和转移规律进行教学设计，因此，不宜一上课就直接让学生阅读文本，可以通过创设情境导入新课，以此吸引学生的注意力。第二，如果文本和学生存在较大的距离，会使学生不喜欢此文章，因此在阅读中，教师应为学生架起与文本沟通的桥梁，通过阅读情境的创设拉近学生与文本的距离，从而激发学生对文本的阅读兴趣。

### (二) 独立思考，自主完成任务

此阶段的阅读是学生个性化的行为，主要是提升学生的独立阅读能力，让学生在教师的引导下独立自读，完成对文本整体俯视，把握文本内容和形式的任务。因此，在这一环节中教师应更多关注学生的个人感受，充分学生的自身经验，使学生在阅读中获得审美快乐和思维启发。

### (三) 设置核心任务，指导学习方法

在第二个阶段中，学生已经完成了一些简单的任务，对文本有了一个整体的感知。此阶段设置的任务是对文本进行深层次探索，是学生无法独立完成的。考虑到中职学生的阅读能力，为了使问题更有效，此阶段的问题设置一般应以教师为主线，以任务为核心，以小组合作互助学习为主，使学生通过主动尝试、反复体验，真正理解文本的深意。此外，教师还应对学生的方法进行一定的指导，或是引导学生思考作者写作的原因、内容、方式、线索，或是引导学生多角度的思维，或是引导学生对文中的关键字词进行提炼等。

（四）合作学习，展示成果

小组分组应以异己分组为原则，由组长承担组织小组成员交流的任务，要求每个组员都要汇报自己的学习成果，然后由组长总结并组织全班交流、探讨。在交流中，教师应适时点拨，让学生展示的成果更具体、准确、深入。全班交流不仅可以使学生取长补短，还能扩充学生的信息量。

（五）多元评价，及时反馈

此阶段运用多元化的评价方式提升学生参与学习活动的积极性，并达到及时诊断学生学习效果的目的。评价的方式有很多，如小组互评、组内互评、教师讲评等，可以针对学生学习过程中的态度进行评价，也可以对小组或个人的学习成果进行评价。

### 三、任务驱动教学应突出生活特色，展现职教风采

（一）生活化、情景化的任务设置

语文源于生活，而且只有把语文阅读与生活结合起来才能体现阅读的活力。教师把多姿多彩的生活情境复原到阅读教学中，让学生自然地走进世间万象中，使他们在生活化的情境中体验知识的美感和活力。

1.阅读任务情景化

在中职语文阅读教学中，教师要引导学生以文本为中心内容，围绕文本进行再创造。在教学中为学生创设生活化的情景，把文本与生活结合起来，给文本注入生活元素，激发学生的想象，让学生带着阅读任务，以想象入情，强化学生对文本的理解。

例1：《中国园林的风格》情境任务

教师通过设置一些情境，让学生去体验文本，让不同专业或是不同小组的学生自由选择不同的角色任务体验和介绍中国园林，如作为一名摄影师、一名画家、一名导游、一名招商负责人等发现和介绍中国园林的特色，并创造性地把生活元素带入到语文阅读中。这样的情境任务更能激发学生的参与兴趣，促使学生主动地走入文本。

把文本置于生活情境中，为学生的阅读任务提供了现实的停靠点，能够使学生主动地把自己融入到文本的个性解读中，让学生在阅读中获得快乐，享受自由。

2.训练任务生活化

基于职业教育的特殊性，在语文阅读教学中，我们应积极挖掘其中的实用性

因素，为学生创设真实的情境，使其在阅读与生活的结合中体会语文的实用性和无限魅力。学生在实际生活场景中进行训练，这种犹在其境之感会激发学生强大的动力，积极主动地完成训练任务。

例2:《看看我们的地球》训练任务

为了激发学生的学习动力，教师可以设计"我来当导游"的训练任务，让学生试着写一篇导游词向外星人介绍我们的地球，导游词要生动形象，要有自己的感受。这个任务不是向游客而是向外星人介绍地球。因此，在阅读文本后，学生应该清楚哪些内容是需要进行深入介绍的，哪些内容是可以省略的，又有哪些内容是需要进行扩展的。完成后可以在小组内进行评比。

生活化的训练任务有助于激发学生创造的积极性，让学生真实地感受语文的实用性，并在完成任务的过程中获得自身能力的提升。

3. 文本解读生活化

中职语文教材中有些文本虽然具有鲜明的特色，却与学生的生活实际相差较远，导致学生在阅读中无法深刻地体会作品。在这种情况下，阅读教学应在符合语文目标的前提下，结合学生的生活实际和学习需求，从生活角度去设置阅读任务，对文本的内容进行取舍和改造。虽然任务可能不一定很好地突出文本的最大特色，但却能因其极强的现实性而易于学生理解。

例3:《十八岁出门远行》

此篇小说作为先锋实验小说，荒诞的情节和奇特的语言风格是此文的最大特色。然而我们面对的是中职学生，很多学生不一定能理解，因此在设置任务时应从中职学生的实际出发，让学生在阅读中有所得即可，把"理解小说的情节，把握小说的成长主题"作为此篇文章阅读的中心任务。

(二) 体现职教风采的任务设置

1. 阅读任务中渗透专业特色

中职教学的特色是培养专业型人才，在中职语文阅读教学中进行专业渗透是其独有的特色。语文教师应在阅读教学中积极联系学生所学专业，寻找不同的教学契合点，让不同专业的学生都能在阅读中各学所需。这样可以让学生通过相应的语文能力更好地辅助本专业知识和技能的学习。任务的设置可以根据学生的所学专业去设置疑问点，围绕选定的质疑点设置多角度任务等。

2. 以职业情境培养学生的职业素养

中职教学的评价标准不可避免地要关注学生的职业发展。中职语文教学不仅是基础课程，更是培养学生专业能力的重要载体，还承担着引领学生适应未来职业

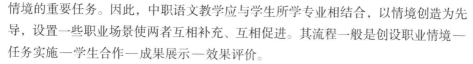

情境的重要任务。因此，中职语文教学应与学生所学专业相结合，以情境创造为先导，设置一些职业场景使两者互相补充、互相促进。其流程一般是创设职业情境—任务实施—学生合作—成果展示—效果评价。

探索任务驱动教学法在中职语文阅读教学中的应用，对提高中职语文教学质量，提升学生的语文素养有着重要的意义。我们应在今后的教学中不断探寻优化实施任务驱动阅读的策略，提高中职语文阅读教学的有效性。

# 第四节　试论中职语文阅读教学资源的有效开发

语文阅读不仅可以提高学生对博大精深的祖国文化的认知，又能很大程度上提高学生的人文素养，这是任何一门课程所替代不了的。本文主要依据中职语文教学的学习理论，结合日常的教学实践，对中职语文阅读教学资源的有效开发进行探析。

## 一、中职语文阅读教学资源有效开发的必要性

语文阅读是中职语文教学中不可或缺的一门课程，现在，有些语文教师还受制于传统的教学方式方法，还处于试卷说明成绩好坏的阶段。本来语文阅读的课堂是可以非常活跃而具有趣味性的，然而一些教师授课的内容却与整个社会并无太大关系，只限于教科书中的内容，这样就造成了学生在上语文课的时候会产生厌烦心理，觉得语文课是枯燥乏味的，从而对语文失去兴趣。

针对以上情况，语文教师必须改变阅读课的形式，或者增加阅读活动。教师在授课的过程中一定要将书本的死知识延伸到当今社会的所见所闻，使学生的阅历更加丰富，利用好语文阅读的无限资源，还要不断开发阅读资源，这样才能全面提高中职生的语文阅读能力以及综合素质，使他们将来在社会中不会被淘汰。

## 二、阅读教学在中职教学中的重要地位和作用

语文阅读是语文教学中最重要的一门文化课程，中职学校的语文教学有着其丰富的人文性，有助于提高中职生的文化素养，有助于学生树立正确的价值观、道德观，建立完善的健康品格，为今后的学习生涯和职业发展创造良好的条件，并且为今后走向社会打下坚实的基础。中职语文阅读教育实践性的特点较于之前的传统语文教育来讲是一次重大的改革和突破。语文教师是语文课实践活动的组织者与引导

者，语文教师应根据中职生的特点制定教学计划，充分利用好课堂内外的资源，循序渐进地开展各项语文阅读的实践活动，拓宽学生的视野，从多方面提高中职生的语文阅读能力。

## 三、有效开发语文阅读教学资源的措施

### (一) 重视课本，深入挖掘教材的人文素养内涵

自从开展语文教学改革以来，中职语文课文的改革不仅仅体现在选材上，每篇阅读课文的主题都具有一定的内涵，课文的内容无论是在表达上还是表现形式上都能使学生产生浓厚的兴趣。除此之外，语文阅读的设计内容也是非常广泛的，并与学生的日常生活紧密联系，阅读视角非常广泛，所涉及的内容很多，包括家庭、社会、亲情、友情等贴近真实生活的素材。这样一来，在阅读的时候学生能够通过课文的内容联想自身的实际生活，阅读完之后能够从中感悟人生哲理。语文阅读的课文分为两种：选读课和必读课，但无论是哪种内容，阅读的课文都是编者经过层层筛选、精挑细选出来的好文章，每篇文章所体现的哲理都是不尽相同的，这也给语文教师更多的空间去挖掘课文中的人文内涵。以上这些内容为语文阅读教学资源的有效开发都提供了切实可行的依据。语文教师应该把课文学习的内容一直延伸到课余生活，用社会中的自然现象以及社会无限的阅读资源扩展学生语文阅读的范围，提高学生语文学习的能力。对于中职生来讲，一切未知的知识或者自己触摸不到的领域都能使他们产生求知的欲望，他们渴望能独立了解新鲜的事物，同样他们也非常想体会想象中的自然科学，而不仅仅是通过阅读书本了解，而丰富的生活阅历会给他们带来答案，能够让他们走出阅读的遐想去真正体会现实中的生活。

例如《雨巷》这篇课文，作者用很短的几句话就描绘出梅雨时节的景象，让读者在脑海中浮现出江南小巷在梅雨时节那种阴沉潮湿的画面，这种意境的美给学生带来无限的遐想空间，并融在其中，心神向往，语文阅读的魅力就在此尽情体现。

《故都的秋》中写道："北国的槐树，也是一种能使人联想起秋来的点缀。像花而又不是花的那一种落蕊，早晨起来，会铺得满地。脚踏上去，声音也没有，气味也没有，只能感到一点点极微细极柔软的触觉……"这些语句都能让学生把课文和实际生活联系在一起。所以语文教师应抓住此类文章所表达的意境和内涵，加强学生的语言表达能力以及情感表达的训练，这在无形当中提高了学生上课的积极性以及自身的文学素养。

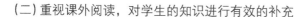

（二）重视课外阅读，对学生的知识进行有效的补充

中职生正处于活泼好动时期，他们都非常喜欢看课外读物，这是这个年龄段的学生共同的兴趣。在课堂上老师发现的普遍现象就是学生偷看课外读物，如果老师抓到学生读课外读物就对其进行严厉的批评，这样也许会适得其反，因为学生正处于叛逆期，而他们对新鲜的事物又感到好奇，如果老师批评他们会导致其更加讨厌语文阅读这门课程。如果语文教师因材施教，因势诱导，学生就可能喜欢语文阅读，从而取得事半功倍的效果。

兴趣才是最好的老师。语文教师还应该多鼓励学生善于观察生活和生活中的自然现象，并且培养学生养成写阅读笔记的良好习惯，引导他们多想、多看、多听、多念，将自己在书中所读到的内容或者在现实生活中看到的事物进行整理。以便在无形当中激发学生的好奇心，引导他们对阅读的求知欲望。在语文阅读这方面，语文教师不是最好的老师，兴趣才是最好的老师，在兴趣的带领下学生们会主动地学习，主动地探究课文中所讲的内容。在课堂讨论的时候，他们会自动地组织讨论小组，互相讲出自己的想法，利用他们自己所知道的知识去解惑，获得理想中的语文阅读水平。

课外阅读是提高中职生素养的一个很好的平台，同时它对语文教学也是非常必要的一种延伸和补充，在语文教学中也发挥着非常重要的作用。所以语文教师应多鼓励学生阅读有意义的课外读物与期刊中的文章。例如老师教《荆轲刺秦王》时，就可以推荐学生阅读或者上网搜取关于荆轲与秦王的资料以及相关的故事，学习李白的诗句，就可以补充现代文学作家对李白或者李白诗句的评价，使学生的知识面不断扩大，获得更深层次的知识。

法国雕塑家罗丹曾经说过："生活中不是缺少美，而是缺少发现美的眼睛。"这句话用在语文教学中是非常适合的，语文教师就是那双发现美的眼睛。语文教师如何引导学生进行语文阅读，从而发现课文中美好的东西，是语文教师的重要职责。语文课是弘扬我国民族文化和传播文化的一种方式，它以独特的优势让学生去发现身边美好的事物。语文教师也可以不定期地向学生推荐一些好的书刊或者是杂志，例如《青年文摘》《读者》《萌芽》等一系列有内涵的读物，鼓励学生从自己的眼光和角度审视文章中所要表达的内容，也可以看完文章之后写阅读笔记，对所读的文章做出相应的标记，把自己的所感所想记录下来，同时也能更好地发挥学生的发散思维以及读写能力，这对于学生今后步入社会、走向工作岗位是非常有利的。

（三）重视诗词教学，培养学生对美的感受

"文以载道"这句话从古至今流传下来，它作为人类精神文明和物质文明的一种载体，其内含的语言文学和作品中都蕴含着人类的智慧和道德，具有深厚的文化底蕴，闪耀着理性思索的光芒。

"风急天高猿啸哀"是著名诗人杜甫《登高》中的第一句话，这句话的意思为秋天来袭的冷风和急风，吹拂着大地，高远的天空和清冷严寒的天气，不禁让人感觉到一种彻骨的寒意。猿猴的哀鸣在耳边阵阵地响起，心中不由得产生百种哀伤的感觉。这样的诗词所表达的意境非常深远，学生在朗读这句诗词的时候一定会情不自禁地联想到诗人为什么会产生这样的感受呢？

如果是体现古诗人寄人篱下的生活，"万里悲秋常作客，百年多病独登台"这句诗词是再适合不过的了。它所表达的意思就是不幸的遭遇，然后又要面临着时局的动荡不安以及各种变动等情况，诗中又表达了作者在各地流浪漂泊，居无定所的现状。学生在阅读这句诗词的时候就会联想到诗人的悲凉以及他一直以来对家的渴望，这如何叫人不产生我见犹怜的感觉呢？整首诗词写出了诗人登高远眺之后，站在高处所产生的情感，诗人面临国难家仇，百感交集的心情溢于言表。虽然诗人在诗中没有写出表达国破家亡或背井离乡的语句，但是学生在阅读这首诗的时候都会从每一字、每一句里感受到诗人所隐藏的那种情感，每当学生理解到这层意思的时候在内心深处一定会感到无比震撼，不由自主地加深了对诗词的喜爱，这对提高学生的理解能力是非常有益的，这些体会也是语文教师在授课过程中不能够传授的部分。

综上所述，中职院校的语文阅读教学资源的有效开发不仅要求语文教师帮助学生树立正确的世界观、价值观、道德观，语文阅读教学还应与当今社会相结合，把社会中的正能量传递给学生，使他们在提高素质的同时，还能对社会有正确的认识，这不仅是对学生也是对社会文明进步的促进。

# 第五节 中职语文阅读的价值及教学策略研究

阅读教学在中职语文教学大纲中所处的位置非常重要。阅读教学不仅可以提升学生的阅读能力，还可以帮助学生更好地吸收语文知识，扩大知识面，促进学生在语文综合素养方面的提高。我国中职学校在学生语文综合素养普及方面还有很多问题；学生对语文知识的掌握基础并没有打好，阅读面的局限性也很大，阅读能力基本处于一个水平较低的阶段；对于学生在语文阅读方面的种种不足，中职学校在语文教学过程当中应该以学生为核心按照发展的理念，科学合理地制定中职语文在阅读教学方面的改革策略。

## 一、中职语文阅读的价值

### (一)培养学生阅读习惯，发展学生阅读能力

在中职语文阅读教学中，培养学生热爱阅读的习惯非常重要，阅读只有被学生热爱，才能吸引更多的中职学生参与到阅读中来，形成良好的中职语文阅读氛围。阅读并不是枯燥的，而是充满了探索和乐趣，阅读并不是孤立的，阅读是可以分享和感悟的。阅读不仅能快速提升中职学生对知识的了解能力和收集能力，还能提高中职学生掌握阅读方式的能力，中职学生掌握了阅读方式，就可以在阅读时自由的选择对比阅读、比较阅读或者批判阅读了。

### (二)促进语文阅读教学变革

传统的阅读效果之所以没有达到阅读教学的最终目标，其原因就是传统阅读教学督促性比较强，学生阅读的被动性比较突出，导致阅读失去了探索性和趣味性。中职语文教学要想提高学生的阅读能力和对阅读产生热爱，中职学校就应该改变中职语文教学在阅读当中的教学方式。学生的阅读能力得到了加强不仅可以提升阅读效果，实现传统阅读向现代阅读的过渡，有利于促进中职语文教学的全面改革。对中职学生在语文素养方面的提高更是非常重要。

### (三)提高中职学生的语文素养

语文知识对学生未来的发展非常重要，语文知识不仅可以体现中职学生的综合素养，作为母语语文知识的教学也具有自身的特殊性。作为母语教学的主要内容，语文学科涉及的知识较为广泛，要想更好地吸收和掌握语文教学内容，制定系统的语文学习方法是不够的，还需要对知识有良好的悟性和理解能力。

母语作为学生最早接触的语言，学生们都非常熟悉，由于学生对母语太熟悉了，在学习过程中难免会失去对于母语学习的热情，尤其是在课堂教学中，母语教学往往不能激发学生的学习热情，给中职语文教学带来了一定的阻碍。心理专家认为，学习动机和学习兴趣是学生是否热爱学习的关键，只有学习动机明确才能激发中职学生学习语文的兴趣和动力，才能实现学生在知识文化水平上的提升。

## 二、提高中职语文阅读教学的有效策略

### (一)培养学生良好的阅读习惯

中职生要想提高阅读理解能力就必须养成良好的阅读习惯，中职语文阅读理解

教学核心思想就是培养学生的自我阅读能力。为学生设立个人阅读目标和制定阅读规划，根据学生阅读能力辅助学生阶段性地完成教学内容；在这期间教师的指导作用非常关键，教师不仅要帮助学生养成独立思考的阅读习惯，还要采用学思兼备的手段培养学生的阅读理解能力；指导学生在阅读中做到手、脑、眼等感官上的配合，并做好阅读笔记，巩固和加深对阅读内容的印象和理解。

(二) 丰富阅读理解教学方式

中职语文教师在制定语文阅读理解教学计划过程时，应该侧重于学生的兴趣和爱好，为学生量身打造阅读理解课程，为学生营造积极向上的阅读理解教学氛围。阅读理解也可以使用案例分析法进行教学；教师根据教材提供的资源筛选出与之相应的案例，结合案例与教学课程激发学生的学习欲望，教学内容贴近学生的切身经历不仅可以加强学生对文章内涵的了解，同时还能提高学生的阅读理解能力。

(三) 锻炼学生多种阅读理解能力

良好的阅读能力不仅需要较强的理解能力，还需要很好的悟性，阅读能力对学生的综合能力要求很高，只有具备多种技能的学生才能对一篇文章有深厚的理解，第一，培养和锻炼学生对文章的总结能力。学生阅读后能够熟悉文本，并归纳出文章所表达的中心思想；通过对学生的思维进行训练，强化学生的记忆能力和提炼文章的水平。第二，培养和锻炼学生对文章阅读的评判能力。学生阅读文章后会形成自身的阅读理解，学生通过平时的知识积累和对阅读的理解，最终形成对文章价值的判断。从而客观上做出对章的观点评价。第三，培养和锻炼学生在阅读方面的解释能力，要求学生通过阅读体会作者所表达的思想感情，并能对文章细节进行解释，从而使学生掌握文章的核心观点的。

综上所述，中职学生良好的职业能力、系统的学习能力以及积极的创造能力离不开中职语文阅读教学为其打下的良好基础，中职语文阅读课堂能够最大程度地发挥课堂教学的实效性，离不开中职教师在教学实践当中对教学策略实施的不断优化和建立的正确阅读方，使学生们养成了自主阅读的良好习惯。因此，作为语文阅读教学策略的执行者，中职语文教师在语文阅读教学过程中必须勤于钻研、勇于创新，为中职学生全面提高语文阅读水平探索出一条科学的、现代的便捷之路。

第七章　中职语文阅读教学的有效性

# 第一节　中职语文阅读和写作教学方法
有效结合方法研究

随着中职语文教学改革的深入，对语文教学的要求越来越高，如何提升学生的语文能力已成为中职语文教学工作者的核心工作。在中职语文教学中，阅读和写作是语文教学的重要组成部分，就目前来看，教师在教学过程中没有很好地把握阅读与写作之间的关联性，教师强制将阅读教学与写作教学分开，以至于学生的语文能力得不到有效提升。要想提升学生的能力，让学生会阅读、会写作，教师在教学过程中就必须将阅读教学与写作教学紧密地结合起来，只有这样，才能不断提升学生的阅读能力和写作能力，激发学生的学习兴趣。

## 一、中职语文阅读和写作教学有效结合的必要性

中职语文对培养当代社会发展所需的人才具有重要的作用，要想实现中职语文教学目标，关键在于教学方法的创新。阅读和写作作为学好语文的重要手段，阅读教学和写作教学之间存在着紧密的关联性。阅读是培养语文学习兴趣的关键，是拓宽学生知识视野的重要途径，只有会阅读、多阅读，学生才能积累更多的知识，陶冶自身情操。写作是学生语文知识应用的重要体现，能够使学生尽情抒发和表达。阅读与写作相辅相成，阅读是写作的基石，写作是阅读的检验手段。在中职语文教学中，教师只有将阅读教学和写作教学紧密地结合起来，才能更好地激发学生的语文学习兴趣，提升学生的语文能力，从而促进学生的全面发展。

## 二、中职语文阅读和写作教学方法有效结合的方法

（一）重视阅读与写作的结合

在中职语文教学中，阅读和写作的结合有其必然性，也是中职语文改革的内在要求。阅读是获取知识的重要手段，学生多阅读可以积累更多的知识，丰富学生的情感体验。阅读与写作相结合可以使学生在写作过程中提升自己的语文能力，达到学以致用的效果。因此，作为教育工作者，教师应当高度重视阅读与写作的结合，

在语文教学过程中不能只强调片面的训练，要关注学生的长足发展，在阅读与写作中提升学生的能力。如在学习《荷花淀》这篇文章时，教师可以让学生先阅读，理解文中所应用的白描写作手法，然后向学生重点介绍白描手法，在介绍完后，让学生写一篇有关春的文章，要求学生文章中要用到白描写作手法。通过这种阅读与写作方法的结合，可以更好地提高学生的语文能力。

(二) 在阅读教学中培养学生的写作技巧

写作是学生语文应用能力的重要体现，而要想让学生写出好的文章，就必须注重学生写作技巧的培养。对于学生而言，写作必须要有素材，而素材获取的重要途径就是阅读。学生阅读文章的过程不仅是知识积累的过程，同时也是能力形成的过程，一篇优秀的文章包含了许多优秀的写作技巧和表现手法。要想提升学生的语文能力，教师在阅读教学过程中要善于培养学生的写作技巧，要将文章中突出的写作手法教授给学生，使学生掌握这些写作手法和技巧。如在学习余秋雨的《都江堰》这篇散文时，文章明明是写都江堰，为什么开头要提长城，这样做的目的是什么？文章中描写长城的句子有哪些？通过这些问题引导学生思考，使学生掌握类似的写作技巧，从而不断提升学生的能力。

(三) 在阅读中引导学生积累词汇和词句

阅读是积累知识的重要手段，一篇优秀的文章由优秀的词汇和词句组成，这些词汇和词句是文章的基本构成单位，学生要想写出好的文章，就必须掌握大量的词汇和词句。在中职语文教学中，教师要引导学生多阅读，使学生在阅读中积累词汇和词句，在阅读中遇到不认识的生字时，要让学生学会查词典，并了解该词的表达作用，从而达到学以致用的目的。同时教师要引导学生在阅读中摘抄那些优美的词句，并细细品读，将其转化为自己的知识，并在写作过程中加以利用。

(四) 加强实践

实践是提升能力的有效途径，中职语文教学要想实现阅读与写作的有效结合，关键在于加强学生的实践，只有引导学生不断实践，才能提升学生的能力，使学生在阅读中积累知识，在写作中提升能力。因此，在中职语文教学中，教师要给学生创作更多的实践机会，并鼓励学生多阅读、多写作，养成良好的阅读、写作习惯，在阅读与写作中培养自己的兴趣，从而不断提升自己的能力。

综上所述，中职语文阅读和写作教学的有效结合是中职语文教学改革的内在要求，阅读与写作相结合可以提升学生的语文能力，激发学生的语文学习兴趣，让学

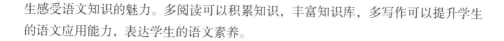

生感受语文知识的魅力。多阅读可以积累知识，丰富知识库，多写作可以提升学生的语文应用能力，表达学生的语文素养。

# 第二节　如何提升中职语文阅读教学的有效性

　　让学生享受读书的乐趣是语文教学的宗旨。通过调查发现，大多数学生对读书并没有多大兴趣，甚至认为读书是一种极其乏味、浪费时间的事情。中职学生大都不愿意把时间浪费在阅读上，提高中职语文阅读还有很长的路要走。传道、授业、解惑的教师是提高中职语文阅读教学能力的主力军，但教师不应一味地依赖课本，依靠课堂时间，机械地讲解课本内容，让学生停留在单纯的知识层面，既不能让学生对知识有全新的、深入的理解，也不能调动学生对于语文阅读的积极性。此外，教师思想上、态度上没有正确认识中职教学对于学生的重要意义，片面地认为中等职业学校只是培养学生的职业技术，语文阅读根本不重要，因而忽视教学的重要性，所以语文阅读在中等职业学校中急需改进。

　　语文阅读教学的目的是引导学生树立正确的人生观、价值观与世界观。提升中职语文阅读教学实践中可以从以下几方面入手：

## 一、教师要积极转变教学观念，重视语文阅读教学

　　教师在课堂上要让学生变被动为主动，丰富和创新语文阅读教学方式，引导学生多阅读、多思考，尽可能利用课余时间提升阅读水平，使学生自觉养成善于阅读的良好习惯。很多教师在教学中观念不正确，备课不充分，片面地认为语文阅读教学只是让学生上课朗读课文，对课本中的真正含义并不了解，这样不仅不利于自身的教学，还给学生传达出一种阅读教学不重要的观念。因此，教师首先应该转变教学观念，认真对待语文阅读教学。例如在《蜀道难》的阅读教学中，教师不仅要引导学生学习古文中的关键字词，还应该激发学生积极感悟作者李白那种怀才不遇的愤懑与热爱祖国大好河山的思想感情。先让学生自己感受，最后教师再总结，不仅调动了学生的积极性，更活跃了课堂气氛。

## 二、正确掌握阅读方法，优化阅读教学

　　阅读方法在一定程度上决定了学生阅读的数量与质量，掌握了正确的阅读方法，语文阅读教学就成功了一半。阅读的方式与方法因人而异，最常见的阅读方法

有大体浏览、逐句精读、边读边标注等。对于长篇中一些不重要的篇幅，可以采用略读或者大体浏览的方式；对于一些古文、文言文要求全部弄懂，甚至需要背下来的就需要逐句精读；对于不懂的片段，不明白的句子就需要在阅读时标注下来。例如《林黛玉进贾府》一文篇幅较长，不可能全部仔仔细细地通读，对于不重要的描写大概浏览即可，对于文中精彩的片段需要批注。这样阅读方法不仅不会浪费时间和精力，而且可以使学生在阅读过程中更加专注。

### 三、利用多媒体资源，丰富阅读教学形式

书本中的知识只能以枯燥的文字形式表达出来，学生对其不感兴趣，但多媒体资源可以让学生脱离乏味的文字，而且能够以图片、视频、录音等多样化的方式展示出来，这样不仅使课堂学习更加生动，而且能够调动学生的积极性，从而提高阅读的教学质量。例如在学习《荆轲刺秦王》一文时，如果只是单独地阅读文言文、翻译文言文，显然不能帮助学生很好地理解文章所要表达的内容。而利用多媒体形式，可以以图片方式展示这一历史故事，学生通过观看影片感受荆轲那种重义轻生、勇于牺牲的大无畏精神，视频的形式也能让学生更加直观地看出当时人物的表情、神态，感受文章塑造的人物形象。让学生更加专注地投入到阅读当中，就可以在阅读中与历史人物实现跨越时空的对话。

### 四、多开展课外阅读活动，巩固阅读教学

要想提升学生的阅读能力与技巧，只注重课堂上的训练是远远不够的，在平时生活以及课外活动中，教师应多开展阅读活动，通过举办阅读知识竞赛或者好词好句赏析等一系列阅读活动，使学生在娱乐中感受阅读的快乐与阅读的乐趣，从而提升学生的阅读能力与语文水平。中职语文阅读教学不能一味地依靠课堂，而应该注重平时的培养，使课堂学习与课外活动相得益彰，从而推出具有创新形式的教学方式。

在中职语文教学中，阅读教学能力不仅关系教学质量的好坏，更间接影响学生的语言表达能力，阅读教学在中职语文中应注重实用性、专业性，从学生的自身实际出发，帮助学生以后步入社会多积累一些语言能力。当然，在实际教学过程中，我们还有很多的不足需要去不断完善，不断发现新问题，寻找新思路，需要与学生共同成长进步，从而为社会、为教育贡献自己的微薄之力。

# 第三节　对中职语文阅读教学生活化实践的研究

阅读教学是为了培养学生的阅读能力，对于中职语文教学而言，阅读教学有更为实际的意义。因为学生在就业之后会或直接或间接地从事与阅读相关的工作，因而在中职语文教学中进行阅读教学生活化实践的研究，也就多了一份实际意义。基于这一认识，笔者开展了中职语文阅读教学生活化实践的研究，由于前人已经对这一研究取得了丰硕的结果，因此应当在常规研究内容上另辟视角。

语文阅读教学有两个基本内容，一个是课内对教材中课文的阅读，另一个是课外的拓展阅读。但当这两种阅读有了生活化的视角后，其阅读目的、阅读过程与阅读意义均有了新的变化。与一般意义上的研究有所不同，中职语文阅读教学面的是一个相对特殊的群体，中职学生的阅读基础、阅读能力都是在研究中必须特别考虑的影响因素。笔者试从课内与课外两方面出发，谈谈阅读教学生活化实践研究的一些感想。

## 一、课文阅读的生活化实践研究

课文是课程专家精选并加工后选入教材的，而专家视角往往是多元化的，在这种多元视角中提取出生活化的视角并开展实践研究，是本研究的重要着力点。根据研究可以发现，教材中课文阅读的生活化关键在于以下几方面：

### （一）生活化的情境

语文教材中的课文是有多重性质的，课程专家在编入不同单元时往往也有多重考虑。生活化研究要求结合某一篇具体的课文，进行生活化情境的创设。这种生活化不只是面向教师的生活化，更是面向学生的生活化，即最终情境的创设要与学生的生活接近，要能让学生在这种生活化的情境中有所认识。如对《阿Q正传》一文进行生活化解读，就会发现情境与学生的生活有不一致的情形，这时就必须从课文的时代背景转向鲁迅先生借阿Q形象所揭露的人的本质，而这一本质在今天有的人身上可能仍然存在，因此借由这条线索创设情境，就能有效地引领学生进入本文。

### （二）生活化的引领

对于中职语文教学而言，引领是必须的，因为学生的语文学习能力有时不足以支撑对文本的解读。而这种引领要想契合学生的内心需要，生活化视角又是不可或缺的。生活化的引领，是指在引导学生解读课文的过程中，要使用与学生生活相近的语言引导学生走向课文的主旨思想。同样，如上所举的《阿Q正传》的例子，如果纯粹使用教参上的语言，则与学生的距离较大；如果改用生活化的语言，如阿Q谈恋爱的经历说明了什么？阿Q找工作的经历又说明了什么？此处用"谈恋爱"代替了"求爱"，用"找工作"代替了"生计"，看似只是概念之差，其实却是能否与学生的认知取得一致的问题，效果也会有所不同。

### (三)生活化的表达

让学生进行生活化的表达是必要的，因为学生在生活化的情境中，在生活化的引领中生成的必然是生活化的表达。学生也只有经历了这种生活化的表达，才能拥有登华美大雅之堂的基础。很多时候我们看到的学生用词虽华美但却与场合不一致的情形，根子上都是因为学生只懂其形，不知其意，而生活化的表达可以有效解决这一问题。

中职语文教学强调生活化的情境、引领与表达，可以促使学生更为直白地表达所学与所思，又由于没有刻板的应试需要，因而更具实践的可能性。

## 二、拓展阅读的生活化实践研究

拓展阅读是中职语文教学的重要组成部分，拓展阅读一般可以分为课内阅读内容的拓展（如结合某一单元或某一课文进行的拓展延伸性阅读）和课外拓展阅读（如结合某一主题给学生指定篇目、书目或学生自由选择阅读等）。这类阅读由于具有开放性，因而生活化视角也是其中的一个重要选择。根据笔者的实践研究，拓展阅读的生活化主要体现在以下两个方面：

### (一)拓展阅读中的题材生活化

题材生活化是指拓展阅读的篇目或书目的推荐与选择，可以从与学生生活相近的内容开始。考虑到学生的专业学习，可以选择与专业相近的内容进行拓展阅读，《我的精神家园》《雅舍菁华》《爱因斯坦的宇宙》《老人的玩具》《世界机械发展史》等，都是不同专业学生可以阅读的好作品。

### (二)拓展阅读中的方式与交流生活化

阅读方式是影响阅读效果的重要因素，而阅读交流则是阅读结果呈现的一种方式。对于中职学生而言，更合适的阅读方式应当是生活化的阅读方式。笔者在实践中倡导的是同一专业一个小组的四至五位学生共读一本书，然后结合自己的理解进行交流，在交流的过程中提倡使用生活化的语言，强调结合自身的生活经验（包括与自己专业的结合）等，这样收到了比较好的效果。例如笔者引导机电专业的某组三名学生阅读《世界机械发展史》一书，他们能够自发地将书中的内容与自己所学的专业结合起来，能够使用既专业化又生活化的语言或文字进行交流与表达，这在客观上促进了他们对专业知识的理解，也促进了他们阅读水平的提高。这一努力也成为笔者向双师型教师转变的一个重要途径。

### 三、阅读教学生活化研究的反思

笔者开展阅读教学生活化研究之后，一个强烈的感觉就是以往阅读教学中强调的多种阅读视角显得缺乏活力。在开展这项研究之前，那些阅读方式都是间接经验，都是语文阅读教学的常规动作，而日常教学实施似乎都是一种程序化的行为。在开展了生活化阅读教学的研究之后，笔者才发现原来阅读教学并非如以前想象的那么简单，也不是靠几个固定的程序就能让学生完成阅读。从最本质的角度来说，阅读教学还要结合学生的实际——学生的生活！当阅读与学生的生活联系起来后，所阅读的对象就有了根基。对于阅读教学，人们常说"一千个读者就有一千个哈姆雷特"，为什么是一千个哈姆雷特而不是一个呢？正是因为每一个阅读个体都有与众不同的生活经历，因而在面对同一文本时才会有不同的阅读感受。

从这个角度来看，阅读教学生活化的努力方向在于面向学生个体的生活化，一旦达到这种境界，中职学生就会建立相当的阅读自信，也会为他们的专业学习与未来的发展奠定坚实的人文基础。

# 第四节 浅议中职语文阅读教学拓展的有效性

阅读教学是中职语文教学的重要组成内容之一，在激发学生的学习主动性及提高教学质量方面具有十分重要的促进作用。现阶段，新课标下的阅读教学受到广大教师的关注和重视，因此采取何种途径实现拓展的有效性一直是中职语文教师努力的方向。具体而言，拓展指的是教师充分发挥自身的主导作用，将课内知识延伸至课外知识学习，最终目的是培养学生的创新能力和发散性思维，为进一步提升教学质量创造良好的条件。以下对阅读教学中的拓展实践进行全面探讨，并给出几点有效性策略，以期能对中职语文教师有所帮助。

## 一、文本延伸，激发学习主动性

以往"灌输式"教学模式通常以教师讲解为主，因此在阅读教学中对文章进行肢解阅读，以及对一些句子或词语进行琐碎分析，这不仅会使学生缺乏品味语言及领悟文字魅力的能力，久而久之还会影响学生的阅读兴趣，极不利于学生学习能力的提升。也就是说，在语文阅读教学中，文中人物、写作背景等重点讲解内容没有在课堂上得到很好的体现，一般直接讲解文章情节，继而造成上述现象。鉴于此，为更好地培养学生对语文知识的学习兴趣，加强阅读教学拓展很有必要，也十分重要。

例如，在《荷塘月色》这一阅读教学中，教师需要首先明确拓展目的，在此基础上展开拓展设计，使学生阅读文本时与作者产生共鸣，更好地体验文字的魅力。《荷塘月色》是一篇写景散文，作者通过比喻、拟人等修辞手法完美表现了荷花的妍媚多姿，使阅读者犹如身临其境。同时，叠词、短句等混合使用，抒发了作者内心淡淡的哀愁，运用情景交融的手法体现了作者渴望自由的情感。所以，在阅读文本时，有的学生被作者笔下的荷塘月色深深吸引，有的学生则会探究寓情于景、形神兼备等形式的写作魅力。针对这一情况，教师在拓展设计时可以结合文章中的某一片段要求学生完成场景描写，也就是进行仿照练笔。场景可以自由选择，如校园运动场、街道，但必须由学生单独创作。此外，在课堂上分享每一位学生的拓展写作，如此一来让学生感受阅读的乐趣，从而使学生积极参与课堂教学。通过对阅读教学进行拓展，首先可以彰显学生的写作艺术，体现阅读教学的价值，又可以培养学生对语言组织的能力，为学生创造愉悦的学习环境，从而全面激发学生的学习主动性，有效提升课堂教学质量。

## 二．积极引导，重视课堂延伸

随着新课程教育的不断深入，越来越多的教师意识到阅读教学拓展的重要性及意义，并且在教学策略上也进行了改进和创新。然而，因受传统教学模式的影响，一些教师在设计阅读教案时过于艺术化，没有考虑真实课堂教学的差异性。在这种情况下，设计的阅读教案无法得到真正体现，继而减少了学生的课堂参与度，限制了学生的思维发散。因此，在阅读教学中，如何引导学生"真正阅读"，以及更好地体验阅读的乐趣，则需要教师做好充足的课前准备，缩小现实与想象之间的差距。

例如，在《念奴娇·赤壁怀古》这一阅读教学中，为了加深学生对古诗词的理解，教师可根据宋词的特点讲解豪放派与婉约派之间的区别，使学生掌握不同流派的表现特点。豪放派作品更多体现的是气势豪放，寄托词人的豪情壮志，主要以苏轼、辛弃疾为主。而婉约派作品更多表现为感情婉转缠绵，可寄托词人的离别愁绪，主要以李清照、柳永为主。此外，在拓展延伸中还可利用多媒体播放《赤壁》这一电影，让学生阅读之后将文本中人物划分明确，在观看电影后一一联系，比如通过电影让学生认识周瑜英姿飒爽、风流俊雅的英雄形象，以及引导学生在以后的诗词学习中掌握人物分析的技巧。同时，借助电影引导学生分析词句间的表达含义，如"羽扇纶巾"一词，表现了周瑜的儒将风度，"谈笑间，樯橹灰飞烟灭"表现了周瑜蔑视强敌的气概。在这样的教学效果下，一方面可以培养学生的诗词鉴赏能力，增强学生对古诗词的理解能力，另一方面则能教会学生利用多种途径分析人物特点，从而丰富课堂教学形式，全面实现阅读教学拓展的有效性。

### 三、突出主体地位，促进学生发展

教师是课堂的主导力量，在提高学生学习能力方面具有极高的引导作用，所以重视教师在课堂上的作用十分关键。然而，在中职语文阅读教学中，由于各种因素的影响，教师主导地位过于突出，使学生的课堂参与度逐渐降低，这会影响学生的能力发挥，极不利于实现"以教师为主导，以学生为主体"的教学思想。拓展即对知识的开拓和延伸，主要目的是提升学生的综合能力，使学生从中得益并良好发展。因此，对阅读教学进行拓展设计时，必须注意两点：一是综合考虑学生的实际能力，二是在第一点的基础上设计一些能够对学生今后学习产生积极影响的内容，提升其学习能力。

例如，在《虞美人》这一阅读教学中，教学目标包括提高学生的审美情趣、培养学生的鉴赏能力以及领会词的思想内容和其中意境。教师先让学生通篇阅读，然后让学生根据课文释义、文本内容，了解李煜写作的背景及流露的感情，并将词中难以理解或者觉得优美的词和句子用笔画出来，以便在课堂上进行学习和讨论，由此突出学生的主体地位。《虞美人》是南唐词人李煜所作，其作品大部分烙上了个人生活及情感方面的印记，所以让学生了解李煜生平更有助于理解词的内容。同时，在拓展设计时可以引入李煜的《相见欢》展开延伸阅读，使学生学会采用何种基调进行阅读。此外，为进一步实现拓展有效性，还可借助多媒体播放邓丽君的《几多愁》，使学生在邓丽君轻柔、悠远、细腻的声音中感受词的意境，掌握词人悲恨相续的心理活动。《虞美人》可以说是李煜的绝命词，若想增进学生对词人的情感共鸣还需一些努力。因此，在阅读拓展时可以适当调整拓展要求，比如让学生根据《相见欢》《虞美人》的情感基调仔细分析语言、艺术手法等内容，同时要求学生抓住音乐搭配中的某一要素，通过自己的总结进行概括。在这样的教学效果下，不但能引导学生主动发现美，使其获得认知体验，还能发展学生的创造性思维，解决部分学生

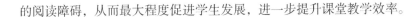

的阅读障碍，从而最大程度促进学生发展，进一步提升课堂教学效率。

### 四、紧扣阅读教学，培养综合能力

在中职语文阅读教学中，以提升学生阅读能力为契机进行有效拓展，能够激发学生的潜能，增强学生的学习能力，因而如何使拓展贯穿于阅读教学中不仅是一门技术，同时也是一种课堂艺术。针对这一现象，自然而然地对教师提出了更高的教学要求。就目前而言，一些教师虽然在阅读教学中改进了以教师为中心的教学方式，但在多种因素的影响下仍然出现盲目拓展这一不良现象，如此一来不但无法体现拓展的有效性，还会影响学生的阅读兴趣，甚至还会造成阅读障碍，极不利于学习质量的提高。因此，紧扣阅读教学开展拓展具有十分重要的意义。

例如，在《我的母亲》这一阅读教学中，教师先让学生整体感知全文，并根据胡适先生的写作背景归纳母亲的特点。同时，拓展设计时要求学生找出关于母亲的作品、诗词，如孟郊的《游子吟》、朱德的《回忆我的母亲》。此外，还可通过拓展阅读进行课堂延伸，比如与老舍先生《我的母亲》进行比较阅读。胡适笔下的母亲是一个命运多舛、教子有方的慈母，具有中国传统女性的高尚品德，表达了作者对母亲的敬畏之情；老舍先生则通过记叙形式描述了一个平凡而伟大的母亲形象，表达了作者对母亲的感激及愧疚之情。两篇文章既有共同点，也有不同点，利用拓展阅读的方法可以加深学生对本节文章的学习印象，同时还能使学生品味语句中所包含的感情，增强学生的情感体验。在这样的教学效果下，不仅能激发学生对语文阅读的积极性和主动性，使学生热爱阅读，还能帮助学生掌握阅读技巧，从多方面、多角度提升阅读能力，从而在此基础上充分发挥自己的能力，全面提高学习能力。

总而言之，在中职语文阅读教学中，积极、有效的拓展具有十分重要的教学作用。因此，新课标下的阅读教学拓展需要教师做到以下几点：一是因材施教，即以教材内容为基础进行拓展，有助于确保拓展的有效性；二是以学生的学习情况及实际能力为基础进行拓展。同时，有效的拓展还要求教师转变教学观念，不断改进和创新教学方法，还应围绕阅读教学完成课堂拓展。只有这样，才能更好地彰显阅读价值，从而激发学生的学习兴趣，进一步提高教学质量。

# 第八章　高中语文写作概述

# 第一节　高中语文作文教学瓶颈及优化手段

中国很早就提倡并推崇素质教育，但是由于传统教育的根深蒂固，所以一时间对学生造成了很大的升学压力。据不完全统计，写作水平在升学压力中尤为突出，带给他们无形的压力和阻碍。学生在学习中不注重写作，可这一硬性指标却时时刻刻衡量着其综合能力。因此，如何帮助学生快速有效合理的提高写作能力是我今天将为大家阐述的主要话题。

## 一、高中语文作文教学瓶颈分析

### (一)作文很大程度上存在模仿、抄袭现象

一篇优秀作文需要巧妙和独到的构思，这一构思需要花费大量的时间搜集材料，因此学生在书写作文时常常抱怨没有思路没有故事。所以，提起作文时，学生是百般抗拒，尽管有很多优秀作文初衷旨在培养学生的好胜心，为后续创造更切题更有新意的好文章做前提准备，然而在借阅和模仿优秀作文时，学生往往会死教条按照一种书写方式和一种写作模板生搬硬套，这就是近年来写作普遍存在的模仿抄袭现象为什么屡禁不止的原因之一。针对这一现象，教师应在实际教学中找出每种作文题材的立意，列出大致结构框架，让学生多浏览时事和有深意的故事，从而丰富写作材料。

### (二)在作文中重复问题出现次数频繁

主题跑偏、立意不明确、错别字等现象一直是让评判作文的老师最为头疼的。尽管在现实教学中，教师常常会把这些问题向学生表明告诉其不要这样做，以规范劝阻学生在以后书写要避免这样的行为，但是结果显而易见总是不那么尽人意，也许在课堂中学生认真倾听老师的教诲，这种行为一定杜绝，可随时间流逝加之学生没有深刻的反思与练习，便导致错误总是重蹈覆辙。

（三）学生理解能力不达标，师生沟通不密切

一篇作文不一定有华丽的辞藻和优美动听的语言。有时候，一篇平凡朴实但却包含真实情感的文章往往更能打动人心，很多学生不明白我这样说的道理，认为优秀文章都是辞藻的拼凑和堆砌，于是便在教师布置的一篇习以为常的作文中加入大量难度过高，过于烦琐的词语。认为这样就可以入得老师法眼，是老师喜欢中意的"好作文"，殊不知不符合写作的规矩，反倒成了一篇让别人看不懂、领会不了的文字砖头。

## 二、优化高中语文作文的可行性策略

高中语文作文教学不是一个一蹴而就的过程，需要消耗时间和精力去慢慢细心打磨，一点点让语句通顺、让文章生动可人，更需要师生间坚持不懈的配合。毕竟学生在对作文的理解和叙述还没有那么炉火纯青，也没有登峰造极，处于一个慢慢上升的阶段，在加之教师没有与学生合理沟通，单纯的根据个人经验教育学生，导致高中语文写作教学在更改和进步的过程中举步维艰。笔者根据多年实际教学经验提出以下优化策略：

（一）增加任务型指令，加强作文的实用性

如今流行的任务驱动型作文，通过增加任务型指令，使学生在情境中提高对作文写作的兴趣，针对具体的任务进行创作，更能加强作文在应用层面上的作用。笔者在一次作文课上，提出让学生理解正义的含义，并针对最近热播的《人民的名义》中丁义珍、李达康的官场作为进行分析，探问学生如何看待二者的行为，并对正义做出理解。学生们不但很感兴趣，纷纷书写自己的观点，而且深刻地理解了正义的含义，对学生有一定的正面引导作用。

（二）强调主体的重要作用

学生需要提高被重视程度，特别是在每一个教学活动中和每一个教学过程中，教师都应强调学生的主体地位，之所以抵制传统应试教育，是因为传统应试教育存在很大的弊端——忽略学生的主体地位，忽视了学生的关键性作用，单纯的听从教师指导，而没有重视学生学习过程中内心的声音，这确实太不符合新课改中新制定的教学目标。更何况当今学生在写作中常常犯的错误即立意跑偏、材料老套、故事重复、不新颖等多种问题，很大程度上都是因为没有尊重和重视学生主体地位，发挥学生主体地位实际上就是应适当忽视教师自身的作用。比如说，作为一名普通的

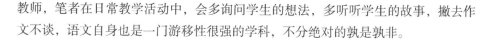

教师，笔者在日常教学活动中，会多询问学生的想法，多听听学生的故事，撇去作文不谈，语文自身也是一门游移性很强的学科，不分绝对的孰是孰非。

（三）合理的为作文命题

可以将命题作文的范围适当缩小，但是在无形中也会限制学生的发散性思维。因此，教师在命题时应考虑该命题能否激发学生写作兴趣，是否贴近学生的生活，是否符合学生的写作水平。所以，在主题制定上可以考虑让学生对当今社会流行的时下热点进行讨论，并将各抒己见的观点用作文的形式记录下来，这样既让学生关心时事，又可以让学生发散思维，使作文不再千篇一律，反而各有特色。有次摸底考试，我在布置作文题目时，正逢公务员考试，针对报名人数愈来愈多这一大众普遍关注的现象，我制定了如下主题"请分析大学生今后就业趋势"，不仅让学生有紧迫感，更能用自己创造性的言语进行写作。

综上所述，在语文写作教学中，教师要树立合理的目标并坚定地向目标努力，强调学生在学习中的主体地位，在授课过程中学会多探索学生的内心世界，多倾听学生的内心声音。此外，还要规划合理的写作命题，让学生愿意写作，喜爱写作，在各抒己见的同时敢于表达自己的观点，紧跟时代步伐。作文教学的前景将更美好，更有突破性。

# 第二节　高中语文教学中阅读在写作中的重要性

阅读和写作不仅互为高中语文学习中最重要的两项内容，同时它们也存在着相互促进、相互影响的密切关系。学生在掌握了一定的阅读量之后便会自觉地形成一定的语言感觉，这种语言感觉可以更好地提升学生的语言表达和理解能力，使学生在写作过程中能够正确地组织语言。除此之外，一定的阅读积累还为学生提供了论据保证，使学生在写作过程中能够充分借助阅读材料中的论据或者是美言佳句丰富文章的情感和内容，以此使创作的文章更能吸引批卷教师的眼球。

## 一、阅读教学要寻找恰当的切入点

在高中语文学习的过程中，学生会相应地接触许多不同类型的阅读材料，不同的阅读材料对学生的影响也是不同的。如阅读文言文可以强化学生的传统文化底蕴，阅读诗歌可以提升学生的艺术情操，阅读小说可以拓展学生的学习知识面，所以不管阅读什么题材的文章，都可以在一定程度上提升学生各方面的学习能力，对学生的发展起到相应的作用。但是在语文学习的过程中，学生学习的文章不计其数，尤其到了高中阶段学生积累的学习量非常大，但是却没能真正地成为他们写作过程中的铺垫，学生不会将所学的知识合理地运用到写作中，探究其中最主要的原因便是学生没有真正找到阅读与写作结合的切入点。例如在阅读《邹忌讽齐王纳谏》这篇文章时，通过分析其中的内容可以得出本篇文章主要叙述的是邹忌发现妻子、朋友以及有求于我的人等群体对自己的态度都是不同的，从而悟出"忠言逆耳"的道理，所以他赶紧向齐王说明这个道理，而齐王也因为听取了他的建议而将纳谏发展成为齐国的一大特色。学习完这篇文章之后，学生也了解了文章的内容，但仅仅只是了解文章内容而已。要想提高阅读和写作的衔接关系，引导学生在阅读的过程中提升写作能力，那么教师就要在了解文章内容的基础上给学生布置一篇随堂作文题目，即根据《邹忌讽齐王纳谏》这篇文章的大意写一篇作文，学生在文章内容分析的过程中便能正确地找出文章的立意，从而写出一篇立意准确、内容清晰且富含真情实感的作文。

## 二、阅读教学要注意培养学生的联想和想象能力

写作指的是学生根据写作题目的要求联系生活展开联想和想象的一种文字表达行为方式，许多学生的写作总是拿不到高分最主要的原因是他们所写的作文内容并未能真正地吸引批卷教师。在高中写作学习的过程中，许多学生都喜欢抄袭作文书中的内容或者是运用一些十分常见的写作论据，从而导致他们创作的作文缺乏新意。所以要想真正地提高学生文章内容的新颖度，教师一定要在阅读写作教学过程中培养学生的联想和想象能力，引导他们在生活中对一些普通的事物进行想象，以此不断发散他们的逻辑思维，使之能够在写作的过程中大胆地进行创作和想象，以此借助新颖和有趣的作文内容吸引批卷教师。例如在学习阅读文章《装在套子里的人》的内容时，文章主要运用比喻和夸张的手法将思想落后、胆小懦弱的主人公比喻成一个装在套子里的人，进而展开描写的一篇文章。这篇文章最吸引人便是作者运用的比喻和夸张手法，教师可以引导学生模仿这篇课文的写作风格写一篇类似的作文，这样便可以实现阅读学习的实效性，让学生在掌握阅读学习之后能够迅速地将学习内容应用到写作的过程中，从而实现阅读和写作的有效衔接。

## 三、注意平日练笔

阅读和写作的过程都不是一蹴而就的，要想真正地提升学生的阅读和写作能力，教师就一定要引导学生做好阅读和写作积累学习，让学生在阅读学习的过程中

养成摘抄和记录的良好习惯。俗话说，好记性不如烂笔头，所以在平时阅读训练的过程中，教师应该给学生布置摘录作业，让学生在阅读文章的时候将自己喜欢的句子或者是故事情节记录下来，可以作为下次写作时的参考材料，这种监督的摘录方式更能提高学生的摘录积极性，使之养成一种良好的摘录习惯。许多优秀作家的文笔都是在写作的过程中磨炼出来的，所以在写作训练的过程中，教师也要注重对学生的练笔训练，即教师可以根据教学内容的需要，或者是生活中发生的一些热点实事给学生布置随笔素材。如今天是五四青年节，教师可以让学生写一篇关于五四情怀的随笔文章，或者是妈妈过生日时，让学生写一篇文章表述自己对母亲的情感，等等。这种写作随笔训练方式相对来说更具灵活性和趣味性，使学生每天都能得到相应的写作训练，为提高学生的写作能力打下良好的基础。

综上所述，阅读和写作是学生在高中语文学习阶段必须掌握的两大学习内容，为了提高学生的语文综合学习成绩，教师必须从多个角度优化阅读和写作教学，使学生在阅读的过程中找到更多的写作技巧，由此充分借助阅读情境提升学生的文章质量和写作水平。

# 第三节　高中语文写作教学研究

受应试教育观念的影响，很多语文教师为了提高学生的写作成绩，在写作教学上常常采取一些急功近利的方法，因而导致学生在写作上产生了很多问题，这对学生日后写作水平的进步与提高有一定的阻碍作用。因此，高中语文教师应该进行认真的思考和及时的反思，寻求和探索相应的应对策略，使学生爱写作文、会写作文，从而促使作文教学的整体质量获得大幅度提高。

下面，笔者就结合自身教学实践经验，对高中语文写作教学提供一些可行性思路。

## 一、激发学生的写作兴趣，让学生想写作

纵观如今的高中语文写作教学，呈现的局面是教师怕教、学生怕写，一提作文，学生就心生恐惧，具有严重的心理障碍。试想，学生连写作的兴趣都没有，又何谈写出富有真情实感、文质优美的文章呢？因此，对于高中语文写作教学，我们的首要任务就是运用行之有效的策略激发学生的写作兴趣，让学生想写作，使学生在最佳竞技状态中获得成功。经过多年的教学实践与研究，笔者认为，要想使学生

对作文产生创作兴趣，可遵循以下教学原则：

（一）与学生的实际生活相联系，使作文因生活而美丽

如今学生写出来的大多数作文都是文笔生涩、内容空洞、言不及义，产生这种问题的根本原因就是学生在写作时脱离了文章的源泉，即脱离了生活。《普通高中语文课程标准》中明确指出："学会多角度地观察生活，丰富生活经历和情感经验，对自然、社会和人生有自己的感受和思考，多方面地积累和运用写作素材。"因此，高中语文教师不应只把学生局限于封闭式的、单一的读书学习上，而要想方设法创设各种条件，使学生尽可能多地参与各种活动，让学生融入生活、走进生活，除此之外，我们要让学生懂得作文不是简单地应付老师所布置的作业，而是为兴趣而写、为真情而写、为自己所经历的酸甜苦辣和所表现的喜怒哀乐而写，以此消除学生对写作的恐惧感。我们要让学生有感而发，提倡自主拟题，多写自由作文。当学生的生活丰富多彩了，将其与写作教学联系起来，就能有效激发学生的写作兴趣，写出来的作文也会因为五彩斑斓的生活而变得美丽。

（二）为学生提供"用"作文的机会，使学生感受创作的成功感

如今的写作教学，只有极少数学生的作文会被老师当作范本，在课堂上进行当众阅读和传阅，大部分学生的作文在被老师评改后成了"无用"的东西，被学生随意丢弃，久而久之，便使学生逐渐丧失了创作的动机和兴趣。因此，高中语文教师应该运用各种切实可行的措施给学生提供"用"作文的机会，让学生明白，写作并非只是简单地应付老师，而是有实际作用的，从而使学生有动力和兴趣去创作。比如，我们可以对班里学生进行分组，要求每组编排一份黑板报或者手抄报，内容为本组成员自己所写的作文、日记和读书笔记等，使每个人的写作内容都有机会进行展示和呈现。又比如，在每天的早读课或者语文课的开始前几分钟，我们可以随意抽取几名学生，让他们把自己觉得写得比较好的文章或者文章段落在班里念给同学听，大家进行互相赏评等。这样，学生的"写"便达到了"用"的目的，使每位学生都感受到写作带来的成功感和愉悦感，进而在日后的写作过程中，产生浓厚的创作兴趣与热情。

## 二、帮助学生积累写作素材与语言，让学生有话可写

很多高中生写出来的作文言之无物、内容空洞，导致这种后果产生的原因便是学生缺乏写作的素材和语言。因此，高中语文教师应该运用各种有效措施，帮助学生积累写作的素材和语言，使学生有话可说、有话可写，这样才能使学生写出来的

作文内容饱满、富有真情实感。

我国著名教育家叶圣陶先生曾说："写作材料的来源普遍于整个生活里，整个生活时时都在那里向上发展，写作材料自会留出来，而且常是澄清的。"细细体会这句话，我们便能明白这句话所阐释的道理，即要想写好作文，必须与生活实际紧密联系，在五彩斑斓、丰富多彩的生活里中寻找和积累习作素材。比如，我们可以要求学生在空闲时间、在家乡的环境中去体验各种生活，如欣赏田野风光、观看民俗表演、参观工厂生产、倾听古老传说等，也可提醒他们多体会父母、长辈之爱，多亲近弱小生灵。这样才能使学生写作文时有话可写，并且具有真情实感。

学生的写作素材与语言，除了来自生活的各种体验，还可通过阅读课外书籍的间接吸收知识的方式获得。因此，高中语文教师应对学生的课外阅读活动进行正确、有效的指导。比如，我们可定期组织学生到学校图书馆、阅览室借阅优秀的课外书籍，也可向学生推荐一些适合他们阅读、可丰富他们写作素材的书目。在学生进行阅读时，我们要指导他们做好读书笔记，可写一些读书随笔和读书心得，遇到优美的语句段落，要及时摘抄和记录。这样学生在写作文时，就有了可借鉴的范例，有了写作的素材和语言的积累，就不会忘题生叹，而是文思泉涌、妙笔生花。

### 三、重视写作评改环节，让学生愿意写

作文评改即教师对学生的作文做出最终评判和裁决，这是作文的最后一道工序。然而，很多语文教师常常忽视这一环节，通常只用几句简单的话语对学生的作文做出评价，或者只是随便给出一个分数，这样做会严重挫伤学生的写作积极性使他们以后变得不愿意写作文，把作文只当作一份差事来应付。我们必须重视写作评改这一环节，并依据学生心理特点选择恰当、合理的评改方式，让学生觉得有一种无形的力量在吸引着他们进行写作，从而使学生乐于接受各种写作训练，变得愿意、乐于写作文。

很多语文教师在给学生的作文写评语时，常常会写一些令学生心声反感和畏惧的词语，如结构混乱、文理不通、漫无中心等，这只会让学生变得越来越不爱写作文。因此，作文评语应是温和、商量的口吻，要诚恳、热情，这样既能使学生容易接受，而且能激发学生的写作动力。此外，学生写出来的作文是学生的劳动创作成果，教师必须以严肃、认真的态度对待每位学生所写的作文，要合理地表扬、谨慎地批评，正确处理好二者之间的关系。如对待文笔较好的学生，我们不要尽是溢美之词，否则会助长学生的自满情绪；对于文笔较差的学生，也不要全是挑剔、批评的词语，否则会使学生产生自卑心理。我们的作文评改要能启发学生的思维，让学生对自己作文创作中的优缺点有明确的认识，并指出改正缺点的有效方法，使每个

学生都有所收获，树立写好作文的自信心，从而使他们以后变得愿意写作文、爱写作文。

总之，现代化高中语文教师必须大胆创新教学方法，设计新颖、灵活的写作教学策略，让学生充分发挥自身的主观能动性，用笔去尽情地描述眼中的世界，进而在高考考场上写作时笔下生花、文采飞扬。

# 第四节　高中语文写作素材的积累

目前，高中语文写作教学成为人们广泛关注的话题，高中语文教师不仅要提升学生的语文素质，还要重视学生写作素材的积累，使其更好地根据写作要求进行写作，成为各个高校需要的语文专业人才，为其日后的发展奠定良好基础。

## 一、语文写作教学素材积累的重要性

### (一) 重要性分析

在高中语文写作教学过程中，教师应该重视学生写作素材的积累，这主要是因为写作素材积累是学生学习写作知识的前提，学生以写作素材为基础完成写作任务，不仅有利于学生语文素质的提升，还对其高考成绩的提升具有积极的促进作用。在高中语文写作教学过程中，素材积累的重要性是显而易见的，教师可以通过素材的积累培养学生的学习习惯，激发学生的学习兴趣，使学生在写作过程中提升自身阅读效率，养成良好的审美习惯，不仅提升了学生的语文素质，还为其综合素质的发展奠定了良好基础。学生在日常生活中积累写作素材，有利于学生观察能力的提升，使学生在搜集素材的过程中提高对生活的热爱，教师将写作教学与实际生活联系在一起，不仅能提高学生的写作水平，还能丰富学生的词汇量，语言总结与表达能力得以更好地提升，为其发展奠定良好基础。

### (二) 必要性分析

在高中语文教学过程中，写作素材的积累是较为必要的，教师可以应用写作素材展现语文知识的复杂性特点，将零碎的知识整理到一起，并且写作素材是作者通过自身生活经验整合的知识，虽然高中语文写作不能按照素材进行原样的抄写，但是素材的积累能够使学生想象力更加丰富。同时，学生应用写作素材进行写作可以激发学生的学习兴趣，利用课余时间学习语文写作知识，学生在搜集生活素材的过程中可以养成良好的生活习惯，主要是因为学生搜集素材时，能在不知不觉中提高自身鉴赏能力，更好地参与写作过程，在写作素材积累的过程中，提升自身欣赏能力，教师的引导可以有效激发学生的积累兴趣，正确搜集相关信息，避免因为积累方式不正确而浪费时间。

## 二、高中语文写作素材积累策略

### （一）重视教材的应用

在高中写作教学过程中，写作素材的积累是较为重要的环节，可以有效提升学生的写作效率，为其发展奠定良好基础。在此过程中，教师应该以教材教学为基础，执行相关工作。高中语文课本中有较多的课文知识，教师可以利用作文写作素材积累特点，对语文课本进行合理的应用。例如高中语文教师在讲解《致大海》一课时，可以要求学生对课文内容进行分析，对作者的写作思想与写作形式进行了解，在阅读课文的过程中，更好地积累文章中的素材，利用课文中较好的形容词进行写作，在保证提升学生写作素养的基础上，增强学生的语文写作素质，使其向着更好的方向发展。

### （二）重视阅读环节

在高中写作教学过程中，教师要想更好地提升学生积累素材的能力，就要重视学生的阅读环节，在重视学生写作素材搜集效率的基础上，提高学生的阅读能力，使其在阅读过程中更好地记忆写作知识。例如教师在课堂教学过程中，要求学生阅读课外书籍，在学生阅读过程中，要求学生根据教师规定的阅读时间将某一文章读完，引导学生阅读有意义的书籍，不可以观看与作文写作无关的书籍。同时，教师要设计课堂阅读主题，使学生根据一个主题阅读课外书籍，教师要对学生的积累进行检查，评价学生的阅读总结方式，使学生能够更加合理地执行阅读任务。此外，教师可以利用多媒体教学设备引导学生积累写作素材，使学生能够在观看影片的过程中更好地搜集外在信息，激发学生的学习兴趣，使语文素质的发展得到更好地提升。

### （三）重视学生的记忆与练习

在高中语文写作教学过程中，教师要想提升学生写作素材的积累效率，就要重视学生的记忆与练习环节，采取有效方法创新自身教学策略，在一定程度上提高学生的写作水平。例如教师在写作课堂教学中，要求学生对自己所积累的素材进行记忆，并且将素材中较好的句子或段落单独记在一个本子上，使其可以更好地对素材进行记忆。同时，要求学生对积累的素材进行应用，在学生应用过程中，教师要对其进行引导，使学生能够更好地根据写作要求应用写作素材，为其发展奠定良好基础。

在高中语文写作教学过程中，学生对写作素材的积累是较为重要的，教师应该根据学生的写作情况指导学生更好地积累素材，阅读有用的课外知识，使学生的写作能力得到更好地提升。同时，教师可以利用写作素材的积累提升学生的写作素质，要求学生更好地记忆写作素材，合理应用素材，在保证学生写作能力提升的基础上，提高自身高考应对能力。

# 第五节　高中语文以读促写教学研究

以读促写即引导学生在课内、课外的阅读中，有意识、有针对性地积累词汇、素材，从而使学生拓展思路，拓宽视野，提高学生谋篇布局、词汇运用的写作能力。新课改明确指出，提高高中生的语文写作能力，丰富学生的语文内涵，深化学生的情感体验是高中阶段语文教学的重要内容。

## 一、高中语文以读促写的教育现状

以读促写在高中语文的具体应用中，由于教师对教材内容的把握不到位，及教师阅读教学与写作教学的不衔接、不连贯等很容易导致教学效率低下，不利于高中生语文写作能力的提高。具体表现如下：

教材内容讲解不够精细。以人教版高中语文为例，在这一版本的教材中，有很多优秀的大家之作及具有民族特色的古诗文化，然而在具体的备课过程中，教师很容易停留在教材的表面知识，而忽略了对知识内涵的精讲、细磨。以朱自清《荷塘月色》教学为例，这篇课文构思巧妙、用词精美、修辞灵活，具有很高教学价值，但在实际的阅读教学中，大多数教师都把阅读重点放在对通感、拟人等修辞描绘的意境的体会中，而忽略了对作者内心情感变化的精讲、细究。这是一篇典型的抒情散文，作者借助荷塘月色之美净化自己内心的忧愁，但是在文章的最后，"这样想着，猛一抬头，不觉已是自己的门前；轻轻地推门进去，什么声息也没有，妻已睡熟好久了"，作者还是从美妙的荷塘世界中回归到实际生活。这其中蕴藏着深厚的文化背景及精神力量，在教学中，通过教师对作者感情变化过程的精讲、细磨，有助于深化学生对文章情感的体验，有效提高学生的阅读感知能力，从而为写作教学奠定良好的基础。

阅读教学与写作教学不衔接。在人教版高中语文教材中，后面的写作教学都与前面的教材内容有直观的联系。以必修3的教材为例，教材最后表达交流中"善待生命""多思善想""学会宽容"等主题，与第四单元《动物游戏之谜》《一名物理学家的教育历程》等文章都有很深的联系。但是，在具体的阅读教学、作文教学中，教师很容易忽略这一联系，导致阅读教学与写作教学的孤立、不连贯，从而使教学效果大打折扣。

此外，由于教师缺乏对学生"以读促写"意识的引导，在当前的课外阅读中，很多学生都倾向于对阅读文章进行略读，不追求对文章内容的细致了解，如积累词汇、分析修辞、整理布局结构等。学生很难将阅读内容与作文写作联系起来，这不利于提高学生在课外阅读中搜集信息、整理信息的阅读能力。

## 二、高中语文以读促写的具体应用策略

结合以上的教学现状，本文将从以下四个方面提出针对性的教学建议：

### (一)精读教学内容，提高学生的语文写作能力

教材教学是高中生获得语言知识和提高语文写作能力的主要途径。因此，在课堂教学中，教师要基于学生的实际语文水平细究教材，引导学生深入分析教材内容，从而提高学生的语文写作能力。

以《兰亭集序》教学为例，这篇古文具有很高的文学价值，句法上骈散并行，语言简洁雅静、铿锵有致，表达了热爱自然、眷恋人生的思想。因此，在教学中，教师要引导学生精读文章，细致体会作者的用词、造句，感受文章所呈现的人文情怀。以词、句精读教学为例，文中在描绘兰亭之会的美景时，用"崇山峻岭，茂森修竹""清流激湍，映带左右"短短的16个字生动描绘了兰亭山、水之貌，渲染了清幽、静谧的环境氛围，令人心旷神怡。在具体的教学中，教师在讲解词语的基础上，引导学生借助这种写作方式进行改写，从而锻炼学生的词汇运用功能。如，有的学生就可以写出"高山流水，船舸竞游""青山绿树、郁郁葱葱"等，从而借助精读、改写提高学生的语文写作能力。在具体实践中，学生很难在短时间内想出合适的词句，教师要善于通过图片展示或者景象描绘打开学生的想象空间，引导学生进行改写、借用。

除此之外，在现代文大篇幅的阅读教学中，教师要善于对文章进行取舍，通

过重点段落、词汇的精读提高学生的语文写作能力。以《记念刘和珍君》教学为例，在全文中，作者反复表达"我也早觉得有写一点东西的必要了""可是我实在无话可说""我也早觉得有写一点东西的必要了""我正有写一点东西的必要了""我还有什么话可说呢？""我还有要说的话""呜呼，我说不出话"，而这些句子之间的层层递进强有力地抒发了鲁迅先生对刘和珍君事件的无限悲哀与愤慨。在阅读教学中，教师要引导学生对这些句子进行精读、探究，从而深化学生对教材的理解，促进学生语文表达能力的发展。

(二) 研究教材结构，促进学生的谋篇布局能力

在语文写作中，不同的体裁有不同的写作思路，同一体裁中不同的布局结构有不同的表达重点。因此，教师要善于引导学生对教材的结构进行分析，从而使学生在仿写中提高自己的谋篇布局能力。

以必修1《记梁任公先生的一次演讲》教学为例，结合教学内容特点，在课堂阅读教学中，教师可以通过讲解教材，帮助学生理清文章从整体到局部的写作思路，感受作者借助叙事表现人物及夹叙夹议的写作手法，从而提高学生在作文写作中的谋篇布局能力。如在文章中，作者借助以下写作顺序生动描写了梁任公先生的"智""美""德"，即借助"显宦""叱咤风云人物"的演讲效果进行侧面烘托；正面描写先生的外貌、风采，在演讲中的语言特点，幽默风趣、博古通今；最后点明先生作为学者的主要特点。在具体的阅读教学中，教师可以采取以任务型阅读为主的教学方式，引导学生感悟作者的整体与局部写作思路，如作者是如何全方位描写梁任公先生的？运用了哪些手法？等等，从而深化学生对文章的理解，促进学生谋篇布局能力的提升。

此外，在作文教学中，教师要善于引导学生联系阅读内容，通过仿写提高谋篇布局能力。如在必修1的表达交流中有两个写作要求，即"园丁赞歌记叙要选好角度""人性光辉写人要凸显个性"，在具体的写作教学中，教师可以借助《记梁任公先生的一次演讲》的整体构思及局部描写进行作文教学引导，从而实现"以读促写"，通过仿写提高学生语文写作的谋篇布局能力。如有的学生在回忆姥姥时，就会借助《记梁任公先生的一次演讲》中对梁任公先生的介绍思路展开写作，从侧面烘托"姥姥"的生活智慧、借助姥姥外貌的描写及待人接物的细节展示"姥姥"的美德，最后点名作为中国传统农村妇女"姥姥"身上所代表的主要时代特点。

(三) 拓展课外阅读，丰富学生的文学知识

人教版的每一册高中语文教材的目录后面都有两篇名著导读，教师可以借助这

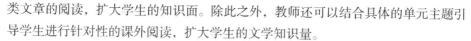

类文章的阅读，扩大学生的知识面。除此之外，教师还可以结合具体的单元主题引导学生进行针对性的课外阅读，扩大学生的文学知识量。

如在徐志摩《再别康桥》的教学中，教师可以推荐学生阅读徐志摩的其他作品，深化学生对这类诗歌题材的理解，提高学生的诗歌欣赏能力，从而为写作练习做好文学沉淀，如《雪花的快乐》《惨诗》《为要寻一个明星》等。

此外，在课外阅读中，教师要善于引导学生对课外内容进行自主思考，在丰富学生文学知识的同时，培养学生"以读促写"的学习意识。例如在史铁生《我与地坛》的课外阅读中，教师可以设置阅读任务，"作者是借助什么描写来抒发对母亲的思念之情？""作者在文中是怎样呈现母亲'小心翼翼'？有哪些细节描写""动词的运用表达了作者怎样的情感"等，借助"任务"深化学生对阅读文本的理解，丰富学生的文学知识，从而再引导学生将所学知识与写作相联系，"如果让你叙述一件表现亲情的事，你会从什么角度展开描写？"，进而深化高中生"以读促写"的意识，提升学生的写作能力。

(四)实施情感阅读，深化学生的情感体验

结合多年的语文写作教学经验，我们发现"感情抒发不真挚""情感不真诚"是很多高中生语文的一大不足，这与我们教师平时的教学引导有很大关系。因此，在具体的阅读教学中，教师要注重情感阅读教学法的应用，深化学生对作品情感体验的同时，促进学生情感抒发技巧的提升。

以朱自清的《荷塘月色》教学为例，全文没有一处点明作者的感情，但却处处透露作者的情感。如"没有月光的晚上，这路上阴森森的，有些怕人""这时候最热闹的，要数树上的蝉声与水里的蛙声；但热闹是它们的，我什么也没有"。路的寂静、淡淡的月光、阴冷的树木、热闹但于我无关的蝉声都透露了作者"这几天心里颇不宁静"的淡淡忧愁。在具体的阅读教学中，为了激发学生的情感，教师可以结合内容创设教学氛围。如在具体描写"荷塘月色"的段落教学中，教师就可以借助多媒体的音效功能与视频播放功能创设一个优美、静谧的荷塘美景，从而使学生通过曲曲折折的荷塘美景、如流水的月光及"热闹的采莲盛况"体会作者此刻淡淡的欣喜之情。

在具体情感教学中，教师除了借助情境展示、写作背景导入深化学生对文章的理解外，还可以借助具体的用词加强学生的情感体验。如在毛泽东《沁园春·长沙》的教学中，教师可以借助对重点词"独立""遍""染""争""击""翔"等的重点讲解，深化学生对文章情感的体验，从而强化学生运用词语抒发自己写作情感的能力。

只有充满感情的作文才能真正触动人的心灵，才能激发读者的情感，才算是好的作文。因此，教师要善于引导学生与所学的教材相联系，借助作家精妙的情感表达方式优化自己的文章，从而提高语文写作水平。

综上所述，本节主要从高中语文以读促写的教学现状分析及具体应用策略两大方面进行了简单的探究。在具体教学实践中，语文教师要积极探究阅读教学与写作教学的切合点，深化对教材的精讲、细究，丰富教学内容，从而有意识地引导高中生通过阅读学习促进自身写作能力的发展。

# 第六节　高中语文微写作教学要点分析

"微写作"是一种对学生写作能力进行培养的有效途径，有助于提升学生的学习兴趣。能在一定程度上消除学生怕难的情绪，使其能够掌握更多的文体，避免应试考试中单一的文体，从而使学生进入真实的写作状态，从而远离虚假的写作，最终提升学生对于文字的驾驭能力，避免学生使用华丽辞藻的堆砌。但是从目前的情况来说，"微写作"并没有得到重视，所以我们对其进行分析，希望能够得到有效的并且具有实践意义的方法。

## 一、微写作的概念及其特点

### (一) 微写作的概念

微写作实际上是一种微型的写作，可以说是一个细节的精雕，也可以说是一个局部的放大，可以将其看作是全局，也可以将其看作是片段。相较于作文，对其要求会更高一些，并且其句子也会更加精练，但是依然能够进行叙事，也可以进行抒情但一定要有真情实感，同时其必须更加合理、更加生活化、更注重时效化，这些性质也是与传统作文不同的地方。在考试中，对于微写作的说明是能够使用简练的语气对事物进行描述、对其观点进行表达、对其情感进行抒发。微写作是一种篇幅短小的写作样式，在发展的过程中吸收了网络微写作的样式，写作形式更加自由、也更加贴近生活。

### (二) 微写作的特点

随着微时代的到来，为了适应时代发展的潮流，微写作也进入了高中语文作文写作教学中，微写作的出现唤醒了长期沉寂不动的中学作文，也给语文教师带来了

新的教学思路，微写作的特点主要有以下几点：

第一，篇幅短小，语言精练。微写作的作文一般在150个字左右，并且写作追求文约而事丰，由于其写作篇幅有限，所以其语言较为简练，最终达到语言张弛有度、干净有力的境地。

第二，注重交际，贴近生活。微写作更加注重生活中的交际语境，要从学生的身边事出发，让学生能够触景生情、有话可说。

第三，形式多样，自由度大。微写作形式较为多样，微写作没有固定的方法与模式，可以涉及方方面面的内容，并且微写作的文体形式较为自由，可以是笔记、日志等。其命题形式也十分自由，可以是图片，也可以是文字，具有一定的开放空间。

第四，时间灵活，空间开放。微写作吸收了网络形式更加自由的特点，贴近生活。

## 二、高中语文微写作教学要点

在进行语文微写作教学时，教师需要做好充足的准备，引导学生观察生活，获得丰富的写作题材，为提升写作质量做准备，同时教师要使用多样化的教学方式，使学生通过发散思维逐渐掌握写作技巧。高中语文微写作的写作方式可以分为以下几点：

### （一）营造良好氛围，提升写作积极性

兴趣是提升学习效率的最好动机，所以我们要提升学生的写作兴趣，但是在语文教学的过程中，写作一直是学生难以攻克的难点。想要让学生主动进行写作，就必须提升学生写作的兴趣，使他们主动对写作进行探究，积累优美的词句，将自己的情感融入其中，使作文具有真情实感。在作文前，教师要为学生创造一个愉快的氛围，使其能够以轻松的心情进行写作，提升学生写作的积极性。

### （二）设置开放性命题，让学生自由发挥

高中学生个性较为鲜明，并且新课程改革提倡写作教学要具有一定的开放性，所以在进行写作教学时，教师应当鼓励学生有自己的特点。首先我们知道命题作文总是具有一定的局限性，很容易限制学生的思维，所以在进行命题作文写作的时候，教师可以给学生一个写作的方向，让其进行自由发挥，对内容进行自行拟定。老师还应当鼓励学生对自己的个性化思维进行充分展示，将自己的感受融入文字之中，将微写作看作是一个交流的工具，有效提升写作质量。除此之外，教师还应当

将命题设计得更加具有开放性，让学生能够更好地对自身空白进行填补，写出更加具有思维特性的作文。

(三) 开展多种实践活动，丰富学生素材

语文写作是高中语文的重中之重，不仅要求学生要动手写字，还要求学生能够有鲜明的情感体验。在进行微写作教学的时候，教师很容易发现学生的写作素材偏少，这是因为学生的社会实践较少。对于这种情况，语文教师要引导学生仔细观察生活，积累大量的素材，从而提升学生的写作能力。此外，教师还可以让学生诵读自己的微记录，对记录的内容并没有限制，从而拓宽写作思路。

(四) 促进微写作形式的多样化

微写作不仅可以保持灵活的命题以及自由的取材，还可以应用多样化的教学模式，提升学生写作的积极性。就目前的情况来看，写作的目的就是为了提升学生的写作兴趣，帮助他们养成良好的学习习惯。通过这种模式，学生也可以积累更多的素材提升写作质量。例如可以让学生对书本中的内容进行续写，这样不仅可以提升学生的学习热情，还能对学生的思维能力进行良好的培养。

在高中语文教学过程中，教师要深刻认识进行微写作的目的在于提升学生的写作能力。因此，教师在进行微写作教学的时候，不能局限于以往的教学模式，要采取更多的措施提升学生写作的积极性，营造良好的氛围，让学生养成随时写作的习惯，最终提高学生的写作质量。

第九章　高中语文写作教学改革

# 第一节　高中语文写作教学中扩展学生想象力的思考

写作教学是高中语文学科的核心模块，而丰富的想象能力有助于提升学生的写作水平。教师应及时适应新课程改革的发展潮流，综合考虑学生的兴趣爱好、生活环境等因素，为学生创建良好的想象环境，扩宽学生的写作思路，提高学生的语文写作水平。

## 一、抓住语文考试发展趋势，激发学生的想象思维

写作作为高考语文考试中分数较大的主观题，一直是语文教师关注的重点。因此，为激发学生良好的想象思维，教师应注意分析不同年份的高考语文写作试题，抓住语文写作的发展趋势，引导学生合理想象。从历年高考作文试题来看，已经由最简单的直接出题转变为材料题，这给学生的想象空间更大，教师必须及时转变写作教学方式，拓宽学生的想象思维。

例如，2015年某省的高考作文题为《有一棵大树》，材料的大致内容为：有一棵大树，深受小动物们的喜爱，它枝繁叶茂，是动物们栖息的好场所，动物们经常会在大树上谈论自己的旅游经历，因此大树也想去旅游，但小动物们觉得大树没有腿也没有翅膀，就都拒绝了大树，但大树并没有就此放弃，它结出甜美的果实，果实中包含着种子，果实被小动物吃了之后，大树的种子也被传播到了世界各地。

针对类似的材料作文，为激发学生的想象力，教师应合理延伸材料话题，给予学生充分的思考空间，让学生在仔细阅读材料的前提下，选择立意角度。针对本材料，作文的立意角度可定为"大树""小动物""材料整体"等方面，引导学生根据不同的立意角度发挥想象力，在材料中寻找情感感知点，放飞自己的想象力。如从"大树"的角度，可写大树"自立自强"的品质，进而联想到自身，明白在奋斗中必须依靠自己的力量。

## 二、培养学生良好的观察能力，合理展开想象

良好的观察能力有助于学生展开合理想象，因此，在实际教学中，教师应引导学生主动观察生活，从事物的不同角度入手，以事物的细微处为基础，引导学生科

学想象，提高学生的想象能力。在培养学生观察能力的同时，教师可利用漫画引导学生对事物展开合理的想象。

### 三、丰富学生的生活体验，开展想象训练

生活是想象的来源，脱离生活的想象不仅缺乏感染力，还会失去情感特色，在提升学生想象能力的过程中，教师应重视丰富学生的生活体验，引导学生体会生活中的平凡美，并通过参与想象训练活动，激发学生的想象思维。

例如，在写作"中国梦"等题材时，教师可将学生分成小组，并让其查阅相关的资料，在生活中寻找"中国梦"的表现，了解生活中不同人的不同"中国梦"，畅想20年或50年后的中国，引导学生将想象贯穿在整篇文章中，从而提升文章的整体内涵。

### 四、尊重学生课堂主体地位，落实写作教学评价

尊重学生的课堂主体性地位是教师开展写作教学的重要原则，在开发学生想象思维的过程中，教师应及时落实教学评价，使学生感受到教师的关怀，更加主动积极地学习。如教师可选择学生都感兴趣且简单的古诗文，布置扩写或是改写的写作任务，针对语文写作水平较高的学生，教师应检查学生修辞等表现形式的应用情况，要求学生用现实生活表达情感；对于写作水平有待提升的学生，教师应主动了解学生写作的疑难点，在丰富学生写作素材的同时，树立学生的想象意识，促进学生全面发展。

综上所述，想象力是学生文章的灵魂，教师应加大对学生想象力的重视程度，将培养学生想象力与写作教学有机统一，合理创新写作教学方式，不断分析高考语文写作试题的发展趋势，通过有感染力的写作活动，引导学生参与教学过程，开展丰富的想象训练活动，立足于生活，带领学生体会、感悟生活，激发学生的想象力，提升学生的写作水平。

## 第二节　微时代背景下高中语文写作教学的创新路径

所谓的微时代，即各种微媒介被人们广泛应用于交流展示的时代。从最初为读者们所青睐的微型小说，到现在无时无刻不伴随人们生活的微博、微信、微课、微视频、微电影，不知不觉中人们已步入了微时代，并尽情徜徉在各种微媒介给我们带来的精神享受和自由交流之中。语言作为最主要的交流载体之一，成为微媒介中

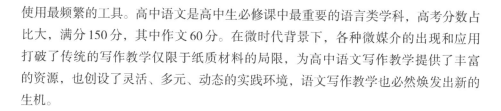

使用最频繁的工具。高中语文是高中生必修课中最重要的语言类学科，高考分数占比大，满分150分，其中作文60分。在微时代背景下，各种微媒介的出现和应用打破了传统的写作教学仅限于纸质材料的局限，为高中语文写作教学提供了丰富的资源，也创设了灵活、多元、动态的实践环境，语文写作教学也必然焕发出新的生机。

## 一、微时代背景下高中语文写作教学的创新价值

### （一）微时代背景下的写作教学使写作生活化

写作源于生活，在社会生活中，当人们有感而发时，会自然而然地通过语言表达出来。当素材与灵感碰撞时，便产生了写作，而生活是一切素材和灵感的源泉，因此，提高学生的写作兴趣和水平，应先把学生从课堂和考场上放飞出来，壮美秀丽的自然风光、百态纷呈的社会面貌，丰富活泼的校园生活、或喜亦忧的家庭氛围为学生提供了无限的情感体验和写作素材，学生可以利用微媒介随时随地将自己的体验和感受表达出来，分享出去。但同时，高中生也要面对繁重的课业负担和紧张的学校生活，闲暇时间和精力相对而言非常有限。微博、微信、QQ等随时随地提供了海量的信息资源，这些信息来自世界各地，包罗万象、无所不有。这些微媒介为学生敞开了看世界的窗口，学生们也通过这些微媒介发出自己的声音，表达自己的态度，抒发自己的心境，交流和分享自己的成长。写作随时随地发生，写作素材丰富而广泛，写作的积累量极大地增加，必然会提高写作水平。

### （二）微时代背景下的写作教学满足信息化的时代要求

在信息时代的大背景下，语言作为传递信息的最基本工具之一，其运用堪称极致。一方面，学生既可通过微媒介扫视最新的世界，社会面貌、潮流取向、文化动态、价值评判、天涯海角、东西学术等无不囊括其中，同时又可通过微媒介抒发情感、表达观点、分享收获，提升自己的语言交流技能，在这种动态的交互性活动中，微媒介早已介入学生的写作之中；另一方面，高中语文的课程标准早已把信息化教育纳入其中，高考试卷中写作试题题目也早已渗透了信息化的要求。在这种时代背景下，写作教学不可避免地要面对信息时代的冲击和挑战。而微媒介对高中写作教学的介入恰逢其时，可以说是为写作教学注入了新鲜的血液，提供了新的空间平台，对教者来说是机遇，对学生来说是幸事。通过各种微媒介，学生既可以吸收来自世界的全方位的最新信息，拓宽视野，增加见识和储备，并应用到自己的写作中，提升作品的信息含量和质量以及阅读感和时代感；又可以吸收微媒介写作的简

洁生动、真实细致、鲜活丰满等写作特点和技巧，写作水平自然提升。

## 二、微时代背景下高中语文写作教学的创新路径

### (一) 家校联合，创设良好微写作环境

海量信息通过微媒介涌入我们的视听范围，学生群体对信息的优劣缺乏甄别能力，对于微媒介所提供的阅读材料也缺乏应有的鉴别，往往良莠不分、兼收并蓄，这样既不能达到写作教学的预期效果，也不利于学生正确审美观、价值观的形成。学生在校学习时间有限，而且多被各学科的集中上课和规定任务所占据，为了避免现代通讯设备如手机等对课堂教学的干扰，很多学校限制学生将手机等现代化通讯设备带入课堂，学生大多在课余时间或在家里接触微媒介，老师和家长应适当给学生提供接触微媒介的机会和条件。同时，适时指导、科学合理地监督学生使用微媒介，使之在优良的微媒介环境下健康地发展身心和技能。

### (二) 流行与经典结合，拓宽写作层面

微媒介所提供的阅读和写作分享往往流行有余而经典不足，而流行和经典在写作中是相辅相成、相映生辉的，在写作能力培养中也是需要兼收并蓄的。但是充斥着各种流行元素的微阅读和微写作在一定程度上可以随时发生、随地做出，其中却难见经典，在提倡学生进行广泛的微阅读和微写作的同时，应注重引入经典著作的阅读任务，发扬经典著作的艺术魅力所带来的极具内涵的文化底蕴和精神蓄藏，让学生在追随流行的同时，流连于经典著作的浓厚韵味和深刻内涵所带来的思维碰撞和心灵追溯中，从中汲取养分，提升文化修养和写作层次。

### (三) 传承传统，规范微阅读和微写作

最美的语言是传统和创新美妙契合的语言，无数东西方的文学名著都向读者呈现了雄厚的传统积淀，从中国古典的四大名著到外国的《悲惨世界》《简爱》《哈姆雷特》《威尼斯商人》等，每一部著作都呈现了一段历史，代表了一个时代，汇聚了一种思想，蕴含了一个哲理，反映了一段文化。通过阅读，学生能够体味历史，感悟哲理，探求智慧与灵感的融合，提高自己的文化修养和文笔内涵。目前在各种微媒介的信息流转中，大量的新词汇和庸俗作品应运而生，但是其中又不乏失于规范甚至低俗不堪的作品。因此，对于微时代背景下的阅读和写作，老师和家长的引导必不可少，而优秀传统的传承恰是占领学生心灵空间和写作空间的正能量，是对低俗文学的有效抵制和排斥。

# 第三节　高中语文阅读与写作有效结合

要提升高中学生的语文素养，必须提高学生的阅读能力和写作能力，所以阅读教学和写作教学便成为高中老师语文教学中的重要课题。在语文教学中，处理好阅读和写作的关系，既能培养学生的语文综合素养，也能提高教师的教学质量，从而推动我国语文教学的发展。

## 一、我国高中阅读教学和写作教学的现状和存在的问题

受传统教育方式方法的影响，高中语文的阅读教学和写作教学存在一些问题，而这些问题便是阻碍语文教学质量提升的根源。

### (一)我国高中语文阅读教学现状及问题

在教学过程中，很多教师都会选择重点方面进行教学，而阅读无疑在教学中很受教师的重视，所以教师往往花费大量的时间和精力向学生解读文章，按"作者、写作时代背景、文章主旨大意、写作技巧"等步骤肢解文章，让学生去挖掘文章的主旨内涵，归纳文章的中心思想，却忽视了文章的优美语言和写作知识，在老师的引导下，学生遇到文章便机械地按照相关步骤去分析文章、肢解文章，不去积极地积累语言。因此往往造成学生能很好地理解文章要表达的中心思想，但是对文章中的一些优美词句和语言没有任何印象，更不用提将这些词句或语言学以致用了。

### (二)我国高中语文写作教学现状及问题

受传统应试教育的影响，我国高中语文写作教学往往以考试为目标，因此教师在教写作时都以考试为指挥棒，要求学生在写作的时候一定要按照什么样的文体来写，什么情况下用叙述文，什么情况下用议论文等，使学生写出的文章模板化、空洞化，完全固化了学生的思维，限制了学生的写作灵感和写作范围，没有创新，甚至没有真实情感。同时在教学时，教师一般都认为写作不好教，写作方法可以传授，但是思维和素材却需要学生自己去思考，所以都是大致给学生讲解一下方法，剩下的就交给学生自己去写，且模式也比较死板，基本上是按学生写、学生互评、教师讲评等步骤进行，不能很好地引导学生从生活、经历、感悟等方面入手，因此学生写作水平得不到提升，写作教学的质量也得不到保证。

## 二、高中语文阅读教学和写作教学如何有效结合

使学生既能读又会写，是高中语文教学的基本要求。因此，在高中语文教学中，阅读教学和写作教学是语文教学的重点。在传统的教学模式下，阅读教学和写作教学存在一系列问题，如何解决这些问题，使阅读教学和写作教学能有效结合，从而促进我国高中语文教学质量呢？主要有以下几点建议：

### (一) 提高语文教师的综合能力

新形势下，高中语文教学也有了新的变化，这就对语文教师提出了更高的要求，随便找个教师教教的时代已经过去了，新时代的教师必须具备扎实的专业基础、渊博的知识、较强的读写能力，才有可能胜任语文教师这个岗位。因此，语文教师综合能力的提升可以从这几方面着手：一是花更多的时间研究《高中语文课程标准》，针对标准有目的性地制定教学课程，从而使教学有目标；二是花更多的时间来涉猎多方面的知识，使得自己知识渊博，并能博采众长，在教学的过程中才会显得游刃有余；三是要花时间加强自身的阅读能力和写作能力，爱好阅读，喜欢写作，这样才能提高自己的水平，教出更好的学生。

### (二) 改变教学方法，引导学生打好阅读基础，积累写作素材

由于传统的教学方法阻碍了高中语文教学的发展，所以教师必须尝试进行改变，创新教学方法，更好地引导学生在阅读中积累，在写作中体会。首先，教师可以鼓励学生精读、细读。学生通过精读或者细读，除了可以更好地理解文章的中心思想或主旨之外，还可以在阅读的过程中积累词汇或者优美语言，从而在写作的过程中学以致用。其次，教师可以鼓励学生扩展自己的阅读视野。扩展学生的阅读视野是学生有效积累写作知识和素材的方法，只有接触更多的知识，学生在写作的过程中就不会出现难为无米之炊的尴尬了，随时都有写作灵感或主题。再次，教师可以引导学生养成良好的阅读习惯。比如可以教学生在阅读时做到眼到、口到、心到，这样才能全神贯注地学习。另外经常动笔、翻阅工具书都是阅读和写作过程的良好习惯，而这些良好的习惯又能为学生增长知识打下良好的基础。

### (三) 以阅读促进写作能力提升，以写作增加阅读兴趣

阅读一篇好的文章，学生往往在写作时可以借鉴很多东西，比如这篇文章写得好是因为文体得当，于是在写作过程中可以参考该文体进行写作；那篇文章写得好是因为它的文字优美，语言表达非常有想象力，于是在写作过程中可以引用这些优

美的词句。因此，好文章的文体、词句、思路、题材等都可以为学生写作所用，教师也可以鼓励学生通过阅读借鉴相关知识提升自己的写作能力，当学生的写作能力得到提升后便对阅读又产生更浓厚的兴趣。

阅读教学和写作教学是高中语文教学的重点，要想提高语文教学质量，二者必须有效结合。当前高中语文教学出现了一些问题，高中语文教师要不断提升自己的综合能力，运用正确的教学方法，合理引导学生学习，将阅读教学和写作教学很好地结合，从而推动我国语文教学的发展。

# 第四节　提高高中语文作文教学的质量

作文是高中语文作文教学的重要内容，是衡量学生学习水平与语文综合能力的重要标准。从学生作文能力的高低可以明显地看出学生语文学习效果，从而进行有重点的学习与补足。同时，语文作文在高考中占有重要的地位，如果语文作文的得分较低，那么语文的整体成绩就会下降，拉低总分。不仅如此，我国对高中语文教学越来越重视，甚至有些高考改革方案要将语文的成绩提高至180分，相应的语文作文的分数也要提高，其重要地位不言而喻。因此，有效地提高语文作文的教学质量是对学生的负责，也是对教师自身负责的。

## 一、提高作文教学质量的意义

作文是对学生语文作文综合能力的考察，同时也是检验教师语文教学能力的重要标准。优秀的语文教师一定能培养出写优秀文章的学生，同时写出优秀文章的学生其语文学习的综合能力也不会太低。提高语文作文教学质量是培养学生组织材料能力的关键。议论之中最为重要的是材料的有效使用与组织，这样写出的文章才能算上层之作，有效的语文作文教学是能够完成这一点的。学生的思维能力在作文创作中也能得到有效提高。语文作文结构的编排以及语言的组织需要内在的逻辑，如果前言不搭后语，那么这种文章是不成功的。因此，高质量的语文写作教学是培养学生逻辑思维能力的前提。

## 二、新课改下如何提高高中语文作文教学的质量

### (一) 让学生养成随笔记录的良好习惯

从某种层面来讲，学生的作文水平既和教师的教学方法有关，也和学生的日常练习有关。因此，在高中语文作文教学中，教师要让学生养成随笔记录的习惯，将自己日常生活中的所见所闻记录下来，在记录的过程中养成良好的写作习惯，在日常的记录中提高自己的写作能力和写作水平。

### (二) 激发学生的写作兴趣

兴趣是最好的老师，在高中语文作文教学中，教师要通过教学手段的创新激发学生的写作兴趣。只有学生对写作产生浓厚的兴趣，才能在日常生活中认真观察，积极写作，促进写作能力的提升。激发学生写作兴趣的基础是教师要重视学生的作文教学，从心理学的角度讲，学生在课堂教学中往往能感知教师在课堂教学中的偏好，如果教师重视作文教学，学生在日常生活中就会不自觉地将写作作为自己语文学习的重点。因此，教师对作文教学的重视是激发学生写作欲望的有效手段，学生的写作欲望增强了，乐于表达、敢于表达，他们的作文水平才能得到有效提升。

### (三) 通过阅读积累写作素材

大量的阅读是学生积累写作素材的有效途径。在高中语文作文教学中，教师要善于引导学生阅读并积累大量的知识，使学生积累良好的写作素材。教师要在重视写作的基础上，一定要重视阅读，拓宽学生的视野，丰富学生的文化基础，从而不断提升学生的写作能力。

### (四) 提高写作教学的技巧性

任何一门学习都有技巧，作文教学也是如此。在高中语文作文教学中，教师应当传授给学生一些写作的技巧，例如，如何抓住中心思想，如何写出文章的要点等，这都要求学生有较强的写作技巧，而不是漫无目的地胡乱写，写了半天，不知所云。此外，教师在写作教学中，还要重视学生观察能力的培养，只有学生养成良好的观察能力，才能观察并表达细致入微的事物，这也是学生写作水平提升的直接表现。

总之，在新课程改革的背景下，高中语文教师应当重视作文的教学。在课堂教学中摒弃传统落后的作文教学理念和教学模式，不断创新，提高高中语文作文教学的质量，不断提升学生的写作能力，不断提高学生的语文综合素质。

# 第五节　新课程背景下高中语文写作知识构建

## 一、新课程标准对高中语文写作知识的要求

### (一) 课程标准中对写作知识的价值取向要求

语文是传播思想、弘扬传统文化的主要载体，作为高中课程的主要科目，语文承担的教育任务要超过其他科目。新课程标准中对写作知识的价值取向要求可以从两方面分析。

首先，从情感方面讲，新课程标准要求高中语文写作知识应该从弘扬民族精神、社会正能量的角度出发，培养学生科学理性的学习精神和积极向上的人生观。

其次，从技能方面来讲，通过写作知识的传授，体现写作的价值，使学生避免产生应付作业的想法，认真地对待每一次写作，鼓励学生在情感的驱使下，完成写作任务。

### (二) 对教师教学的要求

新课程标准要求教师在传授写作知识的时候，首先应该从提升学生语文素养的角度出发，源于生活而又高于生活，以培养学生的写作兴趣为构建写作知识的出发点和归宿点，引导学生在写作中树立积极正确的情感态度和价值观，从而全面提升学生的语文素养。其次应积极开发培养学生写作思维的知识，发展学生的形象思维和逻辑思维，并且注重创造性思维的培养。再次，在写作知识的开发中应以培养学生的能力为导向，更加关注学生写作能力的提升，通过写作技巧的传授，使其转化为写作能力，以实际应用的形式呈现出来。

## 二、高中语文写作知识的构建原则

### (一) 目标性原则

在写作知识的构建过程中，应该坚持"三维目标理论"在写作中的体现——知识与能力，过程与方法，情感、态度与价值观的协调统一。学生要细致地观察生活、体验生活，在生活中丰富自己的情感态度，从而使作文中的情感更加饱满。并且要注重学生能力的提升目标，写作知识的构建的最终落脚点是使学生能将写作运用到生活中，通过写作升华自己的思想境界。

## (二) 有效性原则

写作知识构建的有效性原则是指掌握知识本身不是学习知识的最终目的，通过知识的掌握提高学生能力才是最终目的。因此，要根据这一原则妥善安排写作知识的内容，提高知识的有效性，避免在形式化的知识中浪费学生的时间。

## (三) 整体性原则

教师在知识的开发与传授过程中应该遵循整体性原则，强调写作知识内容的整体性、写作知识类别的全面性以及联系和应用的结合性。没有整体统一的知识结构时，零落松散的知识容易使学生的知识结构零散不牢固，在知识的提取环节容易出现提取失败的现象。

## (四) 动态性原则

动态性原则是指在写作知识的构建过程中，应根据社会热点话题和时代的变化，随时调整知识内容，删除一些陈旧的、与社会发展不相符的内容，将时政热点问题作为思考学习的重点。同样也应该根据学生的身心变化调整写作知识内容，吐旧纳新，使用最新的、具有时代性的知识激活学生的创作激情。

## 三、高中语文写作知识构建的思考

写作知识的构建过程应该着重强调以学生为本的理念，应侧重培养学生的写作兴趣，把握好写作知识构建的实用性及指导性，教师应该从整体角度构建写作知识。

## (一) 陈述性知识与程序性知识并重

在写作知识的构建过程中，应该适当地保留陈述性写作知识，同时注意开发程序性知识。陈述性知识陈述的是什么和怎么样，主要包括符号表征知识、概念知识和命题知识。陈述性知识能够帮助学生理清写作中的基本知识，帮助学生将写作知识转化成写作能力，例如书写、标点、练字、词组、成句等知识。程序性知识是指关于教学生怎么做的知识，程序性知识的摄入有助于学生形成完整的写作思路，并且更好地将陈述性知识应用到写作实践中，最主要的程序性知识是不同题材的文章的写作规则以及应掌握的细节。

### (二)简化写作知识的呈现方式

高中知识的获得主要依靠间接经验的获取方式，并将知识转化成写作能力，并不要求学生对写作进行进一步的研究探索。因此，高中语文写作知识的构建应该从易懂实用的角度出发，切忌将简单的知识复杂化，应该将复杂的知识简单明了地教给学生，每个写作单元应该给学生列出明确的知识框架，让学生在写作的过程中根据框架回忆其中的细节，增加知识的应用性。教师要结合学生的接受能力，以学生容易接受的形式传递给学生，并以变式的形式让学生运用好知识。

### (三)结合范文分析强化知识构建

结合范文分析学习写作知识，可以使学生更加清楚地理解知识，使学生在运用知识时有明确的参照目标。例如，结合一篇结构鲜明、主题突出的文章，分析其写作思维，从素材的选取、写作的构思以及语言的表达三个方面帮助学生分析该范文。在分析教材的文章时，教师可以适当帮助住而生复习写作知识，必要的时候让学生多仿写。

### (四)培养学生的写作学习兴趣

对知识的趣味导入是培养学生写作兴趣的第一步，教师应该结合学生熟悉的名著故事引入写作知识，提高学生的关注度。教师应该鼓励学生多思考，通过实际生活感悟去写文章，并将好的作品展示给其他学生，使学生在写作的过程中获得成就感。此外，教师应该让学生多积累，养成摘抄的习惯，只有这样，学生在写作的时候才会减少畏惧心理。

本节首先从课程标准中对写作知识的价值取向要求以及对教师的要求两方面进行分析，然后简述了高中语文写作知识的构建原则，并提出了有关高中语文写作知识构建的思考，强调陈述性知识与程序性知识并重，并且要注意简化知识内容提高实用性，提高学生的写作兴趣。

第十章　高中语文写作教学中的应用

# 第一节 自主学习策略在高中语文写作教学中的应用

写作一直是高中生在高中语文学习阶段要重点把握的内容，在高中语文写作教学中，需要教师针对性教学和技巧性教学。教师要在写作教学过程中培养学生的自我意识和探究意识，将自主学习策略积极应用到高中语文写作中，更好地引导学生剖析自我、完善自我和认识世界、了解世界。下面就对自主学习策略在高中语文写作教学中的应用进行深入分析。

在信息时代的发展中，学生获取知识的渠道不断增加，学习资源更加丰富，学生的语文写作题材也不断增加。但是，在应试教育的背景下，高中语文教学课堂中仍然普遍存在老师生硬教学、学生机械学习的情况。新的课程教育改革实施后，教育事业也有了新的意义，语文教学要求老师积极转变传统观念，以培养学生自主学习能力为主要出发点，实施自主、探究式教学。通过教学实践中，我们发现在高中语文写作方面的教学，老师只是强硬地灌输给学生自己的写作思想，限制了学生的自由发挥。对于文章主题和材料要求的把握，老师大多只根据自己的经验和理解，让学生按照统一要求和模式写作。这种形式的语文写作教学和写作模式过于模式化，不具备教学的人文性和灵活性，忽略了学生的写作需要和写作意愿，并且会使学生失去写作的兴趣和动力，不利于学生语文水平和写作能力的提高，也影响课堂效率和教学效果。

## 一、自主学习策略的应用意义

### （一）丰富教学内容

在传统的高中语文写作教学中，老师通过自己的教学经验和写作经验将写作要点和写作宗旨直接替学生梳理好，学生只能按照老师的思路进行写作。教学内容单一、教学氛围死板，学生写作意愿不足，难以写出优秀有见地的文章。但是，在写作教学中，老师鼓励学生自主学习、自主探究，就能为课堂教学增加新鲜内容，活跃课堂气氛。老师列出写作标题，让学生按照自己的理解和判断，提出自己的写作规划和写作思路。在写作指导中，老师让学生课后寻找最新素材，加以延伸，充分

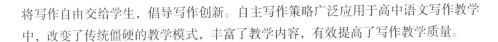

将写作自由交给学生，倡导写作创新。自主写作策略广泛应用于高中语文写作教学中，改变了传统僵硬的教学模式，丰富了教学内容，有效提高了写作教学质量。

(二) 提高写作兴趣

在高中语文写作教学中，老师鼓励学生积极研究课题、自己寻找写作材料，在写作题材和思路上有自己的选择权，能够更好地帮助学生在写作中充分发挥主观性和能动性。学生在自主探究的基础上，会有意识地去发现生活、观察生活。语文写作的意义就在于发表个人的观点、表达个人情志。许多学生在语文写作时感到无话可写，大多是因为语文老师给他们限定写作的要求和题材，千篇一律，根本无法写出具有新意的文章。在语文写作教学中，老师积极实施自主学习策略能够更好地激发学生写作的兴趣，从而将写作变成自己感情抒发和思想表达的主要路径。

(三) 提升写作能力

语文素养和语文写作能力的提升不是一蹴而就的，需要在知识的日积月累和文化环境的不断熏陶中逐渐养成。要提高学生的语文写作能力，需要不断增加文化积累和文学熏染。在写作教学中，老师主动为学生点明写作意图和写作手法，甚至将要引用的案例都给学生拟好，学生直接省去审题、拟题过程，仅仅是机械地在老师给定的框架上填充内容，没有任何写作意义。但是在教学中，鼓励学生自主学习、自主写作。自主学习策略运用到语文写作中，能更好地培养学生的发散性思维和创造性思维，让学生在素材实际搜索中扩大阅读量，提高语文文化素养和基本写作能力。

## 二、自主学习策略应用于语文写作的方法

(一) 尊重差异

"一千个读者就有一千个哈姆雷特"，在语文写作中也是如此，每个学生的人生经历和思想观点不同，对文题的理解也存在明显差异，但是语文教师在教习写作时，要认识到这一点，并尊重学生写作思维上的差异。例如，2016 年上海高考语文作文题目是对"评价他人的生活"的现象提出自己的看法。根据这篇文章，老师在写作指导时可以让学生谈谈自己的观点，对于评价他人生活的现象做出原因分析，点出自己的立场是支持还是反对。一般的案例引用，有对于公众人物的生活评价，也有对于身边朋友、同学的生活评价等。学生对这种生活现象有自己的不同见解和看法，老师都应该表示认同，支持学生道出个人缘由。

## （二）结合课外

学生对书本知识的学习是有限的，要进一步提高学生的语文写作能力和基本语文素养，要提倡和鼓励学生增加语文课外阅读量。新课程教育改革以后，在高中语文教材编写上也积极引入名著节选，其意在于鼓励学生拓展自己的课外知识，扩充自己的知识量。在语文写作教学中，老师也应该积极引导学生在写作时引用名著经典语句和人物案例等。例如，2016年天津高考语文作文题目就是"我的青春阅读"，老师可以将这个"阅读"的含义延伸为具体文学著作的阅读，也可以是人物经历和经验的阅读，这个题目中的"阅读"的"读"字可以是阅读和学习的意思。针对这篇文章题目，可以引用我国四大名著之一《红楼梦》中一句"世事洞明皆学问，人情练达即文章"。一方面，提高学生对课外知识的学习和应用能力；另一方面，帮助学生更好地理解文章主题。

语文写作主要考查学生在语文学习阶段对课本知识的掌握程度，需要学生结合自己的生活经历，加以整理和创造，学会观察生活、感悟人生。教师可以在课堂上采用灵活多变的形式，帮助学生发现语言之美，激发学生语文写作的创作兴趣，全面有效地提升语文写作技能。

# 第二节　小组合作在高中语文写作教学中的应用

写作教学是高中语文教学的重要组成部分，其教学重点是培养学生的写作能力。新课程改革主张以学生为主体，在写作过程中不仅要求教师充分关注学生知识水平的提高，同时还要注重对学生整体素质与能力的培养，这里所说的整体素质与能力主要包括学生的创新思维和创新能力。小组合作教学模式重在参与实践与合作探究，这种教学模式不仅符合新课程改革的需求，同时也能有效提升学生的整体写作水平。

## 一、高中写作教学中应用小组合作的作用

### （一）对学生积累写作素材有利

在高中阶段的语文作文写作中，丰富的素材是非常重要的，广泛积累写作素材可以为灵活写作提供前提，若缺少写作素材，则学生无法顺利进行写作。写作教学

中合理应用小组方法，可以有效解决积累写作素材的问题，在小组合作过程中学生之间可以相互交流与沟通，将自己的生活经验分享给对方，或者也可以针对自己喜欢的电影、书籍等进行讨论和分享，或者也可以讨论当下的热点，针对某事件及所反映的问题交换各自的看法等。在这种氛围下写作素材的积累变得非常简单，学习写作也不再是一件难事。

### (二) 对转变写作教学模式有利

传统写作教学的教学模式比较单一，主要以教师的讲解为主，但是收效甚微，学生听课的时候毫无兴趣，整体写作效果非常不理想。小组合作方式引入到高中写作教学以后，以往单调的教学模式发生了改变，充分突出了教学过程中学生的主体性地位，在小组活动中学生非常积极参与，获得了学习的主动权，在小组合作教学过程中，教师主要负责提出问题，并在学生讨论过程中适当引导，这对于拓展学生思维能力非常重要。通过小组合作，学生可以更多地了解他人的优点与自身的不足，从而达到取长补短、均衡发展的目的。

### (三) 对培养学生写作兴趣有利

当前多数学生对写作缺乏兴趣，甚至部分学生害怕写作，一提起写作就头疼。如何激发学生对语文写作的兴趣，从而喜欢上写作、爱上写作，培养学生对写作的兴趣是关键，而小组合作模式正为培养学生写作兴趣奠定了基础，小组合作中由多个学生组成小组，小组成员共同讨论参与学习，这种自由交流的方式对激发学生的写作兴趣非常有利。

## 二、高中语文写作教学中应用小组合作的方法

### (一) 提前将课前准备工作做好

虽然小组合作学习的氛围比较自由，但并不能完全将课堂交给学生，在小组合作的过程中，教师主要发挥引导与组织作用，在学生学习过程中，教师要引导学生掌握学习方法，然后展开自主学习。因此，要想发挥组合作学习模式的积极作用，就必须提前将课前准备工作做好，这一环节的重点在于选题和分组，要结合学生平时的生活确定最终选题，注重选题的趣味性，始终坚持同组异质的原则，将小组成员的特色充分发挥出来，实现优势互补。同时，在小组讨论的过程中，教师也可以参与其中，创建一种开放的、积极的写作氛围，以激发学生的写作思维。

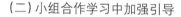

### (二)小组合作学习中加强引导

对于大部分学生来说，写作是高中语文中的难点和重点，笔者认为通常可以从下面两个方面着手，激发学生对写作的兴趣：一方面，组内成员交换角色，这对激发学生的创作灵感很有帮助，例如《画一扇窗给自己》是一篇命题作文，笔者在教学过程中按照本班情况分组，学生轮流担任小组的组长，为学生们提供作文题目，针对作文的要求展开讨论、评价等，这个过程充分调动学生的积极性，写作课堂教学成为所有学生的课堂，学生的积极性得到了很好的调动。另一方面，小组合作过程中应充分重视小组之间的讨论与分享，讨论之后让各小组派代表发表结论，利用比赛打分等方式展开教学。组间交流不仅可以使学生的创作思路得到丰富，同时还能有效培养学生对写作的兴趣。

### (三)利用批改环节查缺补漏

批改与评讲是语文写作教学的最后一个环节，可以帮助学生有效查缺补漏，所以在写作教学中，教师必须做到下面几点：首先，通过实例讲评重点内容，提升讲评的针对性。例如，教师在课堂上通常利用典型成品片段，组织各小组成员评讲与总结，然后由教师结合学生的评价进行归纳总结，帮助学生更好地掌握其中的要点，同时学生互评的过程中教师也可以适当给予一些帮助，这样更有利于学生发现问题的本质，提升学生解决问题的能力；其次，利用多种综合评价方式。笔者通常会利用小组分项及自主选择等形式，引导学生选择自己喜欢的文章进行有感情地朗读，其他学生在这一过程中要认真聆听并进行适当记录，这样更有助于学生取长补短。最后，作文合作批改完成后也可以返还给学生，进一步完善作文结构，逐句、逐字进行修改，通过二次创作提升学生的写作能力。

综上所述，当前高中语文写作教学中，小组合作教学法非常流行，在新课改背景下，教师应科学地认识提升学生综合能力的重要性，同时充分发挥小组合作教学的优势，在语文写作教学中合理组建课堂小组，在平时的教学中注意加强与学生的沟通，深入了解学生的生活情况，以便更好地提出学生们感兴趣的题材，这样不仅可以有效激发学生对写作的兴趣，同时还能有效提升学生的写作能力。所以从这个角度来看，小组合作写作教学模式是非常值得借鉴和应用的。

# 第三节　高中语文教材作文教学资源的挖掘与利用

　　新课程标准的实施对高中语文作文教学提出了很高的要求，着力于培养高中生的语言文字应用能力和创新能力。语文教材选文具有典范性，文质兼美，富有文化内涵，是进行写作教学的重要资源。语文教师要引导学生在日常语文教学中，注重语言材料和生活感悟积累。同时，在实践过程中，增加阅读量，不断开拓视野，使学生在写作中将自己的真情实感表达出来，提高他们的语言应用能力和文字驾驭能力。

## 一、作文教学资源挖掘及利用的必要性

　　作文教学中，素材的积累和教学资源的挖掘极为必要。高中生在作文写作过程中，常因写作时间有限，素材积累不足，导致素材应用不合理，出现文不对题的情况。倘若作文无鲜活的案例资源作为支撑，即使立意再深刻，构思再巧妙，语言再华丽，作文也会显得格外空洞和乏味，使作文质量极差。

　　高中生也许不具备丰富的生活阅历，但写作虽源于生活，却并不是照搬生活。作文素材积累的途径是宽泛的、多样的，可以来源于生活材料的收集和整理，也可以来源于各种优质文本资料。语文教材作为语文学习的依据，诸多选文既在素材的积累和运用上为作文教学提供了范式，其本身更可以成为重要的素材资源融入学生的作文表述，丰富其作文内容——其中关键在于如何进行有效的挖掘与应用。

## 二、高中语文教材作文教学资源的挖掘与利用

### (一) 了解作者生平

　　高中生的年龄特征和学习经历决定了其已经具备一定的知识积累和学科功底。入选语文教材的都是出自中外名家之手的经典之作。在文本学习过程中，学生不仅要学习生字词、文章结构、写作技巧和作者想要传达的思想感情，也应以文章为载体，对作者的人生经历、故事等进行清晰的认知和了解，并将其作为素材，应用到议论文写作中。例如，学习朱自清的《荷塘月色》，除优美词句品析之外，也应揣摩作者此时此景的情怀，理解其对现实的不满及对自由的渴望，想要超脱现实而又不可得的复杂思想感情。被誉为"明文第一"的归有光《项脊轩志》，通过描写作者青年时代的书斋生活，抒发物在人亡、三世变迁的感慨，含蕴着怡然的读书之美，浓厚的亲情之美。教师应引导学生对语文教材中的相关案例进行挖掘，依据主题，将

其应用到写作中，以收文质兼美、意蕴深刻之效，提高作文质量。

除常规语文知识学习外，引导、训练学生借助教材文本，形成自觉收集素材案例和积累的习惯，并在作文写作中加以应用，能够使其文章内容更加饱满，思想感情更加真挚，为提升作文层次提供方便、实用的途径。

通过上述案例，学生只有具备丰富的素材储备和知识积淀，才能使文本内容更加丰富，更具说服力。在日常语文学习中，学生只有对作者生平及人生经历具有清晰的认识和了解，才能写出磅礴且张力十足的高考佳作。

（二）课文名言警句挖掘及利用

高中语文教材中的文本质量都比较高。选文中名言警句几乎俯拾皆是，"一死生为虚诞，齐彭殇为妄作""君子性非异也，善假于物也""无贵无贱，无长无少，道之所存，师之所存""学者不可以不深思而慎取""真的猛士，敢于直面惨淡的人生……"，这些句子智慧与文采兼备，哲蕴深刻，是前人立身处世的人生经验与思考，是对后人的警示与劝诫，饱含思想与情感的张力。语文教师应引导高中生改变以往写作思路，尝试挖掘和积累课内名言警句，应用到作文写作中，使高中生的作文内容更加饱满。教师可以引导学生品味教材中的名言警句，并加以解读，立足于哲理和修辞表达对其进行鉴赏，确定写作方向，继而在各类型作文中加以应用。"警句如蜂，形体短小，而又有蜜有刺"，高中作文教学中，将名言警句作为写作素材，坚持积累和应用，有助于学生升华作文主题，画龙点睛，且极具说服力和感染力，能够体现文化底蕴，使其作文在一众考生中脱颖而出，使阅卷教师产生耳目一新的感觉。

2015年云南高考满分作文《大李学术之风采》中这样写道：当下我们少了"板凳需坐十年冷，文章不写一句空"的学者，却多了"意粗气躁，一事无成"的懒人；我们少了"博学笃志，不问功名"的求学者，却多了"汲汲于名利，戚戚于富贵"的世俗人。考生通过名言警句的运用，引人入胜，彰显了文章的深度，增强了说服力和论证效果，使文章更具可读性。高中语文课本中，有很多精选文章，学生在课堂学习之余，应收集自己喜欢的词句，加以背诵，并在作文写作中加以应用。

（三）文学形象介入

高中生身心渐趋成熟，具备多元化、个性化解读文学形象的能力。学生会在语文课堂学习中，认识到很多文学人物形象，除理解其在文本中的价值和作用之外，还应学会联系广阔的社会生活，多角度、多层次审视这些文学形象的现实意义，并对该类文学形象加以应用。以此为基础，在作文中阐明自己的观点和看法，使个人作品具备丰富的内容。将这些文学形象应用到议论文写作中，作为文章的论据，能够凸显作者的文化积淀及其对文本的深刻认知，使阅卷老师眼前一亮。高中语文课本中有很多经典的人物形象，其经历独特，性格鲜明，是一个时代的烙印和缩影。比如《史记》中的刘邦、项羽，乐府民歌中的刘兰芝，曹雪芹笔下的林黛玉，鲁迅笔下的阿Q、祥林嫂，海明威笔下的捕鱼老人等。任一文本中的故事或案例，都可依据主题作为作文教学资源加以应用。作文教学中，应引导学生对这些文学形象的思想内涵、性格特征等充分挖掘，并具备清晰的认识，将其作为论据，教师应用到议论文写作中，达到良好的材料驾驭效果，彰显学生的知识积淀及文化功底。

2015年湖南高考满分作文《修心如莲》中写道：蜀有孔明，躬耕于南阳，不争虚名于诸侯。然而一代名主刘玄德恭敬相邀，三请两拒，传为美谈。如果他不是卧龙先生，只是一介凡夫俗子，又有哪个帝王会甘心低头细语呢？羽扇纶巾间的豪情胆识是其吸引刘备的法宝。修心如莲，孔明静候，以兼济天下之大才赢得生前身后名。

该作文片段以诸葛亮和刘备为素材，对修心如莲这一主题进行充分论证。经过长期的语文学习，高中生对各类文学形象都具备很高的熟识度。语文教师应引导学生结合主题，在文中准确应用，突出论点，确保论据充足，使文章更加生动、形象。

### (四)依从课文思想观点挖掘素材

教学资源的挖掘应依据高中作文教学要求。资源挖掘既要具备案例性特征，又不可忽视思想观点的重要性。依据写作主题及要求，挖掘素材时要体现文章的思想观点，使文本立意更具思想魅力。中学语文教材中，有很多名家作品，文质优美、思想深刻。《过秦论》中的"仁义不施而攻守之势异也"，《赤壁赋》中的"惟江上之清风，与山间之明月，耳得之而为声，目遇之而成色，取之无禁，用之不竭，是造物者之无尽藏也"，《宇宙的边疆》中的"好大喜功则为宇宙汪洋所吞没，开动脑筋则领悟世界"……无不闪烁着熠熠思想光华。除基础文本学习外，教师应引导学生进行课堂及知识的延伸，深入了解作者思想观点，将其借鉴、应用到作文教学中。在写作过程中，学生应对课文中的各类观点和思想等进行灵活运用，提升高中生的思维品质，确保文章立意的独特性及深刻性。

淡薄的文字叙述很难体现作文深度，也不具备说服力，难以引起读者的共鸣并得到阅卷教师的认可。教师应引导学生依据写作主题及要求，对课文中的相关理念、哲理、观点等进行挖掘。通过该种方式，服务于主题，给读者以激励和激发，达到扣人心弦的效果。

我国知名学者、教育家叶圣陶先生曾说"课文无非是个例子"。高中语文教学不仅仅是让学生掌握基础的字词句及文本内涵，也要满足学生的精神诉求，其是语言学习的范本。因此，在高中语文教学中，应对文本资源进行充分挖掘，读与写相结合，实现高中生写作水平的提升。教师应引导学生不断积累文本材料，进行写作练习，使用文本中的教学资源，使自己的文章内容更加丰富，构思更加精巧，实现整体写作能力及水平的提升。

综上所述，作文教学在高中语文教学中尤为重要，对学生提出了很高的写作要求。无论是语文教师还是学生，都应该改变以往传统的思维方式，认识到教学资源挖掘及利用在高中作文教学中的必要性，并加以实施。教师应依据高中生的实际作文写作需求，在文本教学中，帮助其了解作者生平，充分挖掘和利用语文课文中的名言警句，依据作文写作要求及主题，对各类文学形象加以应用，结合课文思想观点挖掘素材，从根本上实现写作水平的提升。

# 第四节　如何将创新性与实用性融入高中语文作文教学

在当前素质教育理念大力推行的背景下，高中语文教学也需进行深入的改革，通过更新教学理念、创新教学模式去力求适应教育改革对其提出的新要求。在高中语文作文教学过程中，当前的教学模式仍存在一定的弊端，为全面提升作文教学质量，教师应意识到创新性与实用性的融入对作文教学质量提升的重要作用，因此需在实践中不断摸索，寻求将创新性与实用性融入作文教学的有效策略。

## 一、传统高中作文教学中创新意识与真实性问题

### （一）创新意识有待加强

在传统的高中作文教学中，部分教师往往为学生的写作制定一定的模板与构架，以此手段促进学生作文写作的规范化，这样虽然能使文章条理清晰，但对学生的自由发挥有一定的限制，影响了学生思维的发散，无法体现文章的新意。实际上，写作文并不是华丽辞藻的堆砌叠加，更是文章所表现的思想，唯有创新的见解与独特的观点才能体现文章的价值，给人留下深刻的印象。倘若作文写作都是千篇一律的"流水线产物"，并无多大区别，则会让人提不起兴趣，创新意识不足便是传统作文教学中的主要问题。

## (二) 真实性匮乏

高中语文作文教学讲究内容的积极向上，富有正能量，基于这一重点开展创作则常常会使许多学生为了体现内容与词汇的积极向上而编造事实，为了响应作文主题而使用华丽词汇予以修饰，内容却空洞无比，毫无真实性与生活感。因此，在高中语文作文教学中，教师应引导学生意识文章写作的目的不在于遣词造句，而在于真实情感的流露，需要表达出内心的真实想法。

## 二、将创新性与实用性融入高中语文作文教学的相关策略

### (一) 融入创新性

应试教育理念受传统的影响，学生在进行作文写作时，往往按照教师设定的固定架构，虽然这是速成作文写作的方法，但所创作的文章千篇一律，毫无特色。在这种传统的作文教学中，学生的思维逐渐被禁锢，创新能力与拓展能力久而久之则慢慢退化，导致作文同质化现象严重。在当前日新月异的现代社会中，创新才是发展的驱动力，失去了创新则预示着离失败不远，同样的道理在作文写作中也有所体现。因此，将创新性融入高中语文作文教学当中，显得迫在眉睫。

### (二) 布置阅读任务，拓展学生视野

给学生布置一定的阅读任务，相信所有高中语文教师对此都早已轻车熟路，而笔者所说的阅读任务并不能简单地局限于教材，而应该向教材或教辅书之外更为宽广的领域拓展，对于高中学生而言，他们的心智与认知都已基本发育成熟，完全能够深入阅读天文学、医学、物理学等领域的知识，这样不仅能使学生了解更多的知识、拓展自己的视野，同时在作文写作时不再有思想受到禁锢，无从下笔的感觉。当然，教师布置阅读任务时还需充分尊重学生的个人兴趣，只有激发学生的阅读兴趣，才能使其积累更多的写作素材，将其体现在作文写作中，有效提升作文内容的创新性。

### (三) 提出新课题，发散思维与培养创新

在过去的作文教学中，教师往往要求学生加大训练量，同时还要求学生将新意体现在作文中，然而创新不是一蹴而就的，更重要是生活中的日常积累以及个人思维的发散。为有效解脱学生的禁锢思想，教师应重视对学生思维的发散与创新能力的培养。比如教师可以"天亮了"为话题，让学生发散思维，从不同的角度审视题

目，然后表达自己的见解，有的学生则认为题目可写作为露营看日出的美景，有的学生则认为可写作为美好愿望的实现，哪一个更有新意则一目了然。通过全班性的课题讨论激发学生的思考，挖掘其思维潜能，通过取长补短强化写作的创新性，从而提升学生的写作水平。

（四）融入实用性

在高中语文作文教学中，教师同样要注重向学生讲授实用性写作方法，使学生在掌握实用性方法的基础上，有效提升写作水平，进而在高考作文中取得更为优异的成绩。

第一，教师在作文教学中要坚持实用性的教学理念，基于该理念的指导，提取优秀的高中作文中的"精华"。比如，在进行写作格式的作文教学过程中，为成功吸引阅卷老师，则需要确保写作格式的实用性与新颖性，作文的开篇与收尾往往就给阅卷老师一个良好的印象，对其分数有很大的决定作用。因此，教师应告诫学生要重视开头与结尾部分，不可草草开头与结尾。基于实用性考虑，教师可针对作文开头与结尾进行强化训练，同时强调不同类型的作文要有针对性的开头与结尾。

第二，在实用性融入作文教学的过程中，教师还可从内容分析入手，比如针对不同类型作文的基本得分点以及写作规律进行分析，如一般情况下写作象征性文章则可通过叙事文表达文章主题，例如以"父亲的肩膀"为题的作文写作，学生能够进行创作的方向有很多，同时对于学生的写作实力也有很好的鉴定。但很明显这是一篇象征性作文，倘若学生单纯描写父亲的肩膀，则将学生理解能力较差的弱点完全暴露出来。实际上题中的肩膀象征的是一种责任，所以在处理这一类作文题时，教师应引导学生深入理解出题人的意图，抓住文章重点，体现文章写作的实用功能。

综上所述，作为高中语文教学的重难点，作文教学一定要坚持融入创新性与实用性，以此作为作文教学模式的发展方向，进而全面提升学生的语文作文写作能力。对于当前作文教学中存在的弊端，要提高重视并加以改进，在更新教学理念与创新教学模式的基础上去提升学生的语文知识综合运用能力，顺应素质教育的理念，同时也促使学生取得更为理想的高考成绩。

# 第五节　高中语文教材在写作中的二次使用

当前高中语文写作的问题除撇开离题偏题外，素材的积累也是不容忽视的。一个雷锋，学生可以从小学写到高中；一句"花开花落，云卷云舒"，学生也可以在所有的作文中不厌其烦地引用。以本班学生为例，一次月考中，初步统计出58人中有35人写到了海伦·凯勒，22人写到了霍金，27人写到了陶渊明，这是一个很可怕的数据。试想，一个班级尚且如此，那么整个年级呢？重复的结局极易造成改卷教师的审美疲劳，同时也使学生的作文失去个性。因此，素材丰富与否完全可以影响了学生作文的得分。

作文素材来源很多，书本、报纸、网络、电视等都可以丰富作文的素材库，要求学生做读书摘记是很好的做法。此外，本人还想再提一条路子，那就是学会二次使用高中语文课本，从课本中的材料整理出作文素材，形成一个完整的作文课内素材库。叶圣陶先生说："课文无非是个例子。"其实教材就是学生精神营养的来源，是语言学习的范本，因此教师应该在阅读教学中利用好文本多角度挖掘写作素材。

其实，我们的课本就是这样一个巨大的材料宝藏，只是我们没有有意识地去开掘罢了。高中语文课本从必修一到必修五，再加上选修的《中国古代诗歌散文鉴赏》，一共六本书，其中涉及的作者约95人，涉及的作品人物则更多，如果我们能巧妙地将这些素材进行归类整理，那么将大大丰富我们的作文素材库。

## 一、从作者角度入手，可以分为中外两大类

在六册课本中，中国作者共有约78人。按年代来分，古代作者约56人，近现代作者约22人；以性别来分，女性3人（李清照、白瑞雪、周婷），其余为男性；就职业来分，有政治家、文学家、诗人、自由职业者等，涵盖面较广；以个人经历来分，有成功者，有失败者、乐观之士、消沉之人，有为国家民族利益之战斗者，有思乡怀人之悲情人。

以"为国家民族利益之战斗者"为例，如果作文的中心论点是"信仰"，学生定然首选杜甫、屈原、辛弃疾。其实，还有很多人可以写，比如必修二第一单元第三课《囚绿记》的作者陆蠡，就是一个有爱国信仰的战士，当他被日本宪军严刑拷问的时候，依旧能够用"爱国""不赞成""绝对不能征服"这三句铿锵有力的回答蔑视日本人，他的所作所为足以称其为铁骨铮铮的硬汉子，也足以让学生把他写到作文中去，变成以下的段落："信仰是支撑人性的重要依据。正如陆蠡即使面对日本人的严刑拷问，依旧能够用'爱国''不赞成''绝对不能征服'这三句铿锵有力的回答蔑视日本人，难道不正是爱国的信仰在支撑着他光辉的人性吗？他的壮举，让那些明知凶多吉少，还心存侥幸希望有一天他会突然归复的人们，用一种仰望的态度祝福他、钦佩他。日复一日，年复一年，直至抗战胜利后的第二年，仍然音讯全无。只有在这个时候，人们才不得不相信，陆蠡是永远也不会回来了。但人们依旧没有忘

记他，没有忘记这个因为拥有爱国信仰，坚持抗日、不屈不挠，虽被虐杀却英魂永驻的陆圣泉。纪伯伦曾说过'信仰是心中的绿洲'，一个人，若是没有了信仰，便如同失去了生的希望，所以，要在短暂的人生中拥有一种正确的信仰，即便生命逝去，但终究经历过美丽的历程。"这样的段落显然比较容易打动评卷教师。在写作中灵活巧妙地运用课文中的观点思想，不仅能体现自己的思维品质，也能使自己的作文立意更加深刻。

至于外国作者，在6本课本中，共有约14人，也可以按照中国作者的分类方式进行归纳整理。

## 二、从作品内容角度入手，可以分为战争类，文化类，思想情感类

### (一)战争类

六本书中与战争有直接关系或间接关系的作品约32篇，涉及古今中外。如必修一的《烛之武退秦师》，烛之武游说秦伯的原因就是秦晋两国围攻郑国，我们可通过分析烛之武的人物性格，把他变成一个作文素材。烛之武最大的特点就是思维缜密，懂得站在秦国的角度分析问题，也正因为这样，他才打动了秦伯，使郑国免去了一场战争灾难。可见一个人若有缜密的思维方式，是可以趋吉避凶的。同样，晋公也可以成为作文素材，当子犯请求攻打郑国的时候，他能够冷静地看清形势，而不是因为秦军的临阵退缩，一怒之下贸然进攻郑国，他的审时度势也不失为一个写入作文的亮点。

### (二)文化类

文化类比战争类略多一些，约40篇，其中有劝人拜师的，有文学名著的节选，有科学论著，有文字研究等，这些内容，完全可以成为作文素材。如必修五的《边城》，我们可以从翠翠入手，写出她纯真含羞的朦胧心态，可以从湘西风景入手，写出宁静的古城给人的淡定，也可以从整个民风民俗入手，写出整个大环境的和谐与质朴，从而挖掘"环境影响人物性格"的主题，写入作文中。再如《中国建筑的特征》，我们可以领略中国的建筑之美，通过梁思成先生的生动描绘，我们可以感知中国传统文化的魅力，将其定位为"细心观察方能有所收获""传承的重要性"等中心，然后联系现实，便可成段。

### (三)思想感情类

所谓"言为心声"，很多作者在创作的时候，常把自身的感情融入作品中。在

六本书中，多达约77篇涉及思想感情。有《荷塘月色》中朱自清先生淡淡的忧愁，有《琵琶行》里白居易的"同是天涯沦落人"的哀叹，有《马克思墓前的讲话》中恩格斯对挚友的悼念与赞颂，还有《小狗包弟》里巴金老人对人性的反省与拷问，这些都足以成为我们的作文素材。如必修一的《大堰河——我的保姆》中，艾青先生反复使用了"她含着笑"这四个字做开头，不是他词穷，而是他用最恰当的字评价了大堰河，这个始终含着笑的大堰河，用她母性的包容深深打动了每一个读者，我们为什么不能把她的这份包容写入作文中，用她来打动评卷教师呢？再如选修《中国古代诗歌散文鉴赏》中的《祭十二郎文》，韩愈用了"其信然邪？其梦邪？其传之非其真邪？"这三个问句，表达出了其失去十二郎的锥心之痛，怎能不令人唏嘘不已？在这份哀痛中，我们是否也可以提炼出这样一个作文素材"学会珍惜拥有的，不要等到失去了才追悔莫及"？

综上所述，作品内容可挖掘的作文素材有很多，这些不仅停留在事件上，其中涉的人物同样可以挖掘。

### 三、纵横交错，古今合一，中外互补

高中语文课本素材的二次使用可以让学生增加很多作文素材，这些素材除了按照上述所说逐一分类使用以外，也可以在分类之后，试着跨越时空、国别、职业、年龄等界限，将相似或者相反的例子整合成一个素材，也可以将作者与其笔下人物进行整合等。

（一）同类合并

我们可以把同一类型的素材整合成正向对比或者排比类型的段落模式。如同样是乐观豁达的主题，我们不仅可以提到苏轼、李白，还可以提到毛泽东；同样是在困境中不气馁的主题，除了写辛弃疾、王勃，还可以写马丁·路德·金。

（二）异类合并

除了同类合并外，我们也可以选择反向对比的两个例子组合成段落。如同样是女性，《雷雨》中的鲁侍萍，《祝福》中的祥林嫂，《窦娥冤》中的窦娥，《孔雀东南飞》中的刘兰芝，《氓》中的女主人公，这五位女性，虽然结局大都是家破人亡，但在这个过程中所展现出来的精神品质却各有不同，甚至大相径庭。如鲁侍萍，正是因为她的懦弱，才造就了下一代的悲剧；而窦娥虽然冤死刑场，但却通过自己的抗争，让罪有应得的人得到了迟来的正义严惩，再如《老人与海》，海明威与其笔下的桑迪亚哥就可以组合成一个很好的反向对比段落："我们要学会释放压力，用积极

乐观的态度面对人生，毕竟只要活着，总会有希望。也许你不曾想到发表了《老人与海》，并因此荣获诺贝尔文学奖的海明威，却因其精神上受的压力越来越难以忍受，竟然在 1961 年 7 月 2 日，用一把猎枪结束了自己宝贵的生命，使世界文坛又失去了一颗璀璨的明星。如果他能在压力如山时，多一点积极，多一点乐观，何至于此？虽然他曾说：'我可以被杀死，但是不会被击败。'有人解读为：他是有抗争意识的人，宁愿选择结束自己的生命，也不要留着残破的身躯听天由命。但无论何种抗争，也不一定都要以自杀来表示，我们要学会灵活看待人生，当处于低谷，处于劣势的时候，若能用积极与乐观的态度，将压力化于无形，那么我们才会如桑迪亚哥般捕获属于自己的'大马林鱼。"学习一篇课文，不仅能学习文字、词句和写作技巧，还要了解作者的人生经历、人生故事、人生信念，积累议论文写作素材。

高中语文课本的编排是编书者集大成之作，能够入选的篇目绝对不是泛泛之作。总之，语文课本蕴藏着丰富的语文资源，是积累材料的宝库，是传授章法的"例子"，是揣摩写作的标本，是认识生活的桥梁，是激发想象的触媒，是学习语言的捷径。每一篇课文都是很典型的论据，是取之不尽、用之不竭的写作源泉。我们如果能够将之二次使用，科学合理地归类整理出其中的内容，那么议论文的素材积累就不是大问题了。当然，若能使用这种归类整理的办法积累课外的素材肯定是更好的，这就需要学生的自觉、配合以及教师的引导、鼓励与督促。因此，要想把议论文写好，于师于生而言，都绝非易事，但有一点是可以肯定的，多思考、多积累、多动笔，写作水平是一定会提高的。

# 第六节　期待视野理论在高中语文写作教学中的应用

在读者群中，期待视野是普遍存在的，而读者如同龄学生、指导教师等对高中作文创作者会产生重要的影响，这是期待视野的读者效应，期待视野理论同样也能应用于作文创作者本身，通过影响创作者自身从构思到落笔的各个过程是，可以让形成的作品产生不一样的味道。

## 一、期待视野与高中语文写作教学的耦合

期待视野接受美学里的一个关键概念，在文学阅读以前，还有阅读的整个过程中，对于接受主体的读者而言，会受到个人及社会两方面的深层次原因限制，心理上出现既定结构图式，这种心理上的既定结构图式便被称之为阅读经验期待视野

（李意傅著《接受美学同接受理论的拓展》）。这一概念注重阅读时的期待视野，实际上我们完全可以将其进行引申，使之驾驭写作时所出现的种种现象，也就是在高中语文写作教学过程中，写作主体也就是高中生同样会受到个人及社会两方面的深层次原因限制，出现写作前与写作中的心理既定结构图式，如果心理图式与预期写作内容相一致或者大部分相合，那么就会创作出好的作品，因此我们可以说，期待视野同高中语文写作教学的耦合关系是极为明显的，在写作教学时教师就要特别注意写作主体也就是学生的心理认知结构及实时写作需求，而不能仅仅认为作文教学是审题、立意、执笔等过程的生硬叠加，如果有那样的认识，那么学生只能是创作作文的机器，这显然是荒谬的。单就学生既有体验与写作要求的关系来看，既有体验人人皆有不同，各人体验又处于不断变化的状态，每一篇作文便各不相同，如何使成品在创作者心理支配下更符合高中作文教学目标，恰恰是期待视野发挥作用的靶心。

## 二、期待视野对高中语文写作教学的要求

作为高中语文写作教学的接受对象，学生所处的位置特别重要。作文是一种文本，学生创作作文的目的就是要让这种文本尽可能在自己的期待视野范围内变得更加理想化。因此，期待视野给高中语文写作教学提出了以下具体要求：

### （一）满足学生定向期待

所谓定向期待就是作文创作者是带着自己既有的社会经验与审美期待进行作文创作，并完成对作文要求把握的准确性，这就会使创作者审美期待在一定程度上对审美结果造成限制，也就是俗语所说的心理状态决定了作文的质量。在作文创作过程中，学生期望审美期待与审美结果相符，也就是作文创作能够满足真情实感的抒发要求。然而在实际的作文教学过程中，这种自由往往会受到限制，学生面对的作文要求一般是已经格式化的，最起码也有了基本的方向性，这种格式化与方向性未必完全与学生期待视野相符，甚至和学生期待视野背道而驰。如此一来，学生的作文成品当然难以达到理想效果，同时学生自身也会失去创作的乐趣。至于为什么会出现这种现象，答案其实很简单，作文不可能没有要求，而学生的生活范围与思维范围却过于狭窄，有时很难与作文要求产生交集；同时学生所阅读的文学作品数量不多，同样导致审美经验不足，下笔时往往空洞无物。解决问题的途径无非是满足学生的定向期待，也就是教师在作文教学时对作文审题立意进行针对性的指导，要让作文教学满足学生，而不是让学生接受作文教学。

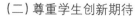

### （二）尊重学生创新期待

教师应当满足学生的定向期待，同时，学生对作文成果的期待视野也应得到拓展，这就是创新期待的意义，它和期待视野包含的定向期待呈对立状态，要求创作主体不断改变自身写作习惯方式，积极调整自身期待视野范围，将客观世界所具有的而自身视界范围中暂时没有的内容积极吸收进来，从而让写作变得更顺畅，也就是逐步丰富作文的意义以及表现范围，这当然可说得上是一种创新。创新期待可以减少写作者与作文命题间的距离，帮助学生更加理想地接受写作课程，在满足学生心理期待的同时，给学生以重新认识写作要求的机会。学生便可以写自己所欲写、发他人所不能发。

## 三、期待视野在高中语文写作教学中的应用策略

根据上述期待视野对高中语文写作教学要求的分析，结合教学实践，笔者认为可以尝试从下述三个方面分别研讨期待视野在高中语文写作教学中的应用策略：

### （一）带领学生实现广泛阅读

阅读是写作的前提与根本，对高中生而言，更是一种感受生活与思考生活的捷径，学生的期待视野会因为阅读量的上升、阅读质量的提高而不断拓展。一方面，阅读能够为学生提供感受生活的难以取代的功能；另一方面，阅读还可以让学生在文字中博古通今，了解不同时代、不同环境、不同背景下不同人的喜怒哀乐、悲欢离合。鲁迅先生的杂文《拿来主义》，让学生懂得了一分为二看待问题的哲学思辨；史铁生的《我与地坛》、王羲之的《兰亭集序》，让学生进行了生和死的思考；《我的空中楼阁》里面包含有动和静、大和小、有与无的把握。这些阅读的启示正是写作时取之不尽、用之不竭的源泉，同时也是人生阅历的精华提炼。无疑学生的阅历越丰富，其期待视野涵盖面就越广，其对待写作素材与写作命题时的思想也就会越活跃。值得注意的是，书本的阅读只是生活阅读的一个方面，此外还有许多其他的阅读方式，比如教师可以指导学生每天晚上收看中央电视台的《新闻联播》，并用简短的语言将新闻内容记录下来，并形成自己的感悟，只要持之以恒，学生的期待视野就可以变得宽阔起来，这是尊重学生创新期待的一种绝佳方式。

### （二）带领学生实现精准审题

无论是标题作文还是话题作文，既然给出了题目的方向，那么对学生的期待视野都是一个挑战，题目可能在学生的期待视野之内，也可能在学生的期待视野

之外，实现期待视野对作文题目的涵盖，是学生审题时的主要任务，也是教师指导学生审题时的重点努力方向。首先，教师可以指导学生依照内涵外延原理进行审题分析，以便使写作命题与期待视野更相契合，比如若命题要求是"飞"，只有这一个字，教师便可以指导学生对"飞"这个字的内涵进行剖析，鸟类在空中鼓动翅膀、飞机利用动力在空中滑翔、蒲公英的种子在空中飘浮等，都可被涵盖在这个字之内。同时，"飞"能够组成意境不同的词组：腾飞、飞翔、飞跃等，而和"飞"字相对的词则是"停""落""止"等，同样可以加以应用。同时"飞"字的外延还可以上升到事业、青春、国家等多个方面。教师指导学生认清作文命题的内涵，拓展了作文命题的外延，使命题积极向学生期待视野中延伸，这是满足学生定向期待的一种绝佳方式。当然，除了指导学生依照内涵外延原理进行审题分析外，教师还可以指导学生利用结构法进行审题分析。例如，当出现"求利"这个写作命题时，教师可以帮助学生分析：该词属于动宾短语，也就是说要求作文的写作对象为"利"，重点是"求"，再深入分析，命题所考查的学生如何思考"求什么利""如何求利"两个问题。比如江苏省的一次模拟考试中曾经有过这样一个作文要求：人的五官比较有趣，两只眼睛都朝向前方，两只耳朵分向左右，只有一张嘴巴，这是不是要警示人们多看、兼听、少说呢？请你根据这段话完成一篇文章。完成该题目创作时，教师可以指导学生站在自身的期待视野理清看、听、说三者的关系，或者理解为并列，或者理解为递进，或者理解为转折，均无不可，侧重点也可以分别落在看、听、说任何一个字上，只要把三者的关系弄清，能够自圆其说便可以。

（三）带领学生完成布局谋篇

在议论文的布局谋篇指导过程中，教师可以把学生的期待视野与作文创作联系起来，让创作在视野中逐渐放大而又不失自由。议论文有一个普遍的创作思维模式，即提出问题、分析问题与处理问题。所以，教师要带领学生紧紧围绕"是什么""为什么""怎么样"进行布局谋篇，这不但可以让学生的思路放得更开，同样可以使其更加深入地理解问题，更好地满足期待视野与高中语文写作的耦合。比如广东省曾经给过一个作文命题：不要轻易说"不"。面对该命题，教师首先可以指导学生按照"是什么"的思维进行谋篇，比如可以提出三个子论点，睿智拒绝、大义坚守、奋起抗争都是不轻易说"不"的具体行为。其次，教师可以指导学生用"为什么"谋篇，同样可以提出三个子论点，对你爱的人说"不"，会失去交流的机会；对爱你的人说"不"，会失去爱人的机会；对陌生人随便说"不"，会失去交往的机会。再次，教师还可以指导学生用"怎么样"谋篇，依旧可以提出三个子论点，明确以后再说"不"，深思以后再说"不"，了解以后再说"不"。不同的思考方式得出的不同子论点，其关系可以是并列的，也可以是递进的，只要言之成理，且处在自身期待视野之内就是一篇成功的作品。

在读者群中，期待视野是普遍存在的，这会给写作者的思维及实际行动带来不言而喻的影响，而期待视野理论直接给写作者也就是学生主体造成的影响则相对不易发觉。实际上，写作者的要求、愿望、感情一旦带入到写作实践过程中，同样会成为一种强大的力量。教师如果善于运用期待视野理论，从审题到谋篇各个环节对学生进行针对性指导，定能取得事半功倍的效果。

第十一章　高中语文课堂教学概述

# 第一节　浅谈高中语文课堂教学

高中语文教材是一顿名副其实的"大餐"，它"味道十足，营养丰富"，但是在应试教育的指挥棒下，教师只注重语文的工具性而忽视了它的人文性，致使语文课堂枯燥、乏味，学生出现了语文课的"营养失衡，消化不良"的普遍现象，叫人痛心，令人担忧。

如何才能让语文课堂绽放光彩，使其成为学生向往的精神乐园？笔者认为，语文教学应添点"油"，加点"醋"，让其"五味俱全"，这样学生才能尽情享用，怡情养性，全面发展。

## 一、"人文味"是语文教学的"灵魂"

人文教育就是将人类优秀的思想文化成果等通过知识传播和环境熏陶，使之内化为人的品格、气质、修养，并成为人相对稳定的内在品质。一位科学家曾说过："一个国家，一个民族，如果没有优秀的人文文化，就会不打自垮。"如今，人类的生存环境、理想信念、价值观念等都受到了前所未有的挑战，而许多学生却缺乏历史使命感和社会责任感，患上了"精神软骨病"。

语文学科是滋养人文精神的沃土。语文教学要充分挖掘人文资源，注重人文精神的陶冶。具体莱讲，就是语文教学要坚持用课文中饱含的真善美，帮助学生提高人生境界，丰富美好心灵，塑造健全人格。因此，在语文课堂上，教师要不断融入人文精神，使学生拥有"天生我材必有用"的自信，展现"仰天大笑出门去"的豪情，树立"亦余心之所善兮，虽九死其犹未悔"的信念，获得"久在樊笼里，复得返自然"的感悟，确立"人生各有所乐兮，余独好修以为常"的高尚人格……在语文课堂中融入"人文味"，让语文教学成为塑造学生灵魂的手段。

## 二、"人情味"是语文教学的"土壤"

有位伟人说过："情感如同肥沃的土壤，知识的种子就播种在这块土壤上。"语文课堂教学过程是师生情感交流与互动的过程，而教材（课文）也"不是无情物"，而是承载和传播情感的载体。教学中，只要教师能引导学生付出真情，使学生的情与文章的情融为一体，语文教学就会达到"登山则情满于山，观海则意溢于海"的"育情"境界。

在语文课堂上，教师注入"人情味"，引导学生与优秀的文化接触，与古今中外的高贵灵魂对话，充分挖掘和发掘教材（课文）的情愫，让学生始终涌动情感的生命源泉，培育学生热爱祖国、关爱社会、体察民情、眷念故土、珍爱青春、感恩亲情的情感，不仅可以实现语文教学提高学生语文素养的目的，还可以实现教育的育人目标。例如，教师可以引领学生从《大堰河——我的保姆》中感受养母情深，从《我与地坛》中体会母子深情，从《边城》中认识祖孙、兄弟之情，从《致橡树》中领悟独立不依的爱情，从《雨霖铃》中体悟"执手相看泪眼，竟无语凝噎"的离别深情，从《京口北固亭怀古》中感悟拳拳赤子之情……的确，语文教学确实情意绵绵，怎一个情字了得！

### 三、"文学味"是语文教学的"养料"

所谓"文学性"，就是引导学生欣赏课文的文学价值，给学生以美感，激发学生对文学作品的兴趣。而在实际教学中，教师仅从理论引导学生分析课文的构思、技巧，却忽略了文学作品的"形象性"。久而久之，势必使语文教学陷入枯燥、机械的境地，使学生对语文课文失去了应有的兴趣和热情。

文学类作品所占的比例都在60%以上。由此可见，给语文课堂植入"文学味"，使语文教学"诗化"，对中学语文教学很重要。

给语文课堂植入"文学味"，引领学生品味或幽雅或豪迈、或沉郁或飘逸、或讽刺或幽默的优秀文学作品，可以净化学生的心灵，陶冶他们的性情，丰富他们的诗化语言；给语文课堂植入"文学味"，引领学生欣赏文学作品中呈现出的情景交融的意境美，可以让学生在审美鉴赏活动中主动提高审美能力；给语文课堂植入"文学味"，引领学生走进文学王国，阅读经典，丰富人生，可以让学生的生命在阅读中展现更多的精彩。

### 四、"生活味"是语文教学的"活水"

著名教育家陶行知先生曾说过："生活即教育，社会即学校，没有生活做中心的教育是死教育。"的确如此，生活确实是教育的中心，教育只有依靠生活才能产生力量而成为真正的教育。

宋代理学家朱熹在《观书有感》中说："问渠那得清如许，为有源头活水来。"生活犹如潮水，每时每刻都激荡着我们的情感，刷新着我们的知识。教师只要能在课堂上及时抓住学生心中的每一次感动，引导学生反复咀嚼，仔细玩味，语文课堂就必然会充满激情，绽放出美丽的光彩。

要想给语文课堂引入"生活味"，教师必须在教学过程中以学生的实际生活和经验为基础，高度重视课程资源的开发和利用，创设各种学生能够自主探究的学习情境，通过内引、外联等方法沟通课堂内外。在《孔雀东南飞》一文中探讨焦仲卿、刘兰芝对封建礼法抗争时，学生就说双双殉情的抗争是消极的，现实生活中一般会私奔，这时候教师就应引导学生认识文学的力量，为尾段化鸟双飞、化木连理的浪漫主义结局做铺垫。学生根据生活经验把抽象的语文知识转化为具体而充满生命活力的能力。

### 五、"时代味"是语文教学的"脉搏"

语文课堂教学应抓住时代脉搏，体现时代特征，将课堂与社会、人生紧密联系在一起。在语文课堂上，教师恰当地导入具有时代气息的知识，可以创设新颖独特的教学情境，激发学生参与探究学习的激情，陶冶他们的情操，激活他们的思维。

因此，在语文课堂教学中，教师应引导学生关注社会，紧跟时代，鼓励学生辩证地看问题，培养学生认识世界的能力和批判精神，让课堂这一小天地成为学生的人生导航标。例如，在语文课堂教学中，教师可以引导学生关注社会热点，了解国内外发生的大事，让学生从各类新闻中了解众生百态、人情冷暖、世间万象——这些对整天待在教室读书的学生来说，无疑既是一顿丰富的营养大餐，又是一份高品质的精神大餐。语文教学关注的不仅仅是知识点、能力点、得分点，也要关注学生的素养和发展，更要关注语文的人文性特点。从精神的开拓，人的发展的高度去把握，才会领会语文所包含的丰富内涵。

# 第二节　如何打造高效的高中语文课堂教学

《高中语文课程标准》指出："高中语文课程应在义务教育的基础上进一步提高学生的语文素养。应该继续关注学生的语言积累以及语感和思维的发展，帮助学生在阅读与欣赏、表达与交流的实践中，掌握学习语文的方法，增强语文应用能力，培养审美能力、探究能力。"要提高课堂效率，让学生真正学有所获，就必须优化语文教学。具体环节有以下几个方面：

## 一、有效布置预习

首先，要攻克字词关。在布置课前预习时，教师要求学生把课文中自己不会读的字、不理解的词及句子标记出来，通过查找工具书初步理解。把没有搞清楚的问题特别标记出来，等待课堂上老师的讲解。这样，学生听课更有目标性，听课效果也会提高。其次，要通读课文，把握文章脉络。提倡大声朗读课文，既可以锻炼学生的语言表达能力，又可以大致了解文章的内容。清楚文章的内容后，尝试着归纳每一个自然段都讲了什么内容、用了怎样的表达方式、修辞方法，重点在哪里，然后再看看是否可以提炼文章的中心。在这方面，只需概括文章通过什么样的内容表达了作者怎样的观点、抒发了怎样的情感就可以，不必苛求文字的精准。最后，要了解文章背景。这样可以使学生走进作者的世界，更好地理解课文。

通过如此的课前预习，可以把问题集中起来，在课堂上讨论解决，既节省了时间，又提高了课堂教学效率。

## 二、恰当的教学行为

课标强调以学生为本，就是要把学生视为学习的主人，让学生多探究、多活动。新课改强调学生在课堂上的主体地位，但中学生正处于心智成长阶段，独立思考、判断的能力还不强，知识结构也不完善，如果仅仅为了突出学生的主体作用，完全放手让学生去做，也不可能使学生的能力得到实质性的提高。因此，教师在教学中的主导作用不可忽视。教师还需适时介入，对文本做恰如其分的拓展和必要的点拨，才能将探究引向深入，进一步激发学生深层探究的兴趣。

新课改并不排斥老师讲，问题是怎样讲。教材无非是个例子，要通过讲解这个例子使学生举一反三，掌握阅读和作文的熟练技能，因此教师就要朝着促使学生"反三"这个目标精要地"讲"，务必调动学生的能动性，引导他们尽可能自己去探索、去发现。

## 三、抓好课堂朗读

《高中语文课程标准》要求"能用普通话流畅地朗读，恰当地表达出文本的思想感情和自己的阅读感受"。在语文课堂教学过程中，通过好的方法引导学生，既可以激发学生学习的兴趣，又可以使学生在轻松愉快中学得知识，提高语文课堂教学的效率。朗读的方法最切实可行，"书读百遍，其义自现""熟读唐诗三百首，不会写诗也会吟"。尤其是在诗歌、文言文教学中，诵读教学更为重要。诵读教学形式多种多样：教师范读、领读，学生默读、朗读、齐读，男女学生对应朗读、分角

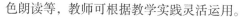

色朗读等，教师可根据教学实践灵活运用。

文言文教学更是如此。一直以来，学生最不爱学的就是文言文，采用诵读教学法后，情形大为改观。教师即便对文章不做过繁过细的分析，学生也会在诵读中自然感知和领悟文意，体会文章的情感，激发学生学习语文的热情，进而提高语文课堂效率。

### 四、设计好课堂提问

科学的提问也是提高课堂效率的重要手段。首先，问题要体现教学目标。教师对问题的切入角度要进行精心的构思，问题的设计不可"离题"太远，应集中、简洁，紧扣教学目标，有助于学生理解课文内容，掌握语文基础知识，充分调动学生思考和表达的积极性。其次，提问要有启发性，要能促进学生思考，减少或避免像"对不对""好不好"之类走过场的问答式提问。这类问题思维含量很少，表面热闹，价值不大，不利于培养学生的思维能力和表达能力。而启发性的提问能引导学生主动探索，最大限度地调动学习积极性。最后，设计的问题要有创新性和延展性。课堂提问要着眼于创新精神的培养，促进学生开拓、进取、探索等优良学习品质的形成。

## 第三节 如何设计优化高中语文课堂情境教学

情境教学的教学模式已经越来越被老师所重视，很大程度上都运用于语文的教学过程中。而情境教学的教学模式也受到了相关教育部门的认可，并大力对这种教育模式进行研究，对情境教学进行优化，以此帮助老师在课堂上的教学工作以及提高学生的学习能力。

### 一、现今高中语文情境教学的情况

根据相关教育部门提出的情境教学模式，各个高中都响应其号召了将情境模式运用在课堂的教学过程中，但是现今的情境教学还存在许多不足之处，以下将对高中语文课堂中的情境教学进行分析。

（一）情境教学不是很生动

很多高中的语文教学都响应号召运用情境教学的教学模式，但是却没有掌握正

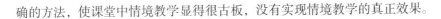

确的方法，使课堂中情境教学显得很古板，没有实现情境教学的真正效果。

(二) 学生想象空间不足

现代我国高中语文的教学课堂大部分教学都是老师在主导学生，学生只能一味地接受知识，这可能会影响学生对知识的吸收能力。学生对知识的理解仅仅局限在书本上，很大程度上影响了学生的想象能力，不能对学习的知识赋予生命力。

(三) 教学没有抓住重点

在高中语文课堂实行情境教学的过程中，很多老师都没有找到情境教学的良好方法，这会使情境教学失去意义，对学生在课堂上的学习时间造成浪费，并不能达到学习的效果。

(四) 高中生不具备总结能力

在语文情境教学的过程中，高中生对学习知识的模式感到新颖，从而对语文教学感兴趣，但是却没有真正记住教师所教授的知识，学生对课堂上教师讲的知识一听一过，没有做到良好的记录，同时也不具备学习知识的总结能力。

在学生的学习生涯中，语文的学习从初中到高中的过渡是极为重要的。和初中的语文学习不同，高中的语文学习不仅仅是从文章中学习技巧，更多的是根据文章领会作者的想法，感受作者想要营造的氛围。

但是很多高中生在语文的课堂教学中无法很好地领会文章的主旨，对文章的把握也不是很得当，主要是因为高中生不能准确地找到文章中隐藏的线索，也没有准确地掌握把握语文文章的方法。

之所以提出要在高中语文的课堂教学中采用情境教学的模式，主要就是针对高中语文教学的教学目的而言。高中的语文教学要引导学生赏析文章，这要求老师在课堂教学的时候要将书本上的文字更加生动地展现给学生。让学生们懂得在语文的学习中要将情感与氛围环境相结合，更加深入地理解文章的主旨。

老师要明确了解语文的教学是不能将情感和氛围环境相分离的，这也是语文的学科特征。语文可以将中国文字的精髓体现得淋漓尽致，可以通过阅读语文文章从文字中感受情感，将情感与文章意境相结合，感受文字带给学生的无限魅力。这样可以让学生更好地感受文章真正的写作意图，使学生更容易地学习文章，同时激发学生学习语文的兴趣。

## 二、优化高中语文课堂情境教学的方法

### （一）做好课前引导

语文学科的学习与其他学科的不同之处就在于不存在死记硬背的现象，在语文的学习过程中最主要的是让学生理解感受文章。因此，老师在课堂教课之前，一定要先让学生了解将要学习文章的写作背景，让学生从作者所处的年代角度理解文章的写作意图。这要求老师一定要对文章教学进行先前的引导工作，让学生在阅读文章之前对文章的内容产生好奇。

例如：在《桃花源记》的课堂教学中，老师可以在课堂上利用现代的多媒体设备将桃花源的图片以及《射雕英雄传》中的桃花岛视频片段展示给学生，让学生感受桃花源的魅力，让学生们想要了解桃花源里面的样子，从而对文章产生兴趣。

### （二）提高学生情感的表达

高中语文对学生情感的表达有很大的影响作用，老师可以通过语文的文章教学培养学生的情感表达，同时通过情境教学方法提高学生的情感表达能力。老师在情境教学的过程中要重点加强与学生的互动，主动引导学生将自己的想法感受表达出来，让学生主动地参与到课堂的教学中来，从而在交流的过程中得出想要的答案。

例如：在《茶馆》的学习中，老师可以在预习的时候将学生分成不同的小组，让每个小组的成员分配角色进行茶馆的表演。让学生们进入到角色里面，从角色的角度理解整篇文章。这样可以使学生对文章的印象更加深刻，并且体会文章的情感。再由学生将自己角色的感受说出来，在课堂上进行交流，帮助同学一同领会文章主旨。

### （三）运用现代互联网教学

老师在文章的教学过程中可以利用互联网查找一些资料，很多经典的文章名著都被翻拍成电影和电视剧。老师可以在学生阅读文章之后，给学生们播放一些演出片段。这样可以将书本上的文字更加生动地展现给学生，帮助他们将一些不理解的句子或者片段通过通俗的表演来呈现出来，有利于学生更加快速地把握文章。

高中的语文课堂教学的内容是非常丰富的，其中蕴含着中国五千多年的历史底蕴。老师在教学的过程中不仅要教授给学生相关知识，更要让学生真正体会语文的魅力。情境教学在高中语文课堂的应用可以帮助学生更好地把握语文学习的知识，从而提高学生对语文学习的兴趣与积极性。让学生在情景模式的高中语文教学中

更加轻松地理解和学习知识，同时使课堂教学的氛围更加愉快，教学的内容更加生动。希望该文对于高中语文课堂以及情境教学的相关研究能更好地帮助高中语文教学的顺利发展。

# 第四节　高中语文高效课堂

随着新课程改革全方位展开，基于素质教育的需要，高中阶段教育改革步伐较大，这也是高中阶段自身定位的需要。改革面临方方面面的问题，大家都静下心来做好自己的本职工作，努力在实践中探索，在探索中学习提高，我们的努力才更有价值。下面我就本学科的一些问题，结合教学工作谈一些肤浅的看法：

## 一、语文课的性质定位

语文课程标准提出，"语文是最重要的交际工具，是人类文化的重要组成部分"。一个"交际"，一个"人类文化"，两个"重要"表明了在课程性质上的倾向性——语文课程具有工具和人文的性质。新课程标准不仅给语文定性为工具，而且突出贡献这个工具的个性特征：交际工具，负载文化的交际工具。

社会交际的言语必然是对语言的具体运用，包括听说读写，它是每一个成员一天也离不开的。语文是负载文化的交际工具，这个语文的新性质给语文学科以坚实的理论基础和正确方向。

在课程实施的过程中，要真正做到二者的统一较难。既要打好语文学习的基础，又要重视语文的熏陶感染作用，也就是要在培养学生语文能力、使学生逐渐掌握语文工具的过程中，使他们同时受到文化、文学、思想、情感的熏陶。因此，在语文教学中要重视和发挥语文课程对学生价值观的导向作用，学生要既学语文，又要学做人，还要重视语文课程对学生在文学、情感诸方面的熏陶、感染作用。

## 二、新课程标准对语文课的要求

《中学语文课程标准》倡导"探究性学习方式"，新课程标准的基本理念之一是"积极倡导自主、合作、探究的学习方式"。学生是学习和发展的主体，语文课程必须根据学生身心发展和语文学习的特点，关注学生的个体差异和不同的学习需求，满足学生的好奇心、求知欲，充分激发学生的主动意识和进取精神，倡导自主、合作、探究的学习方式。

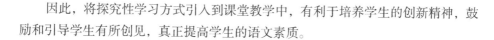

因此，将探究性学习方式引入到课堂教学中，有利于培养学生的创新精神，鼓励和引导学生有所创见，真正提高学生的语文素质。

### 三、语文高效课堂策略

要使学生形成探究性学习方式，应着重做好以下几个方面的工作：

（1）教师的教学行为应当转变。教师应由传统的知识传授者变为学生学习的参与者、引导者和合作者。改变传统教学中学生消极被动地接受知识的状态，把教学看成学生通过探究性活动主动建构学习的过程。改变教师单向传递知识的教学行为，树立以活动促发展的教学观念，教师不再是传统教学过程的控制者、教学活动的支配者、教学内容的制定者与学生成绩的评判者，而应是学习环境的设计者，学生自主学习活动的引导者、组织者和指导者，为学生创造良好的学习氛围，给学生心理上的支持，注意培养学生自觉、自律能力，培养学生的创新精神。

（2）培养学生大胆质疑的习惯。古人云："学贵有疑。小疑则小进，大疑则大进。"无数事实证明，"问"是培养学生进行探究性学习的切入口。有人说，学习的过程是从"无疑"到"有疑"再到"无疑"的过程。只有学生有了疑问，才会产生探究的兴趣。因此，教师要积极引导学生提出自己的疑问，引导学生积极参与发言，让学生在探究中寻找答案，在这一过程中，教师要适当做以点拨和补充，这与老师将现成的答案一下子"端"给学生，效果截然相反。

（3）培养学生思维方法。

①打破定势，反向思维，引导学生发现问题。要善于指导学生从习惯性思维模式中跳出来，打破思维定势，试着进行反向思维，引导学生用批判的眼光看事物，从中发现问题。

②曲设情境，发散思维，启发学生梳理问题。曲设情境，广开言路，多向思维，使学生在思维的发散中培养解决问题的能力。但在曲设情境时，一定要设计具有开放性的问题，从而引起学生兴趣，帮助学生拓宽思路。

③挖掘难点，探究思维，培养学生解决问题能力。在新课程改革下的语文探究式学习中，教师要善于捉住疑难点，引导学生探究性思维，让学生去发现和探究疑难、突破疑难，然后陈述出来。

④教学评价中增加学生创新比重。教学评价要突出学生探究性学习成果的独创性，最大限度地增加学生创新的比重。只有这样，学生才会品尝到探究性学习的甜头，重视这种学生方式与创新思维能力的培养。

## 四、高效课堂实施

解放思想，调动广大教师的积极性，很多老师在实践中发挥才智，在实践中取得了不小的成绩，总结来说，表现为两个方面：

### (一) 把课堂的某一部分交给学生，锻炼学生的口头表达能力

(1) 下放导语权。每一节语文课的课前三分钟时间让学生进行口语交际活动，要求学生设计本课导入语。在学生激情的引导下，同学们已把目光聚焦到这篇课文上来，接着教师乘势上课。

(2) 下放教学字词权。上新课前，教师要让学生认真预习课文，借助工具书扫清生字词障碍。学生实际上已经在课前很好地按要求掌握了对生字词的学习。教学新课时，让一两个学生教学字词，着重理解多音字和形近字，实际上是组织一次对生字词的巩固练习，对难检字进行识记，再组织字词竞赛。

(3) 下放提问权。把提问权交给学生，是开启学生思维、调动学生学习主动性的一条很好的途径。可以先让学生充分熟悉教材，再让学生提问，这样他们提的问题往往具有针对性。

### (二) 把整个课堂交给学生，锻炼他们驾驭一节课的能力，以此提升组织及逻辑思维能力

在语文课堂教学中，让能力较强的有特长的学生主讲他们喜欢的课文。在这之前，教师一般要对上课的学生进行个别辅导，让学生和老师一起参与备课、查找资料，提供需要的教学参考书等，学生还可以向教师询问与上课有关的问题。总之，为了上好课，学生可以依据自己的意愿，大显身手，包括对教具的使用。

总之，新课程语文教学要以学生发展为本。在探索与实践的过程中难免会出现这样的盲点。关键是要不断地发现问题，改进不足，从而使学生的语文素养得到全面的提高。

# 第五节　高中语文阅读教学活力课堂的建构方法

随着社会的发展，对人才的要求越来越高，学校的教育方法也要随之改变。然而在现今的高中语文教学中，由于教学理念以及教学方法的落后，使得高中语文阅

读课堂的氛围死气沉沉。此外，随着信息技术的发展，信息化技术在教育中的应用更加普遍。在一些高中语文阅读课堂上，教师为了省事而极少地施用多媒体等新的教学手段，进而在高中语文阅读课上，学生的学习积极性不高，进而降低了高中语文阅读教学的效率。

## 一、高中语文阅读教学课堂所面临的状况

### (一)阅读课堂气氛不够活跃

阅读课堂气氛不够活跃是现今高中语文阅读课堂所面临的形势之一。在一些高中语文阅读课堂上，教师依旧采用的是传统的教学方法，让学生在课堂上自己阅读书籍。这样的教学方式使得学生容易产生走神儿的状况，进而影响学生的阅读效果。长此以往，学生会对阅读课堂产生厌烦心理，甚至于课堂气氛低下。

### (二)教师阅读课的构建方法不具有创意

教师阅读课的构建方法创新性不够也是高中语文阅读课存在的问题之一。在现今社会，随着科学技术的发展，高中语文阅读课堂的构建可以通过多媒体进行，然而一些学校还是保持传统的语文阅读课堂的构建方法，没有对其进行改革和创新，进而降低了高中语文阅读课堂的效率。

### (三)高中语文阅读教学理论落后

高中语文阅读教学理论落后是现今高中语文阅读课堂普遍存在的问题之一。随着我国改革开放的深入发展，一些国外先进的教学理论传入中国，然而一些高中学校还是保持着传统的阅读课堂的教学理念。这样僵化的教学理念，对于阅读课的发展有着严重的阻碍作用。

## 二、对高中语文阅读教学活力课堂的建构方法的思考

### (一)利用信息技术创新语文阅读教学

利用信息技术创新高中语文阅读教学，是优化高中语文阅读教学课堂构建方法的重要途径之一。当今社会，互联网的发展以及信息技术的进步使我们的生活发生了巨大的变化。而信息技术的应用，也为教育方式的变革提供了技术手段。现在的高中生基本是伴随着互联网长大的一批人，他们对互联网的依赖程度越来越强。高中生通常通过互联网获取知识。因此，教师可以投其所好，进行多媒体阅读教学。

在高中语文课堂教学中，教师可以通过互联网，将阅读中的难点以及重点用视频以及音频的方式展现出来，吸引学生对阅读课的注意力，进而构建活跃的高中语文阅读课堂。

(二) 鼓励学生进行多方面提问

鼓励学生多方面的提问是构建活跃的高中语文阅读课堂氛围的重要举措。在以往的高中语文阅读课堂中，缺少学生的提问是其中的一个重要问题。缺少提问使得学生在进行阅读时失去了对书籍的认真思考。因此，在进行高中语文阅读课堂的构建时，要积极鼓励学生对阅读过程中遇到的问题进行提问。这样的方式，不仅可以增加语文课堂的活跃气氛，而且可以提高学生对语文阅读课堂的积极性和自主性。此外，通过鼓励学生进行提问，也会增加学生对书籍的理解程度。例如，在阅读《论语》时，由于是故，学生对其的理解不够。学生通过对孔子生平以及经历的提问和了解，能够加深对论语深层次含义理解。

(三) 组内合作，调动学生阅读气氛

组内合作，调动学生的阅读气氛对构建活跃的高中语文阅读课堂氛围有着重要的作用。在进行阅读课堂的构建时，教师可以通过组内合作的方式，让学生进行组内讨论和探究。在高中，学生之间的合作探究精神对于学生的发展有着重要的作用。而组内讨论对于课堂氛围的调动也有一定的积极作用。学生之间的思想交流可以激发学生的阅读理解能力，进而提高高中语文阅读课堂的气氛。例如，在进行《离骚》的阅读时，教师可以将学生进行分组，然后提出关于《离骚》的问题，让学生在组内进行讨论。后在学生进行讨论时，教师要充当指引者的角色，对学生在讨论过程中遇到的问题尽心指引，令学生在合作交流的过程中不断理解屈原写作《离骚》时的社会背景以及表达的思想。因此，通过组内合作的方式进行阅读课堂教学，对于培养学生的合作探究精神以及调动学生阅读积极性都有重要作用。

(四) 利用情境阅读教学方式

利用情景阅读的教学方法构建活跃的高中语文阅读课堂。在进行语文阅读时，学生遇到的最大问题就是，对书籍所展现的写作背景不够理解。在这样的状况下，提高学生对书籍的情境理解是教师要关注的重要方面。因此，在进行高中语文阅读课堂的设置时，教师为学生创造一个阅读情境，让学生在特定的阅读情境中进行阅读，这样学生就能比较容易地融入书籍所表达的感情中。在这样的情境中进行阅读，学生在一定能提高对阅读的理解力。例如，在进行陆游《示儿》的阅读时，教师可以为学生讲解南宋时期的抗金故事，让学生明白陆游是在一种什么样的状况下创作的《示儿》这首诗，进而使得学生更加理解《示儿》这首诗所表达的爱国之情。

综上所述，当今社会，随着我国教育理论的改革以及人们观念的变化，高中语文阅读的教育方法也在不断地变化调整，在这样的状况下，对高中语文阅读课程教学来说是一个重要的契机。在高中语文阅读教学中，通过利用信息技术创新语文阅读教学，鼓励学生进行多方面的提问，在课堂上通过组内合作以调动学生阅读气氛，利用情景阅读教学的方式，进而构建一个富有活力的阅读课堂。所以，通过改革和创新高中语文阅读课堂的构建方法，不断提高语文阅读课堂的效率，提高学生的阅读积极性，进而推动高中语文教育方法的革新。

第十二章　高中语文课堂教学改革

# 第一节  新课改下高中语文课堂教学模式分析

在新课标背景下，传统的满堂灌教学模式已经无法满足素质教育客观要求要求广大高中语文教师必须与时俱进，转变已有的教学理念，尊重学生的个体差异，优化课堂教学模式，以学生为中心，合理选择教学工具、教学手段等，充分发挥学生在学习中的主体地位，提高他们自主学习能力，更好地学习语文学科，为进入更高阶段的学习做好铺垫。

## 一、利用多样化教学途径，培养学生语文素养

就传统语文教材而言，内容大都比较陈旧，设置形式单一，大都以知识点、文体等形式相融合，作为对应的学习单元，严重阻碍了学生主观能动性的发挥。在新课标背景下，课程组织已不再是简单的罗列，需要借助探究性学习模式，去培养学生的语文素养，提高他们的语文学习能力。在课堂教学中，教师要把课堂还给学生，使其成为课堂教学的中心，不断激发他们的学习兴趣，灵活运用教材，摘录、应用其中的经典名句，引导班级学生根据自身已有水平，习读相关的文学名著，并做好读书笔记。在此基础上，教师还可以采用小组合作学习方法，选取一些适合班级学生有水平的课外优秀散文诗歌，让学生以小组为单位，相互探讨，赏析这些经典作品，帮助学生更好地将所学的知识灵活应用到实践中，不断完善学生的认知结构体系。还能在一定程度上将其中的经典词语、句子等内化为自己的东西，为自己所用。以"致橡树"为例，这是舒婷的作品之一，在学完这篇课文之后，引导学生学习相关的文章——"这也是一切"，让学生把所学的知识灵活应用到实践中，在准确理解相关文章的基础上，进一步巩固已学的知识点，为培养学生的语文素养做好铺垫。

## 二、丰富教学内容，合理延伸教学触角

在课堂教学中，教师可以充分利用教材中的文学作品，引导学生进一步拓展课文知识，深入理解课文内容，准确把握课文中心思想。以"荷塘月色"为例，作者巧妙地利用多样化的写作手法，勾勒出祖国的秀丽景色。虽然这些风景在社会

中随处可见，学生却没有发现。在课堂教学过程中，教师可以借助多媒体教学工具，利用其图文并茂的特点，创造良好的教学情境，延伸教学触角，令学生仿佛置身其中，更好地理解课文内容，并意识到这些素材和日常生活紧密相连，学会观察生活、观察自然，动态关注社会中的热点现象，成为生活中的有心人，进而，和文中作者产生共鸣，准确把握字里行间所流露出的感情。此外，教师需要根据课文内容，创造良好的文化环境。由于高中生并不具备丰富的生活阅历，极易受到外界因素的影响，教师要巧妙地创设文化情境，优化利用学校、家庭等要素，积极引导学生，不断延伸教学触角，丰富教学内容，培养学生的人文素养、心理素养。以学校为例，需要加强图书馆建设，持续增加学生的文学阅读量，多鼓班级学生在教室中构建读书角，不断拓展自身的知识面，健全已有的认知结构体系。

### 三、注重教师的感情渲染

在传统单一教学模式下，很多学生都不喜欢语文课，觉得语文课枯燥、乏味，主要是因为在教学过程中，教师没有注入自身情感，没有充分显现学生在整个教学中的主体地位，导致学生处于被动学习状态。曾有人说，"教育者应该属于性情中人，各种教育现象都会在他们心中留下直观印象，掀起一阵波澜，引起思考。作为语文教师，他们必须具有"激情"，要结合班级学生的兴趣爱好、个性特征，创造良好的教学情境，把自身情感倾注到课堂教学中，利用情感去感染、熏陶学生，提高课堂教学的效率与质量。以"沁园春·雪"为例，这是毛泽东的作品之一，在课堂教学中，教师要根据课文内容，激情昂扬地朗读、讲解课文内容。要懂得"抒情""留情"等，引导学生深入到课文中，和课文作者"同悲同叹、同喜同乐"，这样才能使语文课具有浓浓的"语文味"，增加课堂教学的趣味性，更好地理解课文内容，培养学生的情感素养，帮助学生树立正确的人生观、价值观，有利于学生更好地成长。

### 四、注重多元评价，促进学生全面发展

在课堂教学过程中，教师要坚持"因材施教、分层教学"原则，尊重学生个体差异，充分体现学生在整个教学中的主体地位。教师只需要扮演好协作者、引导者等角色，采用激励、赞赏等方法客观地评价学生，要多关心、多鼓励班级学生，对于他们每次小小的进步都需要给以适当的赞美，使他们获得被尊重的满足感。不断激发他们的探索欲、求知欲，不断挖掘班级中每位学生的才能，把课堂还给学生，培养学生多方面素养。在多元化评价过程中，要围绕教学目标进行，坚持实事求是的原则，采用激励＋诱导的方法，多鼓励学生大胆发言，尤其是对于那些平时不爱

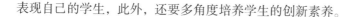

表现自己的学生，此外，还要多角度培养学生的创新素养。

### 五、优化教学结构，提高课堂教学效果

在新课标背景下，必须结合课文内容，优化教学结构，促使学生主动进行探究学习，有效解决学习过程中所暴露出来的问题，提高课堂教学的有效性。以"病梅馆记"为例，在传统教学模式下，教师大都会先向学生介绍课文作者、写作背景，然后直接告诉学生这篇文章表面上议梅，但实际上托物言志、妙语双关，是一篇议政方面的政治杂文。在此基础上，引导学生同时理解表面上的记梅，深层次的议政。这种教学结构能够帮助学生准确理解文中梅的隐含意义，准确理解作者想要表达的意图，但这并不符合阅读教学的客观规律，无法充分展现本文的教学理念。针对这种情况，必须优化教学结构，提高课堂教学效果。教师要领导班级学生朗读整篇课文，读准课文中的字音，读清句子，准确把握篇章结构。在此基础上，引导学生以小组为单位，进行自主研究学习，标出其中疑惑的地方，相互探讨，解决遇到的问题。教师根据学生掌握情况，合理创设问题情境，比如，在通读全文之后，这篇课文是否仅仅在写"梅"，文中的"病梅"又是指什么？还可以进一步延伸，即在以往的学习中，是否学过关于托物言志手法的作品，层层递进，促使学生获取更多的知识与技能。

总之，在高中语文课堂教学中，必须意识到优化教学模式的重要性，要围绕高中语文课文，综合分析高中生各方面特点，优化课堂教学模式，注重课堂内外的有机融合以及教师感情渲染。采用多样化的教学评价手段，不断增加课堂教学趣味性，激发学生学习兴趣，使其积极、主动融入课堂教学中。在一种"轻松、愉快"的氛围中学习新知识，准确理解课文内容，不断完善已有的知识结构体系，培养学生的优秀品质，促进学生的全面发展。以此改变高中语文课堂教学现状，提高课堂教学效率与质量，真正走上素质教育的道路。

# 第二节　新课程背景下高中语文课堂教学四个维度

新课程理念的春风吹拂着高中语文课堂教学之沃野，到处呈现一片百花齐放、万紫千红的教改生机之景，给高中语文课堂教学带来了前所未有的深刻变化。教学有法，教无定法，重在得法，我们应该努力正视之、慎思之、追问之、探究之、透悟之。语文课堂教学应把握"四个注重"的多重维度，即"注重运用""注重深

度""注重新意""注重趣味",让高中语文课堂教学焕发出勃勃生机,提高教学的有效性。

## 一、维度之一：注重运用

重运用,即在新课程背景下高中语文文本教学,应重视语文知识的灵活运用。新课程标准指出:"高中语文课程,应注重应用,加强与社会发展、科技进步的联系,加强与其他课程的沟通,以适应现实生活与学生自我发展的需要。"从中不难看出,高中语文新课标不仅强调了语文内容、语文文本、语文教学以及语文实践与学生生活、社会进步、科技创新和学生自我发展的必然联系,同时也不忽视语文学科与其他学科课程的内在联系。通过语文教学培养学生,正确而熟练地掌握和运用祖国语言文字的技能,并能在语言文字的科学运用中不断开阔思维视野,提升思维能力和语文综合素养。可见汉语言文字及文学对学生自身发展具有显著的实效性、开放性、灵活性和前瞻性。

荀子言:"辨说也者,心之象道也。心也者,道之工宰也。道也者,治之经理也。"这是一种文以明道的主张,他认为一切言论,凡是合乎道的、宣扬道的,就是好的。一切文章都有道可遵,道即根本,本即生活,这实际上讨论的是文章与生活实际的必然联系。由此可见,语言文字与人类现实生活密不可分,教学中更要重视其运用。教育部的高考命题考纲在语言文字运用方面做了明确的导向:一方面注重考查学生在学习和生活中需要具备的基本语文能力,如理解、分析、归纳、概括及表达应用能力等;另一方面注重考查学生在模仿中根据需要创新的使用语文能力,在考题中表现为实词、虚词、熟语的运用,病句的辨析与修改,扩句、缩段、选用、仿用、变换句式,语言表达的连贯、得体,常见修辞方法的正确运用等。如高考试题:请仿照下列例句另写两句结构相似,手法相同的句子。

"人生是一杯茶,有苦涩,也有香甜; _____ ; _____ 。"这道题就是考查学生修辞手法与仿写、扩写的有机结合。它要求考生仿照前一个比喻句在扩写两个结构相似、手法相同的比喻句,并与前一个比喻句共同组成一组由三个比喻分句构成的排比句。扩写部分也具有仿写的基本性质,以表达人生之意义。所以,扩写部分应与前文紧密相关,在字数、词语、结构、内容上都浑然一体。考查了学生在语言文字方面的实际应用能力、思辨能力、创新能力。

值得反思的是,有的教师未能在具体的语文课堂教学中,将语言文字运用的训练同阅读、写作、口语交际的教学有效地结合起来,致使学生的语言能力没有得到应有的提高,当然就更谈不上的关系。从新课标的要求、高考的命题导向以及考生答题暴露出的种种问题中我们应当受到启迪:在语文教学中要立足文本、直面考点，强化训练学生的语言文字运用能力。如高中语文文本《荷塘月色》等优美散文中有许多精彩的妙句，多运用比喻、排比、拟人等修辞手法。《荷塘月色》中运用拟人手法描绘仿佛少女姿态、情态和神韵的荷叶荷花，连用一粒粒的明珠、碧天里的星星以及刚出浴的美人三个比喻构成排比句，描摹出淡月下荷花的美感。"明珠"和"碧天里的星星"似"闪光"；"刚出浴的美人"似"美质"。三个比喻并列组合构成一幅美轮美奂的荷花锦绣图，在此，教师可设题要求学生另选话题充分发挥丰富的联想力和想象力进行仿写训练，进而提高其语文运用能力。当然，教师也可以做示范仿写：滔滔的江水中（说明描写的角度：江水中），缥缈地闪烁着一道道波光（点出描写对象：波光）。有轻盈的舞着的，有灿烂地露出微笑的（两个拟人句描写出波光或婀娜或欢快的情态美），正如一枚枚的金钻（比喻波质晶莹结实），又如银河中的天马（比喻波貌的雄骏），又如刹那划破黑夜的闪电（闪电比喻波光急速跃动闪烁的态势）。这就写出了江中波光之美感，耐人寻味。可见，高中语文教学中教师完全可以立足文本、直面考点，引导学生进行语言文字运用能力的反复训练，不断培养学生的语文实际应用素养，提高语文运用能力，虽"山重水复"，但"柳暗花明"。而当下的高中语文教学，则呈现出课堂教学与学生语文实际运用能力的培养背道而驰的种种怪相。显然，他们忽视了"'重运用'是语文教学的生命之根"。

## 二、维度之二：注重深度

### （一）力求深刻

《学记》中所说的"道而弗牵"，强调教师要善于启迪引领学生深入思考问题，而不能牵着学生的鼻子走。所谓"深刻"，即指透彻、深入。教师在高中语文教学中，要潜心研究教材、吃透课文，精心设计教学环节，正确引领学生准确解读文本，要让学生走进文本，与文本对话，与作者对话，与作者的思想和心灵对话……这样才能使学生对文本进行深刻解读。教学中，教师切忌用自己的讲授去代替学生的感受，不能将学生的思维纳入老师既定的框架。要让学生养成深思深悟的良好习惯，在文本解读中"读出自我、悟出自我、洞出自我"，要让学生在阅读中发现"我"、表达"我"、反思"我"、追问"我"、展现"我"，在对"自我"和"他我"的领悟过程中认识自我、审视自我、改革自我、锤炼自我、升华自我。

### （二）力求深透

所谓"深透"，指的是深刻而透彻。即在深刻基础上更全面、更完整、更彻底。高中语文新课标也指出："在表达实践中发展形象思维和逻辑思维，发展创造性思维。"考纲包括识记、理解、分析、综合、表达应用、鉴赏评价、探究等六个能力层级，其核心是对学生思维品质的渗透和培养。高考作文测试的能力层级主要是表达与应用，这当然更需要对语言文字的深透理解和运用。在高中语文教学中，要注重培养学生的、判断、分析、推理和归纳概括能力。教师要透过文本语言、文字信息和表现手法引导学生挖掘作品思想、品味作家情怀、鉴赏文学艺术等。要引领学生自然地走进文本，体验作者生活，感悟作者的人生观、价值观、世界观、伦理观、道德观以及爱情观……。要让学生的思想情感与作家作品融为一体。

### （三）深入浅出

所谓深入浅出，其本意即指讲话或文章的内容深刻，但语言文字或内容或道理既意味深刻又表达得浅显通俗、明白如话。教师在高中语文课堂教学中，既要做到引领学生深入解读文本内涵，又要做到以人为本让学生明白易懂；既要启发学生深入解读、分析、理解、归纳、概括、鉴赏文本，又要联系生活由课内辐射至课外进行联想、想象、比较、综合、辩证等。要让作家在作品中所表现出来的思想观点既渗透学生心灵又再现学生现实生活。因为文本无非是表达作者的所见、所闻、所知、所感、所思，是对客观世界的人、事、景、物及其发展变化的真实再现，然而作家只有对现实生活中的人、事、景、物之间和人、事、景、物与"我"之间的关系有了清楚的了解、认识，才有可能如实地、恰当地记叙见闻、说明事理和发表观点，做到深入浅出。如1983年高考关于打井的看图写说明文，一些考生对画面观察不准，把画面上为打井挖的五个深浅不一的坑看成是越南鬼子在挖地道，把肩上搭着衣服、扛着铁锹、嘴上叼着烟的打井人说成是一个二流子游手好闲。这恰好说明考生应该仔细观察画面内容并联系生活，展开联想，审视文题深意，折射生活画面，做到深入浅出、正确审题。高中作文教学中教师应该紧密联系学生生活实际，强化对学生深入浅出的审题思维训练。当然，无论是作文教学还是阅读教学等都应构建这种教学理念，进而提高语文教学质量。

### 三、维度之三：注重新意

高中语文新课标强调："现代社会要求人们的思维敏锐、富有探索精神和创新能力，对自然、社会和人生具有更深刻的思考和认识。"有新意，就是要求教师在高中语文教学中要力求创新，讲出"新"来，教出"新"来，才能让学生学出"新"来，造出"新"来，即观念新、方法新、内容新、形式新。

## （一）教学观念新

《国家中长期教育改革和发展规划纲要》认为，促进学生全面发展，着力提高学生服务国家、服务人民的社会责任感，勇于探索的创新精神和善于解决问题的实践能力是我们培养创新型人才的基石，是我们国家中长期教育改革和发展纲要规划战略目标的重要组成部分和核心之一。观念新就是要求教师在高中语文教学中，要树立新的教学理念，通过应用现代教育技术从传统教育的教师、课堂、教材三个重心向现代教育的学生、活动、经验的三重心转变。如在传统的高中语文教学中，教师被视为课堂的权威者，在课堂上其教材和学生是被视为课堂的接受者。而现代教育中学生被视为学习的主体，是在教师的引领下通过积极主动的学习活动，从而获得知识的不断积累，自身的进步和健康成长。

## （二）教学方法新

教学有法，教无定法，重在得法。我们应该积极倡导以学生为主体，以教师为主导，以训练为主线的教学理念。以学生为主体，即以学生的发展需要为中心；以教师为主导，即教师要帮助和引导学生学习掌握本学科的专业知识和基本能力；以训练为主线，即学生在教师的引领下，通过反复强化训练形成良好的实践智慧并有效运用。方法新指的是教师能否在学生已有知识、技能和经验的基础上，引导学生构建新的知识、技能和经验。如：有教师教学《赤壁赋》时启发学生对文中"月出于东山之上，徘徊于牛斗之间"中"徘徊"一词的解读时，有学生认为这里的"徘徊"是写月亮走得好慢啊！也有学生认为是作者有意描写自己对月亮的思恋之情……最后老师点评："徘徊"通常用来描写人的心理或行动，而文中却用在了对月亮的描写之上，这些同学的分析很生动，也很有新意，情景交融而耐人寻味。"徘徊"一词的确一字千金。体现出苏轼文学语言的精练传神，情真理哲而形象生动。这一教学案例表明，老师在新课程背景下能以人为本、以学生为本，激发学生思维，张扬学生个性。充分调动学生学习的积极性、主动性和创造性，无疑也是一种教学方法和教学理念上的创新之策。教师在教学过程中，总是让学生享受探索、创新和富有智慧的挑战过程，这无疑是一种崭新的教学策略，同时也是新考纲视角下的新教学"方法论"之体现。

## （三）教学内容新

不言而喻，"内容新"则指教师在高中语文教学中，要善于筛选、整合文本信息，将文本的知识体系科学地转化为课堂的教学体系，即教学内容要富有选择性、先进性、经典性、时代性、简明性、概括性、创新性。"选择性"指教师对教材内容的大胆取舍、筛选的过程；"先进性"指教师对文本信息整合、提炼、加工从而形成优秀教学内容的过程；"经典性"指教学内容具有典范性、权威性和经久性，是教师经过精心备课选择出最有价值，最能表现课文精髓，最具代表性，最完美的学习材料；"时代性"指教学中教师对教学内容的解读和传授紧密结合当前的社会生活实际，突出时政性和发展性；"简明性"则指教师对教学内容化繁为简、化难为易的教学过程，具有简练性和明朗性之特点；"概括性"是教师对教学文本主题意义等的归纳、总结和综合的过程；"创新性"指教师对教学内容的改革和再创造的过程和特性。

### （四）教学形式新

高中语文教学无论是阅读还是写作，教师在课堂上都应该因"材（学生）"施教、因"文（教材）"施教、因"标（课标、考纲）"施教，灵活运用多种教学手段，科学处理教学内容，教出"新"来，学出"新"来。首先是教学中，教师展示教学内容的模式新颖。如运用二维码将文字、图片、图表、动画、音频、视频等与文本内容有机联系进行教学。其次是教师解读文本内容的教学方式新颖。如知识点明确清晰，强调栏目板块设计，支持学习从接受式转向自主合作探究式，语言简明、易懂，体现教学设计思想和教学实施过程的基本环节。最后是资源整合的教学途径新颖。如高中语文教学中应用现代信息技术，给学生提供丰富的学习资源支撑、案例及教育情境，通过现代手段适时收集反馈意见和资源，变学习者为建设者，变被动者为主动者，变求知者为探索者。

## 四、维度之四：注重趣味

爱因斯坦曾说："兴趣是最好的师长教师。"这道出了一个人只有对某客观事物产生浓厚的兴趣才会主动去探索、去求知、去实践，并在探索、求知、实践中获得愉悦的体验和情感。因此，古今中外的教育家，无不看重兴趣在智力开发中的感化效应。高中语文新课程标准也反复声明，要培养高中学生对文本阅读的浓厚兴趣，使他们具备一定的阅读能力、理解能力、分析能力、判断能力和表达能力等。此外，也要注重培养学生思考问题的能力广度及深度，增强高中学生的探究意识、研究兴趣，提高探究水平。

新课程背景下，高中语文教学要培养学生对语文的浓厚兴趣，则要求教师的语文课堂教学必须充满趣味性。教学中要鼓励学生提出问题、认识问题和解决问题，需要教师精心设计教学内容，力求使教学情境和教学过程充满生动性和趣味性。新课程背景下的合作学习，就是把小组中的不同类型的学生进行优化整合，以群体智慧来解决学习上所遇到的种种疑难问题。合作学习过程中学生的思想、观点、方法及见解各有千秋，无疑充满趣味性及个性色彩，这就要求教师所设置的合作学习内容，本身具有生动性和趣味性。如，教学中要培养学生的创新精神和思维能力，教师就应该立足文本内容，充分运用教学录像、教学媒体、数字化学习资源等呈现有关教学内容让学生可读、可视、可听、可感、可悟，这无疑充满趣味色彩。又如四川考题："几何学上的点只有位置而没有长度、没有宽度、没有高度，正是那无数个点构成了无数条线、无数个面、无数个立体……"要求之一是："请就以上材料展开联想，写一篇不少于800字的文章。"

从题面而言，文理深邃而又充满哲学思辨，具有趣味性。仔细品读则领悟出"小中见大""局中见整""量中见质"等丰富内涵。其联想的空间也极为广阔，既可想到：点乃人生之起点，生命之开初，万事万物之源头；也可联想到：蝼蚁之穴，溃堤千里，小错不改，铸成大错；想要成就大业，必须从一点一滴的小事做起……

这种丰富新颖而充满趣味性的命题形式，在教学中对训练学生感知语言、品味生活、培养想象力、联想力和创新力都有极大帮助。

在《孔雀东南飞》的教学中，教师将兰芝与仲卿殉情后，两家求合葬，并在"东西植松柏，左右种梧桐"的故事情节中设计教学环节，请学生就此展开想象，谈谈焦、刘二家对此二人殉情后的心态变化。一些学生认为：生命代价换来两家的觉醒，焦母自责驱遣新妇逼儿另娶的蛮横。刘兄懊悔趋炎附势逼妹改嫁的凶狠。合葬兰芝、仲卿告慰死者英灵。种梧桐、松柏寄托思念之情：愿他俩化鸳鸯栖梧桐长相厮守；愿他俩怀恩爱笑松柏万古长青。而另一些学生则理解斐然、言之成理。这一教学环节的设计要有浓厚的趣味性，能吸引学生从而调动其思维，张扬个性，培养创新能力。

可见，趣味性是语文教学之生命、之灵魂。高中语文教学的趣味性在于教学设计需要理论联系实际，教学过程需要恰当采用启发式教学方法进行教学。要将各种教学手段紧密联系教学目标、教学内容、教学步骤、教学环节，合理置设教学情景、营造教学氛围，做到根植文本、取舍恰当、重点突出、直面课标及考纲，让学生学中有趣、思中有趣、习中有趣、练中有趣……从而使他们快乐学习、幸福学习、有意义的接受学习，定能使高中语文课堂教学山花烂漫。

20世纪最伟大的哲学家海德格尔曾说："只有当我们在世界之中生活，并在世界之中构建我们自身，我们才能逐渐理解我们自己的存在。"诚然，新课程背景下的高中语文课堂教学策略之存在，理应构建立足文本、坚守课标、服从考纲之理念，以学生为本，重视语言文字基础知识、基本技能的灵活运用，力求教学内容深刻、深透、深入浅出，并在教学中敢于创新、勇于创新、善于创新、不断创新，营

造有乐、有趣、有韵、有味的浓厚课堂氛围，这也许正是新课程影映中高中语文课堂教学所绽放的魔力、魅力、吸引力之所在。

# 第三节　高中语文"少教多学"教学策略探究

在创新教学中，教师在开展高中语文教学时，要突显学生的主体地位，让他们发挥自主学习的作用，通过主动探究完成课文内容的学习。

运用少教多学的教学方式，是创新教学过程中，提出的一种新的教学方法，反映了教师的教和学生的学之间的深层次关系。在少教多学教学中，教师要对学生的学习方法和思考方式进行指导，让他们具备自主学习能力，在主动学习过程中实现高效教学。

## 一、掌握少教多学内涵，提高教学有效性

在高中语文课堂教学中，运用少教多学的模式开展教学，教师需要掌握少教多学的内涵，结合学生的实际情况开展教学，使学生能在独立自主学习过程中掌握语文知识。少教多学的内涵包括以下几个方面：①给学生充足的思考空间，让他们能对课文内容进行深层次的探究，在独立思考过程中理解课文内容。②允许学生选择适合自己的学习方法，发挥他们的个性特长，激发他们的求知欲，在主动学习中掌握语文知识。③开展多样化的教学方式，加深学生的学习体验。例如，可以选择合作讨论、主动质疑、互动交流、精讲实练等教学方式，让学生在主动探索中，体会到学习的乐趣，加深他们的学习体验。④创设自主学习氛围，培养学生的自主学习意识，让他们充分运用课堂学习时间，尽可能地多学、深学，提高学习的实效性。⑤加强方法指导，让学生掌握科学有效的方法，是开展少教多学方式的前提和基础。教师要教给学生预习方法、思考方法、阅读方法等，让学生学会学习，在主动学习中使语文能力获得提高。

## 二、培养学生自主学习意识，引导他们深入探究

要在高中语文教学中真正实施少教多学的教学方式，教师需要培养学生的自主学习意识，让他们发挥学习主人的作用，深入探究课文内容，掌握更多的语文知识。在引导学生进行自主学习时，教师要让他们积极参与到教学的各个环节，通过独立思考和分析，完成学习内容。例如，在预习环节，教师要让学生通过自主阅读，

了解课文内容，完成课文生字、生词的学习，为深入学习打好基础；在探究过程中，教师可以让学生自己提出问题，并自己解决这些问题。在自主探究过程中，学生具备的语文学习能力和掌握的语文知识能，让他们的自主学习效率得到有效提高，按照自己的思路理解课文内容，实现了学习的自主性。在自主学习中，教师要对学生的自主学习情况进行评价，让他们看到自己的优点，认识到不足，并在教师的指导下掌握学习方法，更好的投入到学习中。在自主探究中体会学习的成就感，促进他们语文思维的深入发展。

### 三、适时组织合作学习，提高学习能力

在少教多学教学方式中，教学活动不再单纯是教师的讲解，而是把学生的自主学习和教师的指导和启发结合到一起，使学生积极地参与到课堂教学中。针对课文的重难点段落，教师可以组织学生进行合作学习。在合作学习中，由于学生的思维方式不同，他们对重点段落的理解也不同，通过相互讨论，促进学生思维的不断深入，有效把握课文的主旨，体会作者的创作意图。在合作过程中，教师要把教学时间进行合理分配，使小组成员能够进行充分的讨论，在交流中掌握多种思维方式，让他们深刻理解课文内容，促进学习能力的有效提高。

### 四、注重写作教学，提高学生的写作能力

写作教学是高中语文教学的重要组成部分。在传统作文教学中，教师通过详细讲解记叙文、说明文、议论文的文体和写作要求，通过范文让学生掌握这些文体的写作方法。在灌输式的写作教学方式中，学生的思维处于被动思考状态，按照教师的思路分析写作要求，写出的作文没有新意，甚至会出现千篇一律的情况。在少教多学教学方式中，教师要给学生充分的自由，让他们在作文要求的指导下展开想象，运用掌握的素材写出不同的内容。在写作过程中，教师可以对学生的描写方法、素材选择等进行指导，使他们写出有内涵的作文。例如，在让学生写有关春天的作文时，教师要指导学生认真审题，把握作文的题眼，把春天的特点写出来。在描写过程中，有的学生从春天的景色入手写，写出了春天万物复苏的美景；有的学生从春天天气入手写，写出了天气变暖后，自然界和人们的变化；还有的学生从春天的美景联系到了人性的善良，使作文内容得到升华。在自主写作中，学生的思路拓宽了，他们通过掌握的素材进行自由创作，写出优秀的作文。

### 五、拓展课堂教学内容，引导学生在课外主动学习

在高中语文课堂教学中，教师只通过课堂教学来提高学生的语文素质是远远不

够的。还要在课堂教学外进行拓展，利用悬念和趣味的故事激发学生的课外学习兴趣，让他们在课外时间参与语文活动，如作文大赛、朗读比赛等，充分展示自己的语文能力，激发他们的学习自信心。教师还要培养学生进行课外阅读的良好习惯，让他们积极阅读和课文内容相关的书籍，并深入了解课文内容。例如，在教学《南州六月荔枝丹》时，教师可以引入杜牧的《过华清宫绝句》：长安回望绣成堆，山顶千门次第开。一骑红尘妃子笑，无人知是荔枝来。让学生在课外时间阅读唐玄宗李隆基和杨贵妃的历史故事，激发他们的阅读兴趣。通过课堂拓展和课外阅读的有效结合，让学生在阅读中掌握了更多的语文知识，拓宽了视野，让他们更好的投入到语文学习中，提升语文学习能力。

总之，在不断倡导的创新教学中，高中语文教师要采用少教多学的教学方式，结合创新教学理念进行教学，设计丰富的教学内容，激发学生的自主学习兴趣。让他们从已有的语文知识出发，通过预习环节、探究环节和拓展环节掌握更多的语文知识，促使他们的语文素养得到发展，打造高效的高中语文课堂。

# 第四节　高中语文课堂教学诊断标准化策略

高中语文教育，主要是培养学生的语文应用能力，同时，还要培养学生的探究和审美能力，从而使学生的科学文化素质和思想道德素质得到有效提高，为学生的学习及个性发展打下良好的基础。此外，提升将高中语文教师的专业能力，促进高中语文教师的专业发展，这对于高中语文教育目标的实现至关重要。

## 一、高中语文课堂教学诊断标准化创建设想

### (一) 高中语文课堂教学生态系统活力的要素分析

语文教师将高中语文课堂教学放到"生态系统"的理论上进行研究，从生态系统的健康理论视角进行审视，然后结合新课改提倡的教育理念要求学生，教师的教学活动应该与学生的学习活动进行有机地结合，激发教学生态系统的活力。在课堂上，学生的学习活动和教师的教学活动是教学生态系统的两个诊断要素。学生的学习活动要素应注重学习目标、态度、方法、内容、环境、过程、效果、反馈等，对学生的探究学习和自主学习以及合作学习要重点进行审视；教师的教学活动要素应注重教学的态度、理念、内容、目标、过程、方法、环境、机智、反馈、特色、基

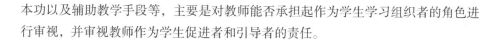

本功以及辅助教学手段等，主要是对教师能否承担起作为学生学习组织者的角色进行审视，并审视教师作为学生促进者和引导者的责任。

(二) 高中语文课堂教学生态系统组织结构的要素分析

课堂教学生态系统中很多要素间是相辅相成、息息相关的，通过形成一定的组织结构，有效地促进生态系统的发展和变化。因此，生态系统是在组织结构的协调下进行的。在高中语文课堂上，教学生态系统内的师生和生生之间的相互作用和联系形成关系，从而促使教学生态系统的组织结构的形成。教学和学习的关系是师生关系的本质，主要表现为学生课堂学习和教师课堂引导及帮助。学习与学习关系是生生关系的本质，主要表现为课堂学习和学生求助。无论是教师与学生，还是学生与学生，内容、目的、态度和方式的适合度都是生态系统组织结构的各项内容。老师指导学生是教学的本质，在高中语文教学中，应将教师的主导与学生的主动辩证地统一起来。学生学习活动与教师教学活动的适合度是课堂教学的诊断焦点。所以，在高中语文课堂中，教学生态系统组织结构要素的诊断指标，既要包括对师生、生生的内容、目的、态度和方式的适合度诊断，还要包括对环境、过程以及反馈的适合度的诊断。对教师与学生之间适合度的互动和学生学习的效果和质量的诊断，应该重点给予审视。

## 二、高中语文课堂教学诊断标准化项目的内容

(一) 高中语文课堂教学诊断教师活力的要素指标

教师与学生之间指导学习的活动就是教学的本质，教师与学生的关系在教学实践中的本质属性是"主体间性"。学生能够主动学习是教师主导作用得以有效发挥的前提，课堂教学生态系统活力的要素就是教师和学生。教师主导与学生的主动作用发挥的程度，是高中语文课堂教学诊断教师活力的要素指标之一。在高中语文课堂上，教师在教学生态系统中的教学活动，能否将作为学生学习的引导者和组织者以及促进者的主导责任承担起来，是对教师的重点诊断，也就是在教学生态系统中对教师活力的能量输入是否有利的诊断。

(二) 高中语文课堂教学诊断学生活力的要素指标

之所以有课堂，是因为教室里有教师的教学和学生的学习活动，教师教学的主要阵地就是教室，将教师的专业发展和教育教学质量的提升，是体现课堂教学时效性的主要环节，其最终目的是让学生能够健康地发展。在高中语文课堂中，对学生

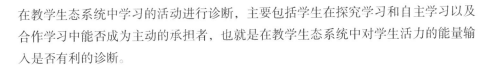

在教学生态系统中学习的活动进行诊断，主要包括学生在探究学习和自主学习以及合作学习中能否成为主动的承担者，也就是在教学生态系统中对学生活力的能量输入是否有利的诊断。

(三) 高中语文课堂教学诊断师生结构的要素指标

在高中语文课堂中，教学生态系统中的生物与非生物所组成的部分，在功能和空间及时间进行分化和配置，从而形成各种有序的系统，这就是课堂教学生态系统的组织结构。教室作为非生物的环境不能产生能量；教学生态系统中的师生和生生之间相互联系及作用的方式，是教学生态系统组织结构的主要部分。对教师和学生关系组织结构的要素进行诊断，其是否融洽与和谐是诊断的重点，也就是在教学生态系统中对于教师与学生之间的能量流动是否有利的诊断。利用适合度对教学生态系统的路径、状态、性质进行表示，就是教学生态系统中两个个体在互相作用时，各自的活动与对方所需要的程度相吻合。

(四) 高中语文课堂教学诊断生生结构的要素指标

课堂生态系统是由以教师所代表的生物成分和以教室所代表的非生物环境构成的，教师教学活动和学生学习活动是主要的能量来源。经研究表明，在学生的互动活动中，学生与学生学习而形成的共同体，要比教师与学生学习而形成的共同体更具有优势。在高中语文课堂中，对学生与学生的关系组织结构要素进行诊断，其是否能够相互促进是诊断的重点，也就是在教学生态系统中对于学生与学生之间的能量流动是否有利的诊断。

(五) 高中语文课堂教学诊断恢复力的要素指标

教学生态系统的恢复力，是指在高中语文课堂中，外界干扰因素破坏了教学生态系后，教学生态系统能够将能力逐步地进行恢复。相对于自然生态系统，课堂教学生态系统主要是"以人为本"的目的，遭受到外界破坏和干扰的概率会更高。对于自然生态系统而言，系统抵抗力和恢复力二者之间所呈现的是反比的关系，也就是生态系统的系统抵抗力比较强，外界就很难破坏和干扰。生态系统如果一旦遭到外界的破坏，系统很难恢复到原来的状态，反之也是这样。然而，教学生态系统恢复力与抵抗力是一致的。在高中语文课堂中，教学生态系统的恢复力对于教学生态系统的各要素和关系，都具有协调的作用。因为路径指标和活力指标体系共同构成了恢复力的指标体系。所以，在高中语文课堂中，组织结构的要素诊断指标和活力要素的诊断指标是教学生态系统恢复力的两个主要的要素诊断指标，重点对人和人

在情境中进行诊断。

综上所述，在高中语文课堂中，开展教学生态系统的教学诊断标准化，是非常有必要的，能够营造学习的环境及学习的氛围，从而有效地提升高中语文课堂教学的效果。

# 第五节　基于"问题教学"的高中语文课堂教学改进策略研究

随着我国教育水平的提升，高中语文课堂对学生的要求也越来越高。当今的语文课堂不仅要求学生能够学到更多的知识，还要求每个学生养成良好的思维模式以及自我学习的能力。然而，"问题教学"的模式严重制约了当今语文课堂的发展。因此，教师应该制定一系列的改进策略，以此来应对新时代教学中的各种挑战。

## 一、高中语文课堂"问题教学"模式中出现的问题

### （一）目的不明确，教学方式单一

在传统的"问题教学"的高中语文课堂模式中，教师简单地提问，学生简略地回答，这种呆板的、无目的性的教学方式严重地影响了教学的课堂效率，禁锢了学生的发散性思维，导致学生在单一的教学模式下，失去了对语文的兴趣，失去了自我学习、自我思考的能力，严重制约了我国教育事业的发展。如在学习文言文类的文章时，教师通常都会安排学生去背诵，不给学生自我思考的机会，导致学生对知识的思考能力下降，渐渐失去对语文课堂的兴趣。所以说，教师要改变传统的教学模式，敢于创新，迎接教育事业的未来。

### （二）教学主体不明确，限制了学生的主动思考能力

众所周知，在高中语文课堂中，学生不仅要学习语文知识，还要提高自身的学习能力以及主动思考的能力。然而，"问题教学"模式的语文课堂只是简单地以教师为主体，学生只负责回答老师的问题，慢慢地形成了一种对教师的依赖性，进而丧失了自我学习和思考的能力。例如，在讲授古诗词时，教师一如既往地用参考书上的解释给学生讲解，这严重限制了学生的思维方式，禁锢了学生的思想，影响了学生的课堂效率。因此，教师要弄清课堂教学中的主体，以学生为本，为学生的学

习做好引导作用。

(三) 教学节奏无序，学生处于被动学习的状态

毫无疑问，当今教育的目的是培养学生的自主学习能力，做到学生对每一件事物都有自己独到的见解。然而，在"问题教学"的模式中，教师将大部分时间自我占用，学生失去了课堂的主动权，使得课堂教学秩序混乱，教学节奏无序，令学生对语文课堂失去兴趣。所以，在语文教学中，教师的课堂节奏对学生的学习和课堂效率有着深刻的影响。教师只有合理地安排教学计划，准确地调整课堂的师生关系，学生才能在学习语文知识的基础上更上一层楼。

## 二、"问题教学"的高中语文课堂教学的改进措施

在高中语文课堂教学活动中，运用"问题教学"策略的方法有很多，包括：合理运用"问题教学"模式，丰富教学方式；以学生为课堂的主体，提高学生的思考能力；适当调节教学节奏，激发学生的学习主动性等等。接下来，笔者将针对上述提到的几点，展开较为详细的论述。

### (一) 合理运用"问题教学"模式，丰富教学方式

对于教师来说，一个有目的的、有特点的教学模式将会给学生带来一种新颖的学习面貌，极大地提高学生的学习兴趣。然而，传统的"问题教学"模式束缚了学生的思维方式，使学生的自身特点无法正常发挥，导致学习兴趣无法提升，使学生不能以有效的方式进行学习。因此，在高中语文课堂上，教师应该合理地制作自己的课堂计划，敢于创新，以新的教学模式吸引学生的注意力，营造一个高效、和谐的课堂。例如，在讲授《荷塘月色》这篇文章时，教师应该在网上检索一些优美的教学音频，让学生在新的教学模式下，感受荷塘月色的美丽，提高学生的自我思考能力，营造一个积极向上的语文课堂氛围。

### (二) 以学生为课堂的主体，提高学生的思考能力

在高中语文教学中，教师应该以学生为主体，解放学生的思想，给学生自我提问，自我思考的机会，让学生在自我纠正中学习，在自我思考中进步。此外，教师应该给予学生更多的思考时间，让学生有充足的思考空间，将学生的主体作用发挥到极致。然而，在传统的教学方式中，学生只能被动地接受老师所讲的内容，做老师眼中的"好学生"，严重影响了学生的语文学习以及未来的学习能力。例如，在讲《雷雨》这部作品时，教师应该利用学生的个人特点，将班级分组，让学生自己

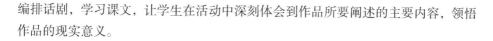

编排话剧，学习课文，让学生在活动中深刻体会到作品所要阐述的主要内容，领悟作品的现实意义。

**（三）适当调节教学节奏，激发学生的学习主动性**

众所周知，课堂的教学节奏深刻影响着整个班级的学习氛围，影响着学生的思维方式。尤其是在高中语文课堂中，课堂秩序影响着学生对于课文的理解以及学生的思维进程。因此，在语文课堂中，教师应该主动地引导学生去思考问题，解决问题。例如，在讲解《离骚》(节选)时，教师应该让学生自己发现问题，提出问题，解决问题，让学生感悟屈原的内心世界，领略一个伟大思想家的精神内涵。只有学生学会了怎样去学习，教学的课堂效率才会提高，教学质量才能得到保障。

在高中的语文课堂中，培养学生的自主学习能力是教师的首要任务，教师不能束缚在传统的"问题教学"模式中，应该勇于创新，大胆改变，用新颖的方式引导学生，让学生在新的模式下培养对语文的兴趣，激发学生的学习积极性，提升学生的自我学习能力，为学生的未来打下坚实的基础。总的来说，教师应该丰富自身的教学模式，以学生为本，用合理的方式引导学生，只有这样，学生的未来才会变得愈发精彩。

第十三章　高中语文课堂教学应用

# 第一节　故事思维在语文课堂教学中的应用

故事思维是在素质教育改革过程中，发展起来的一种新型的教育方式，所采用的是以故事分享为主要方式的课堂教学方式，通过生动的现实或者虚拟的故事，来对学生的思维进行有效的引导，促进学生思维模式和学习能力的提升。语文课程标准提到，教师是学生学习的合作者、引导者和参与者，教学过程是师生交流、共同发展的重要过程。而教师如何通过灵活的教学方式，来激发学生对于语文课程的兴趣是我们需要重点思考的。故事思维通过让教师或者学生，分享自己生活中所接触的故事引起学生的共鸣，从故事背后所蕴藏的深刻内容，启发和引导学生的学习和生活，是一种效果极佳的方式。

## 一、故事思维与高中语文课堂教学

故事是我们每天生活和学习过程中时刻都在发生的事情，内容丰富、形式多样，可以是昨天做的一个美梦，也可以是周末动物园的一次经历，正是这样丰富的故事才使得我们的生活变得更加美好。语文课堂作为高中课程教学中的基本形式，承担着传递知识和引导能力发展的使命，在素质教育不断推广的情况下，如何通过有效的方式增强语文教学的活力，让学生收获知识的同时收获更多的能力和快乐，是我们语文教师重点思考的问题。

我们经常看到，一些高分的学生作文，会恰当地运用一些手法对生活中所发生的一些小小的故事，进行抛砖引玉式地应用，从而使得作文读上去更加具有吸引力，这其实就是我们所说的故事思维，而这种故事往往是以学生生活的经历为蓝本的。例如，星期天小明在电视上看到了一则，关于一名学生搀扶老人过马路受到学校表扬的故事，将这则现实的故事通过短短的几百字进行了形象的描述，结果赢得了同学和老师的大片掌声，并从这则故事中体会到了社会道德和诚信的重要性。

故事思维在高中语文中的应用形式是多样的，我们可以在一些演讲比赛或者讲故事大赛中欣赏到学生各种各样的故事，而从这些故事之中可以体会到学生的激情和对于学习的情趣，而这些都是传统应试教育所不能够实现的效果。

## 二、发挥故事思维在高中语文课堂教学中价值的路径

既然故事思维在高中语文教学中有如此重要的价值，那么我们在日常的课堂教学中，该采取怎样的措施来加以利用呢？这是我们课堂教学开展过程中需要探索和完善的。

### (一) 鼓励学生多观察

高中阶段是学生思维成长的关键时期，这一阶段对于学生成人后的思维习惯和做事风格，有着重要的影响。通过故事思维，可以培养学生善于表达沟通的能力，增强其内心的阳光和激情。对于故事思维的开展，教师和家长可以鼓励学生用心去体验和观察生活，通过对自己生活过程中的点滴经历进行重点思考和分析，提升学生的语文素养和知识运用能力，可以利用一切可以利用的机会提升学生的挖掘故事、分享故事的能力。

### (二) 创造故事分享机会

每个学生的心中都有属于自己的精彩的故事瞬间，教师需要做的就是为学生提供一种分享的机会。在课堂或者课外可以组织形式多样的故事分享活动。例如，在讲述关于亲情的作文写作时，教师可以让学生分享一下他们对于亲情的理解和能够支撑他们这种理解的例子，一方面，锻炼了学生思维的逻辑性；另一方面，也提升了学生运用生活片段为自己的学习服务的目的。

### (三) 挖掘故事背后的内容

故事是对人们生活经历的直观表述，在语言表述方面显得更加通俗易懂，我们在分享故事的同时收获了快乐，但是故事的价值远远超过快乐本身，其背后还蕴藏着大量的有价值的生活经验和哲理。如通过亲情故事的分享，能够启发学生珍惜自己所拥有的亲情；对于社会哲理故事的讲述，则可以提升学生对为人处事应该注意的内容的重视。这些才是故事分享所要达到的目标，强化故事对于学生的教育意义。

### (四) 对学生的故事思维进行有效的引导

故事思维作为一种新型的思维方式，所依据的就是发生在学生身边的故事，然而，并不是每位学生都愿意将自己的故事进行分享的，因此，教师在课堂教学开展过程中，要多注重对学生的引导，通过一些奖励和表扬的方式，鼓励学生多分享自

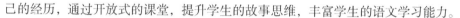

己的经历，通过开放式的课堂，提升学生的故事思维，丰富学生的语文学习能力。

故事思维注重将学生生活和学习中所经历的故事，通过"是什么""为什么""怎么做"的三步思维模式进行价值的挖掘和分享，从故事的讲解中体会故事带来的乐趣和价值，并懂得如何选择合适的途径提升自己的故事思维。

# 第二节　微课在高中语文课堂教学中的有效运用

微课教学模式作为近几年来较为流行的教学模式，与传统教学模式相比有着独特的优势。尤其是在高中语文课程中引入微课教学，不仅能够丰富课堂教学内容，创建一种新型的课堂模式，还能调动学生的学习积极性，激发学生的学习兴趣，对于提高教学效率，有着不可忽视的作用。微课就是以微小视频的模式，为学生创造一个互动性和视听效果更强的课堂情境，将学生带入到教学内容中去。

## 一、高中语文微课教学模式的内容

近几年来，微课教学作为一种新型的教学模式，被广泛应用于语文教学过程中。所谓微课教学，就是根据教学计划和实际教学内容的要求，在课堂上以5-10分钟的短视频作为教学内容的载体，通过播放视频，围绕某一个知识点进行教学的新型教学模式。微课的提出是在信息技术与网络都取得飞速发展，网资源共享方式越来越多元化的背景之下提出的。在使用微课进行教学之前，教师首先根据教学内容，对某一章节的内容进行仔细整理，将其中各个知识点录制成短视频，在课堂上，以教学视频为教学载体，进行课堂教学。教学过程包括教学目标、教学内容和教学评价等内容。这种教学模式具有教学时间短、视频与教学内容一致、教学内容精简、内容有针对性、教学资源丰富等特点。一般微课的短视频录制时间为5-10分钟。教师在录制视频的时候，是根据学生的认知特点和知识结构进行录制的，如此学生学习起来就会更加容易。此外，由于微课教学主要的载体是短视频，学生如果课上对教学内容不太明白，还可以课下通过下载视频进行复习，不必再受到时间和空间的限制，这样就会激发学生的学习兴趣。微课程不仅包括教学内容，还包括案例分析、教学设计过程、专家点评、信息反馈、互动平台等内容，这对于提升教师的教学水平和学生的学习技能是很有帮助的。

## 二、高中语文微课教学模式的目标

### (一) 帮助学生更好地理解课文

在高中语文的学习过程中，学生只有具有很丰富的生活阅历和很深的文化功底，才能充分理解教学内容的含义。然而，每个学生的学习程度和学习环境不同，对语文知识的理解能力也就不同。对于语文的知识学习局限于简单的记忆背诵，忽视了对于知识和素材的积累。而进行微课教学，正好能够弥补这个缺陷。微课教学使枯燥的学习变得丰富有趣，使知识更加直观化，学生学习起来更加容易，对于文章的理解也就更加得心应手。例如，在学习《荷塘月色》时，教师可以从一个游者的角度出发，让学生意识到自己的主体性，从某一个点对荷塘月色进行描述，在学生面前真实地呈现美丽的画面。然而仅仅是想很难有什么进展，教师就可以借助微课把这些景色展示出来，加深学生的印象。

### (二) 帮助学生更好地感受诗歌意境

高中语文的诗歌，一般都很抽象，学生学习起来有一定的困难，通过微课教学，就可以利用多媒体的声音、文字、图像和视频等，将静态的诗歌转化为动态的生命，帮助学生更好地感受。

### (三) 帮助学生培养写作兴趣

很多高中学生在进行写作时，由于知识理解错误或者素材积累不够，写出的文章往往缺乏生动性和真实性，还有好多只是侃侃而谈，没有真实意义。利用微课进行教学，可以令学生在学习的时候更加了解生活，弥补自己的生活空白、学习空白、素材空白问题，激发学生的写作兴趣。

## 三、微课在高中语文课堂教学中的应用对策

### (一) 利用微课导入课堂内容

在语文的教学过程中，课程的导入占有十分重要的地位，精彩的课堂导入能够调动学生学习的积极性，同时，也为教学任务完成提供了重要的基础。教师需要充分地认识到课程导入的重要作用，通过图文并茂的方式吸引学生的注意力，体现其优势。例如，在进行《明月几时有》的课堂教学过程中，可以在教学之前播放一段二胡乐曲《良宵》，吸引学生注意力；在《红楼梦》的讲解过程中，教师可以播放一

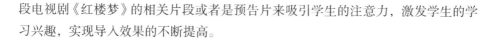

段电视剧《红楼梦》的相关片段或者是预告片来吸引学生的注意力，激发学生的学习兴趣，实现导入效果的不断提高。

（二）利用微课实现情景的创设

教师在进行教学的过程中，需要充分地考虑学生的情绪，进而为学生的情感发展以及智力的发展提供巨大的推动力。然而，人的情绪情感还受到情景的影响。微课主要是以视频作为其核心的内容，利用其发展的优势来现教学效率的不断提高。例如，在《鸿门宴》课堂教学中，很多学生可能没法真正理解其含义，因此，在实际的课文理解上存在很大的困难，如果教师在教学的过程中，先播放《鸿门宴》或者《楚汉传奇》的相关片段，增进学生的理解，学生就能够快速地融入情景的创设中，实现角色的转换，提高理解能力。

（三）通过微课的应用实现重点的聚焦

微课的设置能够最大程度帮助学生进行重点、难点以及易错点等问题的解决，这样就能够实现学生思维的拓展和理解效果的不断强化，最终实现知识的内化。例如，在《老人与海》的讲解过程中，教师需要抓住其中的几次非常重要的转折，实现重点的突出，通过其思想和情感上的变化，实现总体的把握。这样就能够让学生通过文章的总体构思以及其工具性的体现让学生更多地感受到其中的人文关怀，最终实现教学效率的提高。

（四）借助微课的应用引导学生进行思考

由于微课具有在有限的时间、空间内却存在无限的创意的特点，能够拓宽学生的视野。例如，在《雷雨》的讲解过程中，教师就可以利用话剧《雷雨》，对其反映的社会心理、社会现象等进行积极地思考，之后，教师可以鼓励学生进行积极地讨论，通过讨论来拓宽学生思路，最终提高学生的行文水平。

（五）引导学生进行课外内容的拓展

作为课内学习内容的有效补充与延伸，课外的拓展对于学生的语文学习具有十分重要的作用。微课主要是通过更加直观的方式，实现内容的呈现，引导学生进行知识的拓展，而课外内容拓展也需要借助微课。例如，《荷塘月色》作为一篇出名的散文，教师可以引导学生呈现该作者相关的内容视频或者是文字材料，激发学生的学习兴趣和对文章的自我感悟能力，最终实现课堂教学效率的不断提高。

在高中语文的课堂教学过程中，需要充分地认识到微课的重要作用，令学生能够更加高效的学习，实现课堂内容的优化和课堂教学效率的提高。

# 第三节　高中语文课堂教学中传统文化渗透的相关思考

## 一、高中语文课堂教学中渗透传统文化

我国传统文化底蕴深厚，高中语文教学渗透传统文化，不仅有利于培养学生的文学内涵，增强学生民族文化意识，培养良好的个人品格，还有利于弘扬我国的优良传统，让学生深刻的地理解传统文化的意蕴，提高学生的整体文化素养。因此，高中语文教学渗透传统文化，可以使学生通过了解我国文化发展历史，加深对传统文化的认识，同时，在思想上更加热爱祖国。在传统文化的熏陶下，养成良好的思想道德品质，进一步完善个人综合素质。高中语文教学渗透传统文化，还有利于帮助学生了解本民族文化，激发学生的学习兴趣，进一步丰富语文教学内容，使学生近距离感受传统文化的魅力，提升学生鉴赏优秀传统文化的能力和水平。中华民族传统文化博大精深，许多优秀传统文化蕴含着先辈们的聪明才智和远见卓识。因此，高中语文课堂教学中渗透传统文化，还有利于帮助学生树立正确的世界观、人生观、价值观，树立民族信仰，增强民族自豪感和自信心。

高中语文教学渗透传统文化，对于提高学生文化素养具有很大帮助。然而，在传统文化渗透过程中，也存在着一些问题需要解决。一是缺乏对学生情感的熏陶，只注重简单的灌输、说教。受应试教育思想的影响，在高中语文教学中，涉及一些传统文化知识内容，有些语文教师只是让学生背诵古文和古诗词，对于学生是否能够真正理解传统文化所要传达的思想，认识不清。因此，学生对于传统文化很难形成思想上的共鸣。目前，一些教师在教学中渗透传统文化，不懂得怎样引导学生自主理解传统文化所蕴含的道理，而是简单地讲解相关的基础知识，传授一些常见的古文翻译方法，传统文化所蕴含的思想内涵，学生很难有效的领悟。二是在学习过程中，一些学生过度依赖工具书。在高中语文教学中学习古文或者古诗词，一些学生过度依赖教学辅助工具书，如参考《高中语文文言文讲解》等方面的书籍，翻译、理解所学的古文。在学习过程中，缺失自己品读、理解的过程，这样，很难提高学生鉴别和理解传统文化的能力，也失去了传统文化渗透的价值。

## 二、高中语文课堂教学中渗透传统文化有效措施

### (一)深入挖掘课本中蕴含的传统文化因子,剖析其所蕴含的思想内涵

高中语文教材中蕴含着传统文化的文章,都是传统文化中的经典,是精心选择和编排而成的,每一篇诗文都蕴含着文学作品的质与美。因此,在高中语文教学中,每一篇文章所蕴含的思想内涵都需要深入挖掘,教师不仅要引导学生仔细品读传统文化作品,还要将讲课的重心放在文章的文学底蕴上,在思想上渗透传统文化观念,使学生能够站在更深层次的文化视点,对文章中所蕴含的价值观念、文化传统、民族精神给予细细解读,这样更有利于学生站在传统文化的视角,对文章中所包含的文化特质给予理解和接纳。比如,在学习韩愈的《师说》一文时,教师可以引导学生仔细品读,令学生充分理解从师求学的原则,提炼出我国传统文化思想精华,"闻道有先后,术业有专攻""弟子不必不如师,师不必贤于弟子。"使学生通过学习传统文化,在思想上对求学有一个新的认识,敢于在学习过程中,对文章的解读提出不同的思想观点,能够站在一个新的角度,剖析其所蕴含的思想内涵,同时,对所学习的古文、古诗词有一个新的认识和解读。而不是参考《高中语文文言文讲解》等方面的书籍,翻译、理解所学的古文。

### (二)以传统文化经典作品为切入点,深化学生对传统文化的认识

高中语文教学渗透传统文化,语文教师不仅要引导学生仔细品读作品,还要开展对经典作品的拓展。课本中的传统文化经典作品往往是浅尝辄止,只是传统文化思想精髓的少部分内容。因此,高中语文教学渗透传统文化,还需要教师以传统文化经典作品为切入点,深化学生对传统文化的认识,以点带面,激发学生对传统文化的兴趣。使学生不仅对课本中的古诗文产生兴趣,还能够抽一点时间去熟读原著,了解所学的古典文化作品的完整内容,进而深化对传统文化的认识。学习古典文学作品,首先要去了解作者,只有对作者所生活的时代背景、人生经历等方面有一定的了解,才能够充分理解和认识文学作品中所流露的思想情感,深层次理解作者所要表达的思想内涵。例如,在学习白居易的《琵琶行》时,就应该让学生先了解白居易一生,不同寻常的人生经历和情感变化,使学生能够理解白居易从"兼济天下"转向"独善其身"的思想转变,理解白居易积蓄在心中的沉痛感受,感悟其"同是天涯沦落人,相逢何必曾相识"的心声。唯有如此,方能透过文字,渗透传统文化思想,使学生通过学习传统文化,感悟古人生活的艰辛,更加珍惜今天来之不易的幸福生活。

高中语文教学渗透传统文化，不仅有利于培养学生的文化素养，增强学生民族文化意识，还有利于弘扬我国的优良传统，增加学生的文化内含。因此，在教学过程中，教师要引导学生加深理解与感悟传统文化，使学生能够深刻领会传统文化思想，在传统文化的熏陶下，增强民族自信心，实现自身素质的全面提升。

# 第四节　高中语文课堂教学创新研究

## 一、高中语文课堂教学创新的重要性

### (一) 提高课堂效率，增强课堂教学效果

对高中语文课堂进行创新，是指改变原有的教学模式，通过新的教学方式进行课程教学。近年来，许多教师都试图突破原有的教学模式，创新教学模式。这种改变是以前学生很少接触过的形式，所以学生的主动性因此而提高，教师所要讲授的内容变少，学生主动学习的内容较多。所以说，这种高中语文课堂创新可以很大程度上提高课堂效率，增强学习效果。

### (二) 带动学生学习的积极性，增强学生与教师的互动性

对高中语文课程进行创新，是指转变了教师在课程教授过程中角色，由原来的课程教授者转变为课程学习的引导者。因此，教师在教学过程中会采用多种形式，并且这些形式会越来越丰富、新颖。这一过程中，学生的积极性会大大增加，同时也可以很大程度上增加教师与学生的互动机会，使课堂氛围更加和谐。

## 二、阻碍高中语文课堂教学创新的因素

### (一) 受传统教育体制的影响

我国根深蒂固的应试教育教学体制，严重影响了我国语文课程的创新。在教育过程中，过分重视分数对教学评价的作用，拿学生的成绩衡量教师的教学质量，这一因素很难让课程进行创新。此外，语文课程本身所要学习的内容较多，尤其是学习文言文等学生较难理解的部分，这一性质决定了教师在教学过程中不愿意将时间用在课程形式的创新上。所以说，传统教学体制严重阻碍了高中语文课程的创新。

### (二) 教师自身职业能力水平有限

教师自身的能力有限，也是阻碍高中语文教学创新的一个重要因素。在许多学校，语文教师一般都是资历较深、年龄较大，这些教师虽然对知识的教学有很强的能力，但是创新的意识与创新的能力有限，不能根据课程改革很好地与时俱进。此外，在语文课程教授过程中，掌握一些多媒体的能力较差，这也是阻碍我国语文课程创新的重要因素。因此，在语文课程的创新过程中，教师必须提高相关能力。

### (三) 相关的教学设备投入力度不足

高中语文教学创新过程中，需要运用多种教学设备，比如多媒体设备、虚拟现实技术设备等，这些设备对于学生理解能力的提高、课堂氛围的活跃具有重要的作用。此外，教师在教学过程中，采用一些先进设备，对教学效果方面也会有很大的改善。因此，只有充分利用教学技术，才能提高整堂课的教学水平。现阶段，许多高中对于相关教学设备的资金投入力度不足，不能为教师提供更多的资源，所以整堂课都较为老套陈旧。这也严重影响了语文课堂的创新性。

## 三、提高高中语文课程教学创新的策略分析

### (一) 克服教育体制中存在的弊端，创新教育形式

针对这一策略，主要从两个方面做起：首先，突破原有背景下的教育模式，学校需要发挥重要的作用，学校改变以往的评价模式，改变用成绩衡量教学质量的现状，同时，学校可以组织多种教学活动，让学生在实践中掌握相关的语文知识，从不同的方面提高学习语文知识的能力。其次，针对语文本身这一课程的特点和性质，教师可以通过组织辩论赛、演讲比赛等形式进行课程教学，突破传统的教授模式，提高学生学习的积极性。因此，突破传统的教学体制，需要学校和教师共同发挥作用。

### (二) 增强教师自身的教学能力与职业水平

增强教师的职业能力水平，是一个长期的不断提升的过程。语文教师在课堂中发挥着重要的作用，因此，语文教师在实际的教授过程中，必须选择不断总结经验，充分了解本班学生的特点，根据学生的特点相应教学形式以及教学活动。此外，教师必须多参加有关的职业培训，与时俱进，学习先进教师在语文课程中创新的经验，不断提升自身的教学能力。最后，语文教师还要更多地学习和掌握一些多

媒体操作技能，在教学过程中不断运用多媒体等辅助性教学工具，提高学生学习的积极性。

(三) 加大资金投入，提高设备的投入力度

加强相关的资金投入力度，有关政府机构必须密切关注本地高中的教学设备水平，及时进行财政拨款，为学校更新教学设备提供更多的资金支持。学校也要不断重视对一些先进设备的完善，了解语文教师在教学过程中所需要的设备，为学生更好地了解和学习课程提供资金支持。

第十四章　汉语语言文学概述

# 第一节　汉语语言文学审美问题探究

随着我国经济实力的不断增强，我国在国际上的地位逐渐提高，使得我国的汉语文化成为世界文化的重要组成部分。汉语语言文学包容性较强，涉及较为开阔的知识领域，蕴含丰富的知识文化，具有跨种族、跨国别的特点，因此，很多国家通过开设孔子学院，对我国汉语语言文学进行更加深入的研究和学习，对于我国传统文化的传承和发展具有十分重要的现实意义。为更好地发掘汉语语言文学的魅力，我们必须对其审美问题进行深入的探究，进一步促进汉语语言文学的创新和发展，同时对提升自身的审美素养和人文素养具有重要意义。

## 一、汉语语言文学简析

### (一) 汉语语言文学的概念

汉语语言文学是人文社会文化的重要组成部分，在我国悠久历史的演变中，文字和语言得到了不断的丰富和发展，从而形成了今天独具魅力的汉语语言文学。汉语语言文学，是对我国古代和近现代先辈的生活情况和思想文化的记载和传承，反映了民族精神和人文理念。为深入研究和传承汉语语言文学的魅力，在我国教育体系中，将汉语语言文学学科设置为国家重点培养学科项目，通过系统性的教育，提升广大学子的文学素养。汉语语言文学有利于培养更多的优秀文学作家，创造更多的文学作品，向世界展示我国的民族魅力。例如，我国著名作家莫言，成为我国首位获得诺贝尔文学奖的作家，推动了汉语语言文学的发展。

### (二) 汉语语言文学的特征

汉语语言文学学科的主要研究对象是古代汉语、古代文学、现代文学、近代文学、外国文学等，超越了民族文化差异，具有重要的教育和研究价值。汉语语言文学涉及的三大文学领域为中国汉语文学、汉民族文学、华文语言文学，是我国母语文化传承的重要载体。中国汉语文学注重文学的多元性和多样性，包括汉民族在内的五十六个民族的民族文学，将各个民族的特色文学进行了全面的分析和总结；汉民族语言文学则主要反映了，汉民族文化经过漫长的发展历史形成的文学体系，具体而生动地展现了传统文化、历史精神以及民族特色；华文语言文学是对国际上汉语文学表现特性的研究，是我国文化向世界传播的有效手段。例如，各国设立"孔子学院"，对汉语语言文学的发展具有良好的推动作用。汉语语言文学学科有利于培养学生的人文情怀和素养，其中对汉语语言文学审美的研究尤为重要。

## 二、汉语语言文学审美要点

### (一) 语言的审美

语言审美是汉语语言文学审美的关键内容，语言具有明显的区域性特点，因此，形成的审美标准也不尽相同。汉语语言文学属于一种人文学科，在培养学生语言表达能力的同时，可以提高学生的文学造诣。在汉语语言文学审美研究中，要遵循一定的规律，尊重其独特性。我国幅员辽阔，居住着五十六个民族的人口，不同区域、不同民族的语言具有各自独特的魅力，我国南北方语言文化存在明显差异，南方人语言表达发音不够精确，例如 s 和 sh 的读音就很难分清，相对来说而北方人发音较接近普通话，不过北方人民对于卷舌发音也不是很敏感。因此，汉语语言审美要尊重区域文化特点。此外，我国还有很多少数民族，语言的表达各具魅力，使得我国汉语语言文学更加的丰富多彩，具有重要的研究价值。普通话是国家的通用语言，在汉语语言文学审美中要以普通话为标准。

### (二) 文字的审美

汉语语言文学审美的另外一个重点就是文字的审美，尤其表现在我国古代诗词文字方面。我国古代诗歌采用对偶、白描等手法，通过描写景物抒发内心的情感，勾勒出美好的意境，可以激发读者丰富的想象力，并让读者产生情感上的共鸣。例如，"孤帆远影碧空尽，唯见长江天际流"的诗句中，描述了海天相间，孤帆运行的情景，抒发了作者对友人深刻的不舍和留恋之情。我国古诗词常常借物喻人、以诗言志，是汉语语言文学审美的一个重要标准。此外，从文字的形态审美角度出发，我国的汉语文字具有独特的历史魅力。汉语文字经历了由甲骨文、金文演变为大篆、小篆、隶书，最后定型于东汉、魏、晋的楷书、草书、行书等诸体的一系列演变，使得我国书法艺术得到传承和发展。汉字的楷书形体方正、笔画平直，行书如行云流水，令人赏心悦目；草书结构简单、偏旁假借，具有很高的艺术欣赏价值；而行书则介于楷书与草书之间。因此，从古至今，我国汉字不仅具有丰富的形态，还可以表达深厚的意境，充分展现了汉语语言文学的魅力。

### 三、汉语语言文学审美的发展

汉语语言文学的审美主要是对人文性和思想性的分析，在审美中要综合考虑各类文学作品的艺术形式、时代特征和思想内涵。我国汉语语言文学审美，在不同时期表现不同，具体包括以下两点：第一，古汉语语言文学的审美。我国古代汉语语言比较注重文字的美感，例如南朝骈体文与宫体文，因此，会用很多华丽的辞藻来进行修饰，难免出现华而不实的问题。然而，战国时期的墨家、法家等代表作品提升了语言文学的实质，具有较强的实用价值。古汉语语言源于生活，诗人通过观察和体验生活，运用语言创设独特意境，展现自己的内心世界，因此，古汉语语言的审美，重点在于如何通过事物的描写，让语言构成审美价值；第二，传媒时代汉语语言文学的审美。鲜明的语言审美特性为语言的应用探索带来了新变化，时代背景的不同深刻地改变了文学的形式，同时文学审美也发生了改变。比如20世纪80年代，文学作品的审美更注重于思想、历史与人性的探究，对思想意识形态进行深思，对人性进行反思，对文学本身进行反思与批判，从而在独特的时代背景下，赋予了汉语言文学独特的功能与审美。

总之，汉语语言文学审美是对我国传统文化的传承和发展，通过深入挖掘汉语语言文学的魅力，能够有效地提升我们的文学素养和能力，在汉语语言文学审美中，要结合时代特点和地域特点，进行全面的分析和研究，推动汉语语言文学的丰富和发展。

# 第二节　汉语言文学教学中审美教育的渗透

在当前高等教育中，汉语言文学作为一门重要的专业，可以培养和提高学习者的文化素养。其多元信息与丰富的内容受到了广大教学者与学习者的喜爱和追求。在汉语言文学专业教学过程中渗透审美教育，有助于提高学习者的审美境界，进而确保他们能够在竞争激烈的人才市场中立足。此外，审美教育还强化了学习者感知美好事物的能力，有利于他们主动发现生活中的美，进而更好地、更有意义地进行学习和生活。接下来，笔者对此浅谈几点见解：

### 一、概述审美教育内在含义

培养和提高审美能力是审美教育的主要内容，而审美能力可以称之为对审美感受、创造、想象力等能力的总称。其中，审美感受能力是其他能力开展的前提，是整个审美过程的切入点，是审美教育教学的主要内容。鉴赏能力就是在感受"美"的前提下，辨别和评价"美"的能力。辨别能力是进行审美教育一项重要环节。想象力是对外部感知的"美"与自身能力、知识结构、工作经验等各要素综合起来的精神感受。审美创造能力就是在想象能力基础上，在实践创造下所获得的"美"，对于审美能力而言，审美创造能力是最高层次。

## 二、概述审美教育潜藏的价值

从各方面而言，审美教育也是一种学科教育，但它与其他学科教育对比来讲，有其特殊性，其可以提高学习者的审美能力，促进学习者取得更好的发展。通过研究发现，审美教育价值表现在如下几方面：

### (一) 培养学习能力，提高素质素养

审美教育在培养人们审美能力上具有较大的应用价值。所讲的审美能力，就是对审美鉴赏、审美想象、审美创造力等各方面能力的统称。其中，审美感受能力是推行所有审美活动的前提，是指在感官作用下获得美好体验的一种能力。从本质上讲，审美教育是一种情感教育，在汉语文学专业教学过程中，渗透审美教育具有很强的实用性，可不断丰富学习者的精神世界，对他们的实际能力提高尤为关键。此外，在一定程度上，审美教育还起到了培养学习者心智的作用，对拓展学习者的思维能力意义重大。在价值定位上，审美教育还健全了学习者的心理结构，为彰显学习者的个性奠定了基础，在提高他们审美意识上，推动了学习者的健康稳定发展。同时，形成审美价值，需要构建在物质层面上。审美教育有利于学习者在日常生活和学习中，追求感官享受、远离低级趣味的东西，为他们可以快速适应社会打下良好基础。特别是在文化多元的背景下，无论是广大教学者，还是学习者，都在广受各种信息的冲击，很容易在多种信息中迷失自我，严重影响着他们日后的健康发展。而审美教育，可以使人们自觉抵制不良、低级信息的侵蚀，构建起正确的人生观、世界观、价值观。

### (二) 丰富审美情趣，健全人格心智

众所周知，我们每个人都有爱美之心。这种爱美之心决定着我们对美好事物有向往和追求之心。从某种程度上而言，审美教育再现与展示了美好事物，满足了人们对美好事物的需求，在汉语言文学教育教学过程中开展审美教育，有助于激发学习者的学习激情，充分发挥其主观意识能动性。在审美教育创设的教学气氛下，塑

造了学习者健全的人格品质和审美精神。同时，健康、向上的审美情趣以学习需求为主，并主动积极地追求审美情感。通过开展各种审美教育活动，学习者树立了正确的价值取向，能理性对待生活和学习中出现的各种问题，并积极寻找解决问题的对策，进而使自身在生活和工作中始终保持良好的心态。此外，审美教育在不同程度上还体现了社会、艺术和自然等魅力，提高了学习者追求美好事物的水平，推动了其养成良好的审美习惯。审美教育中结合善与真，是在理性沉淀相关内容。审美教育有利于引导学习者正确地理解美观，对于发展他们的智力非常重要，提高了他们坦然面对困境和失败的能力，使他们更加积极、健康的心态来生活。因此，在汉语文学专业中渗透审美教育具有一定的可行性和必要性。

### 三、汉语言文学教学中出现的问题

从历史角度而言，汉语文学专业出身的学习者具有一定的审美能力，他们既可以充分利用专业的、扎实的理论知识回报社会，实现自我价值，也可以在完美塑造的人格魅力基础上，加强自身审美趣味，大力弘扬我国优秀的传统文化。但结合实际情况来讲，在具体汉语文学教育教学过程中存在很多问题，尤其是安排课时这一问题，明显汉语文学课时太少，上课条件太差，从而使汉语文学课程难以深入开展。当前很多学习者汉语言文学知识学得并不好，甚至一点都不理解这门课程，但却能够顺利毕业，这就表现在考察汉语文学专业中也有很多问题，教学注重结果而忽视过程，这种实际情况使很多学生只是盲目地选择了这门课程，但却很难了解这门课程的真谛，这样教育出来的学习者自然汉语言文学素养不会很高。

### 四、审美教育在汉语言文学中教学中有效开展的对策

#### (一)重视创新教学方式，提高学习者学习热情

在汉语言文学教学中融入审美教育，创新教学理念与教学模式是关键。我们都知道，兴趣是一件事情成功的动力。在具体教学中，教师应结合学习者的性格特征、学习能力，适当地创新教学内容，培养学习者的学习兴趣，营造良好的教学氛围，让学习者在浓厚的学习兴趣与良好的教学氛围下，充分发挥自身主观能动性，从而更加积极学习，并不断提高学习和审美能力。如在教学中，教师可通过多媒体教学方法、案例教学方法等在汉语言文学教学过程中充分使用，也可以多种教学方法融合使用，最大程度上活跃课堂气氛，激发学习者的学习欲望。

## (二)结合汉语言教学与实际,拓展学习者学习思维

汉语言文学作品体现了作者的内心思想。因此,在教学中,教师可利用一定的情境或者事物让学习者深刻理解汉语言文学,并拓展他们的想象空间,提高他们的观察与审美能力,实现真正意义上的审美教育。如在教学中,教师可引导学习者联想文中的内容与场景,使他们对文章内容有更深入的理解,从作者角度展开联想,与作者产生共鸣。

## (三)挖掘汉语言教学审美因素,提高学习者审美意识

汉语文学就是一种美,是位作家的结晶。在汉语文学教学活动过程中,教师不能只是"照本照读",要对教材中相关文学与内容进行深度挖掘,组织学习者深度感悟其中存在的意义和内涵,对作品中的内在结构、渗透的情感等有所感悟,在挖掘作品审美因素中,提高学习者的审美水平。

## (四)加强汉语言教师文化素养和教学效率

从各方面而言,文学作品表达了作者内心的情感。在文学作品解读中,汉语言教师要深刻准确剖析作品内涵,引发学生无限的想象,大力鼓励和支持学生敢想、敢说,并与其他同学进行积极沟通和交流,让所有同学都能体会作者当时创作的心情,引导青年学生树立正确的审美观。这就要求汉语言文学教学要深入,并深入挖掘文学作品中的内涵,激发学生学习文学的兴趣,提高他们的鉴赏水平。在做好这些工作后,教师还需要结合单篇教学法,在品读作品过程中充分发挥单篇教学方法的综合性、整体性以及系统性优势,抓住每篇作品的特色,引导学生树立正确的审美意识,从而不断提高自身审美层次。此外,在实际教学过程中,汉语言教师应明确认识自身的不足,在课余时间内针对性弥补自身不足,以发展和创新的眼光开展课程教学。

总之,在人才竞争如此激烈的今天,我们要想在社会上立足,必须提高自身各方面的素质素养,特别是审美素质。当前很多教师也意识到了审美素质的重要性,提倡在汉语言文学教学中融入审美教育,让学习者在欣赏文学作品时深刻感知作品内涵,进而提高审美趣味与审美体验,实现审美素质的提升。相信在汉语言文学教育全面开展下,并在大力渗透审美教育中,我国国民素质势必会得到进一步提高,我国的实力也会得到进一步加强。

# 第三节　汉语言文学及相关专业"现代汉语"课程

"现代汉语"是一门历史较长的课程，其来源可以追溯到20世纪50年代，现在其教学理论和教学实践都十分成熟，许多学科包括汉语言文学、对外汉语、新闻学及广播电视编导、秘书学等专业都将其设置为必修课。但随着改革开放和市场经济的发展，高等教育进一步向大众化、精细化和专业化发展，社会对不同专业毕业生提出了更高和更精细的要求，不同专业对"现代汉语"课程的需求也不尽相同。但令人遗憾的是，很长时间内"现代汉语"的教学内容、教学目标和教学方法变化不大，没有与时俱进，有必要根据各专业需求以及国家语言文字发展情况，对"现代汉语"课程进行改革。

## 一、国内高校"现代汉语"课程基本情况

### (一) 教材和教学内容

《现代汉语》教材数量不少，难以统计准确的数据。据殷树林、吴立红（2015）统计有约50种，当然这是比较保守的数字，还有部分学者的统计比这个更多。早期现代汉语课程使用比较普遍的有三种教材，分别是北大版、黄伯荣和廖序东版及胡裕树版《现代汉语》。最近国内高校使用最多的是黄伯荣、廖序东版的《现代汉语》教材，它由老版教材增订而来，已出版至第五版。有些地方高校由于受部分学者的学术影响会采用不同教材，主要有张斌主编的《新编现代汉语》和邵敬敏主编的《现代汉语通论》，三本教材各有特点。

黄廖本《现代汉语》教材主要讲述了现代汉语系统的语音、文字、词汇、语法和修辞五部分，具体内容包括语音部分主要运用语音学原理系统地讲述有关普通话的语音知识；文字部分讲述汉字的性质和作用、汉字的结构和形体、汉字的整理和汉字规范化问题，以及国家关于汉字的方针政策；词汇部分讲述现代汉语语素、词和构词法，词义、词汇的构成，词汇的变化和词汇规范化等问题；语法部分讲述现代汉语组词造句的规则和有关的基础理论知识；修辞部分讲述词语和句式的选用、常用的修辞方式。

### (二) 教学方法和教学手段

根据"现代汉语"课程的教学目标和教育部颁发的"现代汉语"教学大纲规定，现代汉语教学分为"基础教学"和"能力培养"两部分，传统的教学方法和教学手

段主要围绕这一目标展开。传统方法和手段在具体实施过程中有如下特点：①重基础教学，轻能力培养。一般教材都把基础理论和基本知识放在重要位置，作为教学主要内容，如胡裕树版《现代汉语》指出"现代汉语是一门基础课，讲授现代汉语基础知识"。传统现代汉语教学特别重视基本概念、术语的理解，语言学基本理论的掌握，轻视运用汉语知识进行汉语教学能力的培养，不能满足培养合格的语文及对外汉语教学人才的要求，因此有很多学者如邵敬敏（1993）、张强（2010）等提出现代汉语教学必须在教学内容和方法等方面做出适当调整。②功能定位不准，教学模式单一。现代汉语课是很多文科专业开设的基础课程，都强调培养学生的语言基础知识和能力，适用面较宽，但"对不同层次和专业的特殊需求没有照顾到"，如学生层次有专科和本科，类别有师范和非师范，专业有汉语言文学、对外汉语、新闻、文秘等。由于教学不能与具体层次、类别和专业有效结合，教学与实际需求脱节，导致教学目标与教学方法出现偏离，不能学以致用。③教学方法和手段单调。由于现代汉语教学重基础教学、轻能力培养，教师讲授过程中重视现代汉语的理论性和研究性，没有兼顾语言的实践性和启发性，在教学过程中，讲授式教学较多，能力操作训练较少。

## 二、"现代汉语"课程建设思路

### (一) 调整课程目标

"现代汉语"课程目标应当根据不同专业和不同方向，在"三基""三能"的基础上略有变通。"三基""三能"只是现代汉语课程的普遍目标，但针对不同专业要求，应该有不同的课程定位。下面针对对外汉语专业、汉语言文学方向、文秘和戏文方向谈谈专业方向的课程目标调整。①对外汉语专业是在国内对来华留学生进行的汉语教学，它主要培养第二语言学习者使用汉语进行交际的能力，对外汉语专业的课程教学目标必须服从于对外汉语教学的需要，与传统的汉语言文学专业区分开来。本专业课程应当以汉语作为第二语言教学为导向，培养学生使用现代汉语知识进行对外汉语教学的能力，不仅要让学生掌握现代汉语本体基础知识，同时要熟悉汉语与外语差异和培养对外汉语教学能力。②汉语言文学方向的课程应当"服务于中小学语文教学"，除了讲授现代汉语基础知识和基本技能之外，还应该重视提高学生口头表达能力、文章阅读能力、作文评改能力，推广规范汉语语音、文字的能力，规范性要大于学术性，在保证完成基本教学目标的前提下，学术性比较强的部分可以供学生选学。③文秘和戏文方向的课程要服务于戏文专业培养具备戏剧、戏曲和影视文学基本理论及剧本创作能力，能从事文学创作、编辑和理论研究工作的

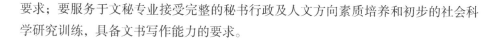

要求；要服务于文秘专业接受完整的秘书行政及人文方向素质培养和初步的社会科学研究训练，具备文书写作能力的要求。

（二）合理选择教材和教学内容

黄廖版教材在国内使用量较大，具有内容丰富简练、条理清楚的优点，适合作为高等院校对语言基础知识要求较高的专业的现代汉语教材。但这部教材的缺点也是很明显的，主要表现在三个方面：首先，它的编写时间较早，已经使用了30多年，现在第五版和原来版本的差别并不大，对语言学的最新进展及时吸纳和调整不多，显得"体系陈旧、知识老化、信息量不足、结构不合理"。其次，这部教材理论知识性的内容占比较大，但是实践能力方面的内容如关于意义、解释、动态、宏观的把握不足。最后，这部教材主要为汉语言文学专业编写，没有考虑到对外汉语、文秘、戏文和新闻等专业的实际情况，不太适合其他专业。

要解决上述问题，首先，应当根据各专业特点综合选用优秀教材，如汉语言文学专业可以选用邵敬敏主编的《现代汉语通论》，该教材比较注重学生的理解、分析现代汉语的能力和表达、应用现代汉语的能力，当前汉语研究一些较新的理论和方法都适当地被吸收进来了。当然由于没有照顾其他专业的特点，《现代汉语通论》如果作为汉语言文学专业之外的教材还是不太合适。目前其他专业的现代汉语教材还没有比较权威的、公认比较好的教材，各高校选择教材不尽相同。其次，不同专业的现代汉语课程应当在教学重点和主要内容上有所选择，如汉语言文学专业讲授时注意提高普通话水平、规范使用汉字；对外汉语专业要培养对外汉语教学能力，能根据所学语言知识、汉语基础知识进行第二语言教学、语言习得的教学工作。最后，教学时既要注意基础知识的培养，让学生理解和掌握现代汉语语音、文字、词汇、语法和修辞的基本结构和特点，也要注意培养学生使用现代汉语进行交际、教学和写作的能力。

（三）丰富教学方法和手段

现代汉语属于语言学基础课，语言学学科和文学有一定的区别，语言学注重语言结构的构造，语言组合聚合的规则，科学性较强，要讲好现代汉语课程需要将这些结构和规则的理解、分析和推理过程展示出来，这就要求教师具备较强的语言专业知识功底。现代汉语课程的教学效果取决于教师讲授的方法和艺术，传统的、以基础知识和基本能力为主的讲授缺乏生动鲜活的语言材料的验证，往往显得枯燥乏味。课程教学过程中要注意以下方法的综合应用：①贯彻语言理论讲解的科学性。现代汉语的科学性较强，教师要具有真才实学，对讲授内容具有深入全面的了解。

授课时条理清晰、重点突出、举例生动、分析透彻，能够将其中的语言规律用学生可以理解的方法展示出来。②注意现代汉语的实用性。将现代汉语基础知识、基本技能和所学专业结合起来，如对外汉语专业教学时，需注意能进行正确发音、辨音，用手势辅助表达发音方法，熟悉一般发音偏误类型和原因并进行纠正；能教写规范汉字，熟练使用直接解释法、翻译法、语义联系法、比较法等词语释义法；能发现留学生写作及会话中常见的修辞错误并进行纠正。③多种教学方法并用。现代汉语课既是一门基础理论、基本知识课，又是一门基本技能训练课，教学时可以以讲授为主，适当进行语言技能的操练。

总之，"现代汉语"课程建设不仅要求教师具备扎实的专业知识，广阔的语言视野，灵活的教学方法，还要求他们具备高度的责任心，本着对学生负责的态度教书育人，提高教学效果。同时我们也需要完善其他环节，如建立课程资源库、增开相应的选修课程等。

# 第四节　汉语的语言辩证关系

## 一、汉语语言逻辑的矛盾对立性

分析汉语的辩证关系，我们首先要认识语言本身的矛盾对立性。在不同的环境下，语言的表达方式、表达范围都有极大的不同，既是因为人们主观意识的量化标准不同，也是限制性条件的影响。所谓的语言辩证关系可以看作语言表达上"矛和盾"的现象，在使用汉语进行描述的时候，我们既可以言明"左"，也可以说明"右"，而不是不分逻辑地顾左右而言他，就好比我们对不同的想法和意见既可以提出质疑，也可以进行肯定，而产生的这种相对应的关系，可以看作汉语语言逻辑中存在的辩证关系。这种辩证关系可以让我们言明事物，准确表达，能够详细而富有逻辑地认识事物并用语言准确地表达出来，当然只局限于主观立场而言，因为一万个读者有一万个哈姆雷特，每个人都是不同的，彼此的语言意识具有极大的差异。汉语的逻辑辩证关系是普遍存在的，正如马克思所言"矛盾是推动世界向前发展的根本动力"。对于汉语来说这句话依然适用，汉语不仅在逻辑上存在着矛盾的辩证关系，其语言机制上也普遍存在辩证形态，正像是"对和错"永远存在且统一辩证的形态一样，汉语的表达往往也是对立且统一的，这种对立统一关系既能够帮助人们用语言清楚表达事物的特点，也能促使人们借助他人的语言表达准确地认识事物，形成清晰的事物概念。

## 二、汉语语言的"整体与个体"

汉语的辩证关系不单单存在于汉语的逻辑形态中，其语言综述和字词的使用更趋向于整体和部分的联系。整体性的语言表达可以看作是辩证关系下的整体存在，而相对的字词概念更像是独立语境下的个体，虽然综述性的语言由所有的字词构成，但是字词个体是整体性语言综述的全部集合，正是由于字词个体强化了语言逻辑的准确性，才使字词个体与整体的语言综述联系更为密切。

## 三、汉语"语言和言语"的辩证统一

汉语的辩证关系还在于语言与言语的辩证中，语言和言语是汉语的基本组织架构之一，二者是辩证对立统一的关系。一方面，语言和言语有着本质化的区别，是两种不同概念的东西；另外一方面，语言与言语有着密切的联系，它们既紧密相联、相互依存，又相互转化，具有互为前提，相互辩证的进行作用。人们要清晰地理解语言概念并清晰地认识语言的作用效果，必须明白语言的存在，同时要以语言为基础，建立相互广泛而辩证依存的言语才能最为准确直接地了解语言的特点。可以说语言是言语的工具，也是言语的产物，二者相互依存，这种对立统一的关系好比是工具与工具的使用关系，要使工具得以使用，必须要有工具，要使工具得到价值体现，必须以使用工具为前提。言语在语言系统中是工具使用的依托，语言的具体体现形式是言语的具体表达方式，其情感逻辑有一定的相似性，但是其情感关系是对立统一的。

## 四、汉语语言的社会属性和言语的个体属性

相对而言，语言具有社会性，而言语有着明确的个体属性，语言的社会性表现为社会的广泛使用和人与人之间的表达与交流，它不属于某个人而是整体社会意识下共同协作的交流表达方式。又诸如汉语是整个汉民族使用的语言，而不是某一个汉人的语言，它是所有汉族人所共有的语言特征。换句话而言，汉语具有社会属性，是一种存在的社会现象，是民族共同创造的精神财富，不具备个体使用价值。而言语具有个体属性，每个人的表达方式是不同的，每个人的言语也是也是不一样的，它和语言不一样，是对语言的具体应用，通过个体的行为来体现。就比如人与人之间的交流是个体对汉语的不同使用，言语就是个体对语言的运用，属于个人行为，有强烈的个体属性。每个人的语音、音色、音调都是不同的，在汉语的直接表达风格上也有极大的差异，其语言风格因人而异。因此，言语就是具体的语言运用方式和具体的语言风格，而语言是整体的社会使用方式，是社会交流对象之间的交流工具。二者互为依存、相互转化，辩证并且统一。

### 五、汉语的矛盾转化

在不同的语境下，汉语的矛盾是对立且统一存在的，但是由于不同的使用条件和使用范围，汉语的矛盾是相互转化的，有可能正确的语言意识成为错误，错误的语言意识成为正确，就好像当你认为答案是对的时候，你是站在正确的客观立场上，当你认为正确的答案是错误的时候证明你本身就错了，站在了错误的客观立场上。语言也是一样，受到不同使用条件的限制，汉语的不同表达方式在一定范围内既可以是错的，也可以是对的，因为客观立场的改变，语言中存在的矛盾也是相互转变的，唯一存在不变的是二者的辩证关系。

汉语的语言辩证关系既表现在其语言逻辑上，也表现在其语言情态上，言语和语言二者也是相互对立且统一的，受到不同使用条件的限制，语言中存在的矛盾相互转换，彼此依存，共同作用于新的语言机制。

# 第五节　汉语语言文字的规范化

语言文字是人类思维的工具，是人类交流的重要手段，汉语文字是中华民族独创的方块表意文字，是世界文化的重要组成部分，有其特有的构成体系，是中华民族团结的纽带，使中华民族悠久历史得以传播。但是在现代化的形势下，外来文化在促进汉语的进化进程过程中，对汉语形式造成了极大冲击，出现了大量不规范的语言形式和错别字，严重地污染了汉语的生态环境。

## 一、语言文字使用不规范现象

### (一) 传播媒体

只有被传播的文化才可以成为有生命力的文化，传媒传播具有文化传承的功能，传播传媒传播信息的过程也是传播语言的过程。现在传播传媒的过程也传播了现在语言的重要组成部分—新词语。

1. 传统传播媒体

传统传播媒体包括电视、书籍和报刊，它是文化传播所必需的载体，在现代其更成为文化传播最重要的载体，能够较为完整地承担文化传播的功能。但是在当今社会发展的过程中，语言的创造越来越快。普遍一方面由于媒体迎合企业的广

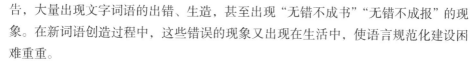

告，大量出现文字词语的出错、生造，甚至出现"无错不成书""无错不成报"的现象。在新词语创造过程中，这些错误的现象又出现在生活中，使语言规范化建设困难重重。

2. 新型传媒——网络

网络在新时代传媒中具有跨时代意义，但是网络语言的不规范性也深深地困扰传媒对文化的传承功能。网络与生活联系紧密，新一代受众沉迷于网络媒体并以此为傲，大量"斑竹""酱紫"通过网络进入日常生活中，对古典文化造成巨大影响。

（二）日常生活

在日常生活中，各行各业有着不同的文文化缺失现象。普通话夹杂着英语单词被青少年认为是一种时尚的说话方式；国家商品取名和媒体传播的任意洋化现象；学术论文照搬命题，袭用概念，大量引用外文，对外文的使用甚至达到了迷信的程度；部门招生晋级和聘用的过程把运用英语作为首要的考虑问题；英语课程强制和语文课程接轨，生活中任意的造字，写简化字和滥用省略语现象等对汉语的环境造成破坏。

## 二、造成不规范的主要原因

（一）汉语言本身结构复杂

汉字词汇丰富，容量大，同音字和同意字在文章中占有较大比例，在形、音、意三者之间相近，相同、不同的错综复杂的关系中的字词，如果不仔细辨别，认真推敲，使用时就很容易出现错误，误己误人，贻笑大方。

（二）人为因素

在我国的初级教育中，许多老师的教学素质比较低，书写的汉字不正规，随便创造汉字，在汉字的书写笔顺和笔画中存在着很多问题，教给学生当然是错上加错，因为学生是模仿老师的书写。此外，我国很多学校没有设置专门的语言学课程，学生的教材仅限于拼音和文字，修辞和简单的语法，对于词汇、逻辑和语言的规范化设计较少，使学生的语言设计较差。此外，普通话的不普及也是一个主要原因，在应试教育的现状下，推广普通话和汉语拼音只能是一句空话。

趋附和从众的社会心理。人民在语言举止和服装方面，具有很强的模仿性和从众性。从流行的心理角度分析，人们热衷于使用社会附加值较高的词语，一些非规范用语，只要经过社会附加值较高的人使用，马上成为流行的词语，一点也不顾及我们现有的习惯与规范。

汉语规范化标准不一，法律不健全。在以往的历史中，汉语的规范化有过两次大规模整改，可是前后都存在大量自相矛盾的现象，工具书中的依据也不同，存在着各种各样的矛盾。同时，也没有相关的法律对语言文学进行规范，所以很难开展各种语言的规范化工作。

## 三、汉语语言文字规范具体措施

### (一) 确定读音文字语法标准

语言文字规范化主要包括书面语和口头语两个方面。确切地说应包括语言的语音、词汇、语法三个要素。书面语是通过文字记载流传的，这种记录书面的符号系统——文字，自然成了规范化的对象。

### (二) 加强进行汉语语言规范化教育

提高全民素质，语文教育先行。为人们正确地使用祖国语言文字，加强语文教育的力度，开展继续教育活动，提高素质。将汉字正确使用列入教师考评，从而使汉语基础教育工作得以提高。

### (三) 加强宣传引导，普及语文规范标准

通过宣传手段，宣传国家关于语言文字的方针政策和规范标准，介绍语言文字规范知识，让广大群众知道规范标准，树立规范意识，确立良好的语言文化价值观。充分利用好媒体的宣传作用，让广大人民认识到语言的规范化的重要性和必要性，从而使广大人民讲普通话，写规范字。

汉语语言历史悠久，韵味独特，它是世界上使用人数最多的一种语言。我国历史悠久，地大物博。中华民族历史的文字记录，绵延数千年，甚至可达史前时期。历史留在语言中的沉淀物，记载了汉文化传承的脉络，体现了传统汉语的尊严和韵味。汉语言文字是汉民族传统文化的有机组成部分，是中华民族独有的文化瑰宝。对汉语言文字的进一步规范，绝对是功在当代，利在千秋。

第十五章　高校汉语语言文学

# 第一节 高校汉语文学专业学生参与教学管理的策略研究

## 一、高校汉语语言专业学生参与教学管理的重要性

### (一)鼓励学生参与教学管理对教学改革的重要性

教学观念与管理方式始终随着社会的发展而不断进步。鼓励学生参与到教学管理，是高校管理民主化推进的重要举措。一般而言，学生是学校教学管理的对象，而学生参与教学管理其角色变成了管理者，而教学管理的形式变成了自我约束与自我管理。这样能够提升学生们参与教学管理的兴趣与主动探索教学管理模式改革的积极性。同时，教学活动中学生的主体地位也得到了充分的体现。教师与学生共同享有教学活动的管理权利，能够使得学校管理制度更加民主化，既能兼顾教师利益又能考虑到学生们的切身利益，是促进学校教学管理机制协调有序运行的保障。汉语语言文学专业，作为一门纯文化性质的语言学科，教学活动的可操作性不强，让学生参与教学管理，恰好是进行师生互动的有效方式。由此可见，高校汉语语言专业学生参与教学管理，不仅能够优化学校管理机制，还能够有效提升高校汉语语言文学的教学质量。

### (二)学生参与教学管理对教学体系的监督和学生自我管理的重要性

没有学生的参与，学校的教学活动就无法开展，学生是整个教学活动的体验者与感受者。学生的年级层次、专业都能体现出他们在教学管理活动中的一些问题。学生参与学校管理后，其对学校的人才培养方案，课程设定安排以及汉语语言文学教师们的课堂教学模式、教学态度、教学能力，等会有一个系统而全面的认识。学生亲身体验整个教学管理的流程，对于高校教学质量的监督(特别是通常管理者易忽略的一些环节)具有很大帮助。在我国，高校汉语语言文学专业的设置门槛并不高(研究所、重点大学、非重点大学等均有)，有些学生甚至对汉语语言文学不是很了解，他们的中文水平也并不突出，因此他们对自己本专业的综合认知，还存在一定的误区，对这一专业的前景并不乐观。因而，学生们的学习态度、学习积极性都有待加强。将学生以管理者的身份带入教学管理活动中，对于强化汉语语言文学专业的教学管理模式与突出学生的主体地位，都有一定的指导作用。

## 二、学生参与教学管理的策略

### (一) 针对汉语语言文学学生建立相应的信息资源管理体制

当今，我国多数大学都为学生设置了相应的教学信息资源管理系统，其目的在于鼓励和引导学生积极参与到教学管理活动中，再由信息资源管理系统整合学生反馈的教学信息，以便更全面地认识整个教学管理活动流程，并及时检查教学效果，了解学生们的学习感悟与需要，发现学生们在教学管理活动中存在的问题并及时采取补救或解决措施予以解决。这对于高校教学计划的顺利开展、教学目标的实现以及教学管理活动的有序进行等都有保障性意义。随着学生信息资源制度的建立与不断完善，许多问题得以有效解决。然而，也有许多新的问题不断出现或仍有一些问题尚未得到彻底解决。例如，学生信息资源管理系统仍不够完善，整个信息资源管理流程不尽合理，系统的转运与协调缺乏技术性保障以及资源信息管理的效率与管理水准等仍需进一步提升，这些都说明先进的教学管理机制不是一朝而成的，它需要在实践中不断探索与改进。

### (二) 建立相应的学生信息反馈平台

首先，设置学生教务助理等教学管理岗位，为贫困生解决生计问题。高校汉语文言专业可设置相应的勤工助学岗位，为学生创造参与教学管理机会的同时，解决其生活问题。就学生而言，在校内勤工俭学，一方面减轻了贫困生的生活负担，让其能够更好地进行学习，另一方面历练了学生的管理能力；就学校教学管理而言，学生担任学院教务工作助理，使其能够更加充分的了解学校的规章制度，同时便于学生监督教学的过程与质量，及时发现并反映出教学中出现的一些问题，进而促进教学管理水平与质量的提升。其次，建立学生评估系统。学生是教学活动中的受教育者，学生参与教师教学活动的评估是教学管理改革最突出的一项举措，对于教师的教学状况，学生们具有发表自己观点的权利。所以说，学生们如果能够对教师以及教学活动进行客观的评估，对检验课堂成效与教学水准等起着关键作用。再次，定期组织学生茶话会，了解学生们的内心想法。在校大学生都已是成年人了，其思想觉悟与智力水平都相对稳定，已经具备了参与教学活动的组织与管理的基本能力。利用课外活动，组织学生开展有关教学管理的茶话会，不仅能够加强教师或学校管理者与学生之间的沟通，还能够令学生们畅所欲言发表自己对教学管理的观点，做到学以致用。对于高校汉语文学专业学生而言，这种会议的形式可以是多样的，以古诗文或文学为主题等均可。最后，可在学生会设立相应的监管部门，监督学生们参与教学管理。监督学生们的学习，是学生会的重要职能之一，他们的主要职责在于，发现学生们学习中出现的难以解决的问题，及时采取有效措施，帮助其一起解决。这种监督方案的组织形式，可以是多种多样的，例如，举行汉语知识问答比赛、汉语成语接龙、汉语文言知识问答等一些活泼有趣的活动，帮助提高学生们学习与探索的兴趣，培养学生们的创造性思维，使学生们的汉语语言学习变得更加主动。

## 三、学生参与教学管理过程中存在的不足与对策

### （一）汉语文学专业学生参与教学管理中存在的不足

首先，目前许多学校学生参与教学管理的制度不够健全，还没有比较具有现实意义的、相对完备而又具有系统性的理论研究文献作为参考。因此，学生参与教学管理的组织机制、管理形式以及具体的实施策略还要在具体实践中不断总结，慢慢摸索，寻找突破点。其次，现阶段，我国并没有针对汉语语言专业的学生，参与教学管理的规范的培训制度，例如，端正管理学生信息资源的工作态度，使学生充分意识到工作本身的价值，培养学生乐观上进，愿意为教学工作的发展进步奉献的精神。此外，学生们对学校规章制度的了解不够深入，对学校教务系统的组织结构、办事程序以及工作要务还需要进一步了解。汉语语言专业学生的管理知识不够完备，也不够系统。因此，他们在参与教学管理的过程中，要不断地同老师或者学校管理人员进行交流，同时作为文科专业的学生，他们的计算机应用能力也有待进一步加强。针对高校汉语语言专业学生参与教学管理的活动，学校没有具体的鼓励方案，去调动学生们的参与热情和积极性，使得学生理所当然地认为，进行教学管理是老师或者学校其他工作人员的事情，进而没有主动参与教学管理的使命感与责任意识。

### （二）鼓励学生有效参与教学管理的对策

首先，确保学生所反映的信息的有效性与真实性。学生反映教学管理信息的方式有很多，例如，汉语语言专业学生可以向院长信箱投递建议信，通过学校教务网站反映信息以及通过学生茶话会直接交流意见与经验等方式。然而，通过上述反映信息的方法，很难得到学生们内心的真正意见，因为面对学校领导，许多学生都相对紧张，语言表达不够明确与充分，还有一些学生根本不愿意提出问题，学生与校领导之间没有真诚的交流与沟通，进而导致在临近大学毕业时，他们的思想才能稍有放松，也只有在此时，他们对老师、学院以及学校的真实意见才更能代表广大学

生们的内心想法。其次，学校要善于培养汉语语言专业学生们主动参与教学管理的积极性，让大学生们主动参与教学管理活动，在增强自身管制力的同时，培养他们的集体主义精神与参与兴趣。这种培养方针，要以大学生的基本权利为前提，进一步结合高校的需求，切实按照高校汉语语言专业学生的集体利益为本，充分调动学生参与的积极性，由此来讲，学院要站在汉语语言专业学生们的需求角度上，将其比较关注的热点与参与教学管理中遇到的难题，置于教学管理工作的首要位置。最后，要格外重视学生们反映的相关信息并及时解决。教师或管理者针对学生们在教学管理活动中提出的问题及时解决是对学生参与教学管理工作的肯定与重视。管理者或教师主动帮助学生解决教学管理中遇到的难题的这一过程对于教育学生解决问题也有很大帮助，同时又能很好地鼓励学生善于发现问题并解决问题。对于学校而言，但凡涉及在校学生与教师利益的事情都是大事，当发现管理过程中存在的漏洞时，学校要尤其重视这些问题，并及时采取相应的措施予以解决。高校着力解决教学院出现的具体教学问题的部门有许多，因此这类问题一经发现很快就能得到处理，但是对于学生参与教学管理过程中提出的一些超出院系管理范围的问题很难落实，因此学校要重视学生们提出的教学关系信息，号召其他相关部门有效协调。

高校汉语文学专业学生参与教学管理的这一教学管理创新模式刚被提出时就得到了许多学校的响应，这种教学方式充分发挥了课堂教学活动中学生的主体地位，让学生进行自我管理对学校的整体学习氛围与校风建设有很大帮助。学校教学管理者与教师们的工作态度是学生参与教学管理这一模式长期有效开展的保障。而学生参与教学管理的教学方法有利于学生在教学管理活动中主体地位的体现，便于教学院以及学校管理工作的开展，同时也有利于学校老师与管理者更加充分与全面地了解学校教育教学资讯，在教学管理活动中更多地与学生接触，及时发现问题并着力解决问题。汉语文学专业学生的广泛参与对教学活动工作的开展有重要作用，有利于学校培养更出色的汉语文学专业人才。

## 第二节　应用型本科汉语言文学专业古代汉语课程实践教学

汉语言文学专业是我国高等院校历史最悠久的专业之一，基础牢固厚重、就业适应面宽、社会需求量相对固定是汉语言文学专业的传统优势。但随着信息社会的到来，我国社会经济文化、教育科技的快速发展越来越深刻地改变着我们固有的教育和人才观念，冲击着这个传统人文专业的命运。当今社会越来越需要有突出专业能力的应用型人才。

目前，关于应用型人才的概念尚无统一的定义，一般而言，社会人才从宏观上可以划分为两大类：一类是发现和研究客观规律的人才，称为学术型人才；另一类是应用客观规律为社会谋取直接利益（社会效益）的人才，称为应用型人才。应用型本科高校的办学定位非常明确，旨在培养有专业技能的高级应用型人才。这一培养目标使得每一个学科、每一门课程在教学改革中都必须与之紧密联系，各门课程都要不同程度地进行实践教学的改革和探索。作为汉语言文学专业必修课程之一的古代汉语课程，在应用型人才培养这一背景下应如何调整、改革以寻求适应，又应该担负什么样的责任？本文即从应用型人才培养的角度出发，审视古代汉语课程教学中存在的问题，并提出实践性教学改革的意见。

## 一、古代汉语实践教学的现状

古代汉语课程要实现应用型人才的培养目标，必须加强实践性教学环节，培养学生的独立思考能力、分析评判能力、创新能力，真正实现知识、能力的有机结合。

目前国内很多应用型本科高校的古代汉语课程还是沿袭传统的学术型、理论型教学模式，教师的课堂授课以理论讲授为主，很少有学校会注重古代汉语课程的实践教学环节的设置。有些学校虽然设置了实践教学环节，但是由于课时较少，不能引起任课教师的足够重视，因此任课教师往往忽略实践教学环节。总体来说，传统的古代汉语教学在认识上忽略了应用型人才的培养目标，未能精心设计课程的实践教学环节，古代汉语课程教学改革就要以应用型人才培养为突破口，精心设计课程实践环节，实施实践性教学改革，全面提升学生的应用能力，同时以学生能力的提升带动古代汉语课程的教学优化。

## 二、精心设计实践教学环节，培养学生应用能力

（一）加强词汇积累，提高文字分析能力

学好古代汉语的关键是掌握大量的古汉语词汇，只有具备一定的古汉语词汇量，才能顺利阅读古代的文献和典籍。对学生来说，学习古代汉语最难掌握的便是词汇，因为随着社会的发展，很多常用词汇的古今词义发生了很大的变化，如果不了解古今词义的变化，就会发生以今律古的现象。在教学过程中，为了加深学生对汉字和词义发展脉络的认识，提高学生的词汇量，加强其对古汉语词汇词义变化的

认知，教师必须要求每个学生每天至少整理出一个词的本义、常用引申义，并且举出例证，作为学生的平时作业计入平时成绩。

世界上的文字基本上分为两大类：表音文字和表意文字。汉字属于表意文字，虽然汉字的形体发生了巨大的变化，但是通过查阅工具书还是能够分辨出汉字的造字意图，推出词的本义，而汉字本身又与汉文化关系密切，一个汉字就是一幅画，一个汉字就是一段历史。汉字可以折射汉民族的文化印迹，例如"盥"字，甲骨文为一会意字，一人伸出双手洗手，下面的盘子用来接水，因而其本义为"以水手承水冲洗"，现代汉语的"盥洗室"一词中的"盥"还保留着此意。由此意又可以引申出"洗涤、除、浇灌、洗涤用的器皿"等义。通过这种梳理，学生对该词的词义体系有了非常清晰和完整的认知。学生在了解了该词意义来源的过程中，也会了解"盥"字与古代的饮食习惯——手抓饭的关系，以及上古的"盘"与现代的"盘"的具体区别，另外还引出了"筷子"一词的来源。

这样要求学生每天查找一个古汉语词语，梳理其词义发展脉络，挖掘其中蕴含的汉文化意蕴。日积月累，当学生将这种要求变成了一种习惯，就会逐渐掌握很多常用词的词义，从而为学生打下坚实的词汇基础，扫除阅读中的词汇障碍，同时也加深了学生对现代汉语词汇的认识，大大丰富了学生的文化知识和语言文字知识，提高了学生的文化素养。

由于电脑的普及，键盘打字已经代替了手写，再加上网络上的不规范用字现象的误导，许多学生现在对汉字的认知能力越来越差，有些学生甚至提笔忘字，更遑论熟知汉字的字义了。因此，通过实施该方法，可以提高学生学习汉字、词汇的热情，从而掌握更多的汉语词语，夯实自己的语言文字基础。例如，我们通过对"义"字的分析，了解到现代汉语的"正义"和"义父""义齿"中的"义"的确切含义分别为"符合正义和道德规范、名义上的、假的"，而这些义项又都来源于"义"的本义——屠宰祭祀用的牛羊，这样举一反三，不仅夯实了学生的文字基础，为学生的专业发展打下坚实的基础。

(二) 强化文本阅读，提升分析表达能力

古代汉语课程的培养目标是"培养学生阅读古文的能力，帮助学生掌握古代汉语的基础知识，以便更好地继承祖国优秀文化遗产，并提高讲授中学文言作品的能力及从事其他工作的语文修养"。学生要学好古代汉语，不仅要掌握大量的词汇，还要大量阅读古代文言文，特别是先秦时期的优秀散文，这样才能培养良好的语感。但是由于课堂时间有限，我们不可能在课堂上讲授太多的文章。因此，教师可以在学期之初选择一些优秀的文章布置给学生，也可以安排学生自己选择一些难度适中的文言文，最好是故事性比较强的文章，比如左传、战国策、国语、诸子百家之类的文章，定期安排学生分小组举行读书交流会，让学生在交流会上讲述自己阅读文章的大致内容以及自己的心得体会。这些优秀的古代散文有的讲述了经典的历史故事，如《苏秦始将连横》《冯谖客孟尝君》《晋灵公不君》等，也有的包含了深厚丰富的哲理和道德意蕴，例如韩非子的《说难》、庄子的《运斤成风》《世说新语》的名士风流故事等。学生为了读懂这些文章，需要独自利用工具书解决文章的字词句，通过对这些文章的讲解和分析，大大地提升了他们独立发现语言问题、解决语言问题的分析能力，同时也拓宽了他们的知识面，而且读书交流会这种方式也增加了师生之间的互动，学生不再只是课堂内容的接受者，课堂不再是教师的一言堂，而是同学们互相交流、展示的平台。

我们现在学习的古文基本上是古人注释的文章，并不是古代文章的原貌，而汉语言文学专业的学生必须能够辨识竖排版的、没有标点符号的繁体古文，这样才能真正提高他们阅读古书的能力。因此，教师可以在学期开始给学生布置一定篇目，要求其每周提交一篇作业，并且要求翻译。通过坚持不懈的练习，可以提高他们给古文标注句读的能力，大大提高其古文阅读和分析的水平。

（三）注重论文写作，培养创新思辨能力

创新思辨能力是应用型本科学生应具备的主要能力之一。汉语言文学专业的学生毕业后大部分从事文字工作，其中培养一部分走上教师岗位，因此古代汉语课不仅要"授之以鱼"，更要"授之以渔"，学生发现问题、解决问题的能力。教师在教学过程中可选择一两篇学生中学学过的文言文进行分析，指出中学文言文注释存在的问题，并提出正确的研究思路和方法，适当引导学生思考中学文言文教学中存在的问题，寻找现今社会流行词语的词义和历史发展脉络，或者寻找当今社会上众多的古代文言文丛书的注释弊端，尝试独立写作专业科研小论文。撰写小论文的过程也是学生古代汉语知识和理论的一次再认识过程和深化过程，通过对语言现象的分析，使他们对以往学过的课本知识有一个深刻的认识，将课本知识成功地转化为自身的能力和素质。

（四）结合现实生活，提高实践认知能力

语言是社会生活的产物，又影响着社会生活。古代汉语课程必须走出课堂，走进现实生活，将课程内容和现实紧密联系起来，才会焕发出课程的生命力。因此，古代汉语课程的教学也应走出课堂，关注当下现实社会生活，引导学生运用古代汉语的理论和知识发现和解决现实生活中的语言问题。例如时下网络流行的"孩纸""桑心""内个""童鞋"等词语，其实属于古代汉语的通假现象，网民们为了方便快捷、求新求奇，故意舍弃本字而使用同音假借字，形成了网络上流行的一种语言现象。教师可以引导学生运用通假字的理论和知识，分析这种现象的成因及其影响。

古代汉语不仅是一种语言，它还承载了厚重的汉文化，教师可以引导学生走出课堂，走到大街小巷，去发现广告招牌、店铺招牌上的繁体字误用现象，如"理发店"写成"理發店"，"山谷"写成"山穀"等。此外，有些有特色的店铺名字起得古色古香，如玉器店的店铺名称往往与"玉"字有关，如"璇玑阁""玲珑轩"等，这些店名是否能表现丰厚的玉文化，是否适合店铺的位置、大小和产品类型等，教师可以引导学生结合汉字的来源以及汉字所体现的文化意蕴进行分析。这种做法能够使古代汉语更好地结合现实生活，提高学生的实践认知能力。

### 三、规范实践教学管理，加强监督检查

为保证以上教学改革措施的正确实施，必须调整古代汉语课程在专业培养方案中的课时设置，在培养方案中明确古代汉语课程中实践教学环节的比例，并且要求授课教师根据教学大纲精心制定科学的实践性教学大纲。为突出实践性教学环节的重要性，可以将实践教学环节的成绩作为平时成绩计入课程总成绩。教师要对每一环节制定科学的评判标准，以对学生的表现进行量化考核。此外，教师应事先安排学生的必读篇目、古文（白文）的篇目，开学之初公布，学期中间进行监督和检查，期末通过试卷的方式进行考核。在整个过程中，教师不仅仅是知识的传授者，还应该是学生的引路人，引导学生一步步地发现问题、分析问题、解决问题，这就要求教师要不断提高自身的古汉语修养，不断进行科研，及时充电，提高自己的专业水平，这样才能高屋建瓴，为学生指出正确的方向，提供正确的思路。

# 第三节 中国语言文学大类立体化"古代汉语"课程建设

古代汉语过去是汉语言文学专业的主修课程之一，随着汉语国际教育、秘书学等专业的设立，古代汉语也逐渐发展成为中国语言文学大类的基础课程。

### 一、课程建设背景

20世纪60年代，王力、陆宗达等学者侧重强调古代汉语课程的工具性，主要

培养学生阅读古书的能力，这一定位也决定了课程内容的重点，即以先秦两汉典籍作为主要阅读材料，以先秦两汉词汇作为主要语言知识，而文字和语法相对简略。当前，绝大多数高校都选用王力先生主编的《古代汉语》作为古代汉语教材，也从侧面反映了古代汉语课程教学的现状。

21世纪初，北京师范大学以王宁先生为负责人建设国家级古代汉语精品资源共享课，他倡导不能简单地把古代汉语课定位为工具课，应该突出人文性，强调二者并重。同时还编写了《古代汉语》教材，改变了王力《古代汉语》教材的编纂格局，更加注重古汉语知识的体系及古籍注释的阅读，在继承古代优秀文化传统方面又迈进了一步。

近年来，汉语国际教育、秘书学等专业相继设立，古代汉语课程面向的专业越来越丰富，不同专业培养目标不同，虽然课程名称相同，而实际教学内容和教学方法都有差别。古代汉语课程建设面临着前所未有的挑战。首先，古代汉语课程之前主要在汉语言文学专业中开设，教师承担新任务时难免按照旧的模式教学，教学内容缺乏层次，面向专业的特点不够突出，课堂以教师单一讲授为主，为学生提供的辅助性学习材料匮乏，课程考核形式比较单一，这些都导致学生的课程参与度不够高。其次，就全国高校而言，大都面临着学生就业形势的压力、古代汉语课程课时被缩减，尤其是在地方新建本科院校中，这种情况更为突出。因此，在新形势下的课程建设中，如何面向专业要求，革新教学内容和教学方法，应对教学压力，适应学生毕业需求，成为迫切需要解决的问题。

## 二、教学内容的基础与特色

在古代汉语课程内容改革的探索中，有学者指出，要重点讲授语法知识，而文字、音韵、训诂的内容应由相关的选修课承担，所以只选择术语等核心内容进行讲解。至于像工具书等介绍性的内容完全可以忽略，不作为教学内容。这一观点只关注了汉语言文学专业的古代汉语课，忽略了中国语言文学大类不同专业的实际。要使课程内容的选择具有针对性，就必须要理清该课程内容与专业性质、专业培养目标之间的联系。为了更好地规划设计古代汉语课程的教学内容，有必要明确课程内容框架及其在汉语言文学、汉语国际教育和秘书学三个专业人才培养中的地位，以突出不同专业古代汉语课程的基础内容和特色内容。

（一）课程内容结构

古代汉语课程内容涵盖非常广泛，以王力《古代汉语》为参照，内容结构可分为三部分，即文选、通论和常用词。通论比较复杂，其涵盖的知识又可细分为四大

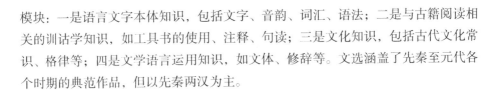

模块：一是语言文字本体知识，包括文字、音韵、词汇、语法；二是与古籍阅读相关的训诂学知识，如工具书的使用、注释、句读；三是文化知识，包括古代文化常识、格律等；四是文学语言运用知识，如文体、修辞等。文选涵盖了先秦至元代各个时期的典范作品，但以先秦两汉为主。

（二）基于专业的课程内容选择

汉语言文学是三个专业中最早设立、建设历史最为悠久的一个专业，为培养中小学语文教师和中文专业学术研究人才做出了突出贡献。在其课程体系中，古代汉语一直居于主干课程的地位，为学生将来从事语文（尤其是文言文、文化）教学和从事汉语言文字学研究、古籍阅读整理等奠定了学科基础。基于此，汉语言文学专业选择课程内容时，语言本体知识、古籍阅读知识应该成为课程的基础和重点内容。古籍阅读和整理也应该成为该专业古代汉语课程的特色内容。因此，有学者建议，可以借鉴香港、台湾等地的做法，给学生提供一些竖排版繁体字未经句读过的古籍片段，让学生进行句读训练。这一点，也正反映了汉语言文学专业古代汉语课程内容的特点。

汉语国际教育（原名对外汉语）专业是 20 世纪 80 年代在中国经济文化实力的不断增强、世界汉语和文化需求日益升温的背景下建立起来的新专业，该专业设立的背景决定了它的主要目标就是培养对外汉语教师。与汉语言文学专业不同，汉语国际教育专业的学生学习古代汉语的目的不是为了阅读古书、进行古汉语方面的学术研究，而是解决汉语教学中的实际问题，从而促进学习者汉语学习能力的提高。简言之，对外汉语教师在工作中承担两个主要任务，一是汉语知识教学；二是语言文化交流。古代汉语课程的人文性、工具性正满足了这两点需要。因此，在汉语国际教育专业中，古代汉语与现代汉语一样都是其最重要的主干课程之一。基于汉语国际教育专业的特点及人才培养的定位，古代汉语课程在内容选择上，应突出语言文字本体知识和文化知识。语言文字本体知识应侧重古今汉语的联系，尤其是古汉语语言现象在现代汉语中的遗存，连同文化知识一起，成为本专业古代汉语课程的特色。

秘书学专业与前两个专业相比是最新兴的专业，2012 年才正式进入《普通高等学校本科专业目录（2012 年）》，但近年发展迅速，截至 2016 年，开设秘书学专业的高校已经达到 101 所。该专业培养的毕业生将来要能够胜任企事业单位文秘、公关、宣传、策划、咨询、管理等方面的工作，这就要求学生要具备语言文字知识、文化和相应的写作能力。古代汉语课程在这一点上也满足了专业的需求。与前两个专业相比，秘书学专业的学生对语言文字知识的需求不在于研究和教学，而是更侧重于实际应用，因此在选择古代汉语课程内容时，应选择有助于其进行文案创作、策划等相关的语言文字知识和文化内容，如基础知识部分的古文字知识及相关文化和繁简字、古今词语异义、语法中的句式和词类活用。文化文体知识则应侧重格律和文体知识的运用，如对联的鉴赏创作、仿古书信的写作等。

三个专业中，汉语言文学所需古代汉语知识最为系统和全面，汉语国际教育专业以语言文字本体知识和文化为基础，应突出古代汉语与现代汉语、文化的联系，秘书学专业所需古汉语知识比较零散，且注重应用，因此选择内容时可以择要介绍基础知识和相关的文化知识。

文选在培养学生古汉语语感、增加古籍阅读实践、了解文化现象中发挥了重要作用，因此，如何精选讲授文选也是十分重要的。王力《古代汉语》中的文选是按照时代先后并关照文体特征编排的，教师选择文选讲授时，一是要精讲语言点较多且比较典型的文选，二是要关照到不同时期、不同文体的文选。由于各专业古代汉语课时不完全相同，教师可以酌量增减。其他重要的文选可以安排自主学习。另外有学者侧重考虑古代汉语课程的人文性特征，建议按照经、史、子、集四部类重新编排讲授，也不失为一个可行的方法。

王力《古代汉语》还设有常用词部分，这一部分内容对阅读文选十分重要，但并不适合课堂讲解。学生对常用词的积累可以通过两个渠道，一是教师讲授文选中的常用词，二是将教材中的常用词部分作为学生自主学习的材料。

## 三、教学方法的立体化

三个专业在选择古代汉语课程内容时各有侧重，但课程毕竟相同，内容上也有许多共同点，这也决定了教学方法选择的的共性。这里所说的古代汉语课程教学方法的立体化，是指要将课堂管理、教师讲授、学生学习融合起来，以任务的设置、学习和检测为引导，更多地关注学生学习的过程，从而建立多维度相互作用、共同促进的高效课堂。

### （一）学生助教管理制

根据现在的招生规模，秘书学、汉语国际教育两个专业，招生人数多数在40人左右，汉语言文学招生人数较多，自然班级大概60人左右。由于人数较多，教师上下课随来随走，与学生交流较少，致使对学生学习的关注不够，容易造成学生学习的惰性。为了解决这一问题，可以尝试建立小组管理制度。每班可以5-8人为单位设置学习小组，遴选小组长，同时选择课程学习程度较好的学生（1人）作为班级助教，小组长和助教处理日常学习事务，共同协助教师管理课程。这样既便于关

注全体学生、了解学生学习状况，也减轻了教师的管理任务。

(二) 唤醒学生的任务和参与意识

由于古代汉语课程内容相对繁难，语言知识的讲授和理解不能完全被其他方法替代，但是完全靠教师碎解式分析讲解知识点，既难引起学生的兴趣，也难以让学生形成知识的链条，更谈不上融会贯通。因此教师除了讲解以外，必须要让学生主动参与到课程中来。为了调动学生的积极性、促进其主动学习，可以采取任务驱动法。

1. 设计附带问题的预习任务

教师在课程开设之初或每讲解一个单元之前应该向学生发布预习任务，任务必须清晰明确。为了使预习任务具有针对性，每一项任务最好设置相应的问题，以便达到理想的预习效果。对预习任务的检测可以小组为单位，小组长负责整理预习中出现的问题，汇报给助教，由助教向教师报告，课堂上教师随机抽查，以了解预习概况。教师结合以上两个渠道收获的信息，在课堂上再进行针对性地讲授。

2. 设计教学展示任务

汉语言文学、汉语国际教育两个专业的毕业生将来可能要从事中小学语文教师和对外汉语教师的工作，因此可以向学生布置教学活动展示任务，学期教学活动结束之前，以小组为单位合作选取知识点备课、撰写教案、制作课件，每组推举1—2名学生进行展示，评委(由各小组选派1人和教师共同组成评委会)打分，计算平均分作为小组成绩。

3. 设计文化实践任务

三个专业都需要了解与课程相关的文化现象，不过由于知识涉及面广且琐碎，加之课时有限，不能展开讲解，只能借助文选和通论中文化知识的出现而随遇随讲，这就容易给学生造成文化知识可学可不学的印象，因此，教师在教学中应该设置相关的文化教育环节或任务，以引导学生兴趣和自主学习文化知识的意愿。如讲解格律知识，可以让学生自撰对联，也可以通过网络或实际调查搜集对联；又如可以让秘书学专业学生运用古代汉语的元素创写宣传策划的文案。

4. 设计语言实践任务

古汉语知识的学习最终还应归于实践应用，因此除了理论学习，必须要让学生认识到课程的实践价值，打消学生学习古代汉语无用的偏见。可以通过专题的形式设计语言实践任务，如学习词义时，要求学生从现代常用成语中搜集使用古义的例子；学习文字时，让学生调查社会用字(如店面招牌、教师板书)不规范现象；综合训练中，也可以让学生写仿古书信等。

### （三）精心设计自主学习

在课程学习中，教师的讲授只是学习的方式之一，其作用更多的是引导和启发，帮助学生建立知识结构，引导学生学习方法，如果教师讲解过多，或学生过多依赖教师的讲解，那么课程学习就会变得滞涩且难以推进。为了打破这一难题，就必须要激发起学生自主学习的热情，培养自主学习的能力。当前，古代汉语课程研究已开始关注学生的自主学习，然而仍缺乏具体的措施和检测手段。在古代汉语课程建设中，可以通过精心设计自主学习内容、检测学生自主学习这门课程的能力。

1. 内容设计

自主学习内容的设计需要考虑两个要素。一是要基于课程内容。教师首先应按照课程内容的重要程度、难易程度进行分级。一般来讲，四类内容比较适合作为自主学习内容：相对次要、容易理解、纯粹知识性的内容；经验累积、纯粹强度训练的内容；与现代汉语课程衔接紧密的内容；教材讲解比较清楚的内容。二是要基于专业所需。如前所述，不同专业对课程内容的需求不同，因此设计自主学习内容时，除了结合课程内容的等级，还应照顾到专业所需。如工具书使用部分的自主学习，除了简单的基本信息之外，对汉语言文学专业的学生可以通过设计查阅某些汉字的古文字形、本义，以及同一个汉字在不同辞书中的差异等问题，来强化学生使用工具书的操作能力。

2. 学习检测

自主学习内容的设计只是开展自主学习的前提，如果不能把自主学习真正落实到学习过程中，再好的学习内容也形同虚设，这就要求教师利用好学习小组、助教和网络教学平台，建立立体化的检测制度。首先，教师应该做到个别和全体检测的交替进行。个别检测适宜课堂抽查，以点带面，了解对某一问题、任务的掌握或完成情况；全体检测可以借助学习小组长和助教，也可以通过网络平台的任务设置、作业等形式实现。其次，自主学习与考核方式相结合。在课程考核中，自主学习应占一定比值，具体比值教师可以根据设置的内容和任务量确定，通过这一形式间接督促学生关注学习过程。

## 四、教学资源的立体化

随着信息技术的不断发展和普及，古代汉语课程的教学手段和媒介也不断发展。目前课程教学中，应用比较普及的是多媒体课件教学。对于一般本科院校，网络教学并不普遍。为了拓宽学生的学习资源，可以尝试建设立体化的古代汉语教学资源。所谓教学资源的立体化，是指纸质、电子和网络教学平台资源的融合，为学生构建一个资源丰富、相互补充的多维度教学资源网。

纸质教学资源主要包括以传统的纸本为载体的教学资源，如教材、教学文件和教学参考书等；电子教学资源，是指以计算机、手机等硬件为显示载体的教学资源，如电子图书、教学课件、教学视频等；网络教学平台的资源是指依托于学校的网络教学平台建设的课程资源。如今计算机和网络应用普及，许多纸质教学资源都有相应的电子资料，这些电子资料都可以放在网络教学平台相应的下载专区，学生可以根据实际情况便捷取用。网络教学平台相对于传统课程讲授和批改作业的优势在于：一是可以提供更多的教学资源；二是可以监测学习动态；三是可以减轻批阅作业的部分工作量；四是可以弥补传统纸质作业的弊端。例如，文选阅读翻译是课程学习的一个重要任务，教师在课堂上很难做到对学生的全部检测，这时就可以利用网络平台设置任务，学生上传阅读翻译音频，教师通过评阅音频了解全体学生的情况，这样就大大提高了课程的学习效果。因此，合理利用网络教学平台，让其发挥优势，成为传统课堂教学的延伸和补充，对课程学习效果将会大有裨益。

古代汉语是设置历史最长的课程之一，课程建设的经验也十分丰富，但由于受过去教学理念的影响，其所受到的理念禁锢也比较多，要想建设好适应不同专业的课程，还需要在实际教学中不断探索。

第十六章　大学汉语言文学教学实例

# 第一节　现代汉语课程应用型改革探究——以西安培华学院汉语言文学专业为例

现代汉语课程是汉语言文学专业的一门必修课程，也是一门传统课程。从课程内容来看，现代汉语一般分为语音、汉字、词汇、语法、修辞五部分，课程的理论性比较强的。课程教学注重理论知识的传授，忽视了语言实践、语言技能的培养，所以现代汉语课程的应用型转型是非常必要的。

## 一、现代汉语课程教学现状

笔者对西安培华学院、西京学院、西安电子科技大学高新学院等几所西安民办高校汉语言文学专业现代汉语课程教学情况进行了调查，发现在课程讲授中，授课教师均在不同程度上进行着现代汉语教学改革的工作，然而，目前仍存在一些问题，突出表现是未能真正实现应用型转型。

### （一）教学内容的处理与职业需求脱节

现代汉语课程讲授过程中，大多数教师仍然是以教材为主，注重语言理论知识的讲解，技能训练局限于分析语言要素及简单的修辞运用练习，这对学生系统掌握现代汉语知识具有很大帮助，也能够训练学生分析语言的能力，然而，在这种传统的教学方式中，教师未能将语言分析训练与具体的职业需求结合起来，学生认为学习现代汉语的目的就是分析语言，不明白语言基础知识和语言分析能力有何作用，比如学生会分析句子结构，但是不明白在中小学语文教学中如何进行病句修改；学生理解汉字基本知识，但汉字书写笔顺仍然存在问题；学生能够掌握修辞知识，但是写不出好的文案。以上现象说明我们的教学内容与职业需求脱节，学生只学到了知识，没有学会如何在工作中运用所学到的知识。这也导致学生出现"语言无用"这样的错误观点，学习现代汉语的内在动机也就不是很强。所以，目前我们迫切需要解决的一个问题，是将现代汉语课堂教学与具体职业对学生语言技能的要求结合起来，必须做到将教学内容与社会需要关联起来。

## （二）课堂未能真正还给学生

王策三认为，"所谓教学，乃是教师教、学生学的统一活动，在这个统一活动中，学生掌握一定的知识和技能，同时身心获得一定的发展，形成一定的思想品德"。可以看出，教学既包括了教师的教，也包括了学生的学，这两者并非是简单的相加，而是有机的结合，在教和学的结合中，教师的教是主导，学生的学是中心。

在目前的现代汉语课程授课中，"教师为主导，学生为中心"是教师普遍认可的理念，然而根据笔者目前的调查，在现代汉语的课堂上，大多数教师仍然是"教师为中心"，课程的实施基本是理论介绍和课堂练习两步走，教师讲解多，学生操练少且课堂练习多为语言分析，如分析句子结构、分析音节等。这类练习趣味性不强，只能以小组比赛、分数奖励等办法激发学生的外在学习动机，学生的内在学习动机并未被激发且学习的积极性不够持久，很多学生的课堂有效参与度不高，课堂也未能真正还给学生。

## （三）考核方式过于传统

现代汉语作为汉语言文学专业的一门传统专业课程，考核方式也是比较传统。根据笔者调查，目前大多数高校现代汉语课程的考核方式是闭卷考试，期末考试成绩所占比例为70%—80%不等。从考试内容来看，理论性的题目较多，主要是基本概念、句子成分分析、语音理论知识等，考查学生语言技能的题目基本没有涉及，既是有技能考查，多为修辞运用，且内容过于简单，如写一段话，需包括比喻、夸张、排比等修辞手法，从技能考查的角度来看，这样的考查内容和方式是没有意义的；从成绩分布方式来看，平时成绩所占比例为20%-30%不等，主要由考勤、课堂表现、语言分析作业等部分构成，也有教师仅仅以考勤一项作为平时成绩的依据，这导致的结果就是"一考定成绩"，致使很多学生忽略了的过程性学习。总体来看，现代汉语课程的考核方式过于传统，更加偏重对汉语理论知识的考查，忽视了对学生过程性考核和实践能力的考查，特别是具体职业对语言能力要求这一方面的考查，基本上没有涉及。

## 二、现代汉语课程应用型改革实践

针对上述问题，笔者结合具体职业需求，围绕西安培华学院汉语言文学专业人才培养方案进行了教学改革探索。西安培华学院汉语言文学专业人才培养方案中设置的主要培养目标包含三个方向，其一为国学及语文教学方向，其二为汉语国际教师方向，其三为文秘与文化宣传方向。这一设置的根据是汉语言文学专业的就业方向多为中小学教师、汉语国际教师、文员或编辑等，所以现代汉语课程的应用型改革必须结合以上职业对学生语言技能的要求开展。据此，笔者深入中小学、对外汉语培训机构、文化企业、杂志社等单位进行实地考察，与一线中小学教师、汉语国际教师、文化企业工作人员、杂志社编辑进行探讨，明确了不同职业对学生在语言技能方面的具体要求，并以此为基础进行了现代汉语课程的应用型改革实践。

（一）根据职业需求调整教学内容

在教学改革中，笔者结合教师、文员、编辑等职业对语言技能的要求，对现代汉语教学内容进行调整。如在语音部分，在传统的知识讲解之外，进行正音、普通话模拟测试、中小学课文朗读比赛、留学生语音偏误分析练习、文员口语表达能力训练等内容；在词汇部分，进行中小学词汇教学能力训练、对外汉语教学中的近义词辨析、词语运用能力训练；文字部分，进行汉字使用及其规范化调查，训练汉字教学能力、汉字书写能力、错别字修改能力；语法方面，进行中小学生作文病句修改训练、留学生偏误句子修改、文件审阅训练、文员语言组织和表述能力训练；修辞方面，进行中小学生词格运用评价训练、文件审阅训练。

此外，考虑到超过50%的学生选择中小学语文教师这一职业，而且中小学教学中，汉字的书写和教学又是一个非常重要的内容，故我们在现代汉语上册的教学过程中，把文字部分单独出来，设置16课时的规范汉字书写课程；考虑到不管从事哪类职业，学生都需要具备一定的语言表达能力，故在现代汉语下册的教学过程中，我们设置配套的16课时语言能力训练课程。通过理论与实践课时的分配，语言实践能力的操练和培养就能落到实处。

通过对教学内容的调整、课时的分配，我们能够切实训练学生的语言表达能力、语言编辑能力、文稿审阅能力，实现培养语言实践能力的教学目标，这对学生语言能力的提高和日后就业都有一定的帮助。

（二）改革教学方式

在教学方式的改革中，笔者打破常规的语言类课程教学方式，采用项目教学法、任务教学法、微课教学、开展第二课堂等多种方式，以求在合理安排教学内容的同时调动学生学习的积极性。

项目教学法是通过完成具体的学习项目，解决具体问题，其目的在于训练学生的语言技能。比如，笔者设计"普通话模拟测试"项目，交由学生完成，每组同学根据普通话考试要求进行测试方案设计、测试语音样本收集和测试最终评价。学生通过该项目的进行，能够了解并把握整个普通话测试的过程及每一个环节的基本要求，这对学生普通话水平的提高具有很大帮助，也能够调动学生学习普通话的积极性。

任务教学法是根据教学内容布置任务，要求学生发现问题并在教师指导下进行深入讨论。比如，在讲解"汉字的规范化"时，笔者布置了"寻找错别字"的任务，并根据任务完成情况，讨论了汉字规范化的问题。在这一任务的完成过程中，学生意识到规范汉字书写的重要性，也能够主动地去了解和记忆，常见笔顺易错字的正确笔顺，这为学生日后从事中小学教学工作具有重要意义。

微课教学法主要是在课后学生自主学习时使用，微课的特点是时间短、内容少、主题突出，便于学生利用碎片时间学习。笔者选取现代汉语中的知识点，制作了《辅音的描述》《汉字的起源和发展》《常用的几种修辞》《前后鼻音的区分》等多个微课视频，要求学生利用课后时间自主学习，以巩固课堂教学的内容。

第二课堂也是教学中非常重要的一部分，从教学内容的改革看，教学除去语言理论知识的学习，还有大量的实践内容，这在96课时内是无法完成的，故有大量内容我们采取了在第二课堂中开展的方式。如中小学课文朗读比赛，笔者采取的方式是，学生自选中小学课文进行朗读，然后利用互联网上传朗读材料，根据每位同学的朗读情况打分，这样既不耽误课堂教学时间，又能将实践能力的培养落到实处。

(三) 改变传统考核方式

在教学改革中，笔者改变了传统的以期末闭卷考试为主要依据的考核方式，根据学生语言技能是否达到职业需求进行评价，将课堂、课后、校内外实践训练和期末考试综合起来进行过程性评价，平时考查和期末考试的成绩分配比例为4：6，其中平时成绩包括了学生课堂表现、小组活动、项目或任务的完成情况等方面。比如，在语音部分的考查中，笔者既有语音分析理论知识的练习题，同时又在过程性考核中，要求学生进行模拟普通话测试、中小学课文朗读等活动，并将其计入学生平时成绩，如此一来，学生既学习到了语音理论知识，又在理论指导下进行了普通话发音练习，完成了与中小学教师职业相关联的课文朗读活动，实现了理论与实践的结合；此外，在期末试卷中还增加了中小学生病句修改、文章审阅等应用型试题，突出对学生语言应用能力的考查。这样的改革打破了"一考定成绩"的考核方式，更能检验出学生的实际学习效果，也更受学生欢迎。

### 三、现代汉语课程应用型改革成果

通过对教学内容的重新整理、教学方法的重新选择、考核方式的比例调整，西安培华学院汉语言文学专业现代汉语课程的改革初具成效，并取得了一定的成果。

#### (一) 课程与职业需求实现接轨

笔者在进行以上一系列改革实践后，各章节的学习与实践训练结合，并与相关职业相关联进行职业技能的操练，初步实现了课程与职业需求的接轨，学生掌握理论知识的同时提升了技能，解决了现代汉语知识和语言技能，在工作中有什么用以及如何用这两个问题，实现了学以致用。当然，在笔者的课程改革中，不可能涉及所有的职业所需的语言方面的技能，但学生进行的语音教学、中小学课文朗读、稿件校对等训练，在一定程度上为日后从事相关工作打好了基础。

#### (二) 学生学习积极性加强

进行课程改革之后，现代汉语的课堂从教师"一言堂"转变为教师引导学生完成任务或项目，在此基础上，师生再进行讨论和评价。这样一来，课堂教学能够将技能操练和知识学习结合起来，课堂真正还给了学生，学生学习的目的性、积极性明显加强，特别是对自己的职业规划比较明确的学生，学习的积极性尤为强烈，学生能够意识到现代汉语课程对个人日后就业和职业发展的重要性，学习的内在动机不断加强。

#### (三) 考试后效作用明显

自现代汉语课程考核方式调整之后，平时成绩所占比例增多，学生更注意过程性的学习，这样能够更加明确地分析出学生学习过程中的知识掌握情况和技能掌握情况，也为后期的教学提供了更加明确的方向。根据学生各个部分的成绩分布情况，教师能够及时对教学内容进行调整，这很大程度上提高了考试的后效作用，教师对学生的指导也更具有针对性。

通过教学改革，我们根据职业需求处理教学内容，转变了现代汉语课程的教学实施方式和考核办法，不仅要求学生掌握语言知识，而且更注重训练学生的语言技能，使学生的语言技能达到教师、文员、编辑等职业的要求。目前的课程改革初具成效，但是仍然存在着针对性不够强、理论与实践课时如何合理分配等一些问题，还需我们进一步思考。

## 第二节　应用转型背景下汉语言文学专业的实践
## 教学——以重庆工商大学派斯学院汉语专业为例

　　2015 年 3 月 5 日，第十二届全国人民代表大会政府工作报告指出：要引导部分地方本科高校向应用型转变。2015 年 11 月 17 日，教育部、发改委、财政部联合发布《关于引导部分地方普通本科高校向应用型转变的指导意见》(教发 [2015]7 号)。此后，地方本科院校的应用转型蓬勃展开，进入新一轮教育改革的新常态，各地方本科高校在办学理念、办学定位、人才培养模式、师资队伍建设、课程改革、学科建设、实践教学等方面进行了有益的探索，在应用转型的理论与实践研究方面取得了突出的成绩。重庆工商大学派斯学院积极融入这场应用转型的改革大潮，学校从宏观上对发展战略、办学定位进行了深入的研究，制定出学校转型的总体方案，各二级院系从微观的角度，对课堂教学、实践教学等方面进行了大量的探索与实践，逐渐形成了各具特色的应用转型路径。

　　"应用型本科教育是以培养知识、能力和素质全面而协调发展，面向生产、建设、管理、服务一线的高级应用型人才为目标定位的高等教育。"着重培养学生的学习能力、创新能力、实践能力和创业能力，突破高等学校本科教育"重理论，轻实践"的传统教学模式，强化实践教学，提高就业竞争力。应用转型的最大特点是，教育与地方区域经济社会发展相结合，围绕产教融合、校企合作、产业与职业对接。从这些特点来看，应用转型更适用于理工科专业，而对文科专业特别是汉语言文学专业而言，是有较大差距的。但从培养人才的角度出发，其结果都是一样的，就是培养既具有扎实理论基础，又具有较强实践能力的高素质应用型人才。就汉语言文学专业而言，学生的核心能力包括两方面，一个是文字的处理能力与写作能力；另一个是公众演说能力，包括主持、传播、公关、教学能力，即听、说、读、写的能力。明确了专业核心能力，教学就有目标、有方向，一切教学形式都要服务并服从于培养学生的核心能力。

　　在明确了办学定位的前提下，重庆工商大学派斯学院汉语言文学专业，制定了具体的人才培养目标：培养具有扎实的汉语言文学知识功底和深厚的人文素养，能熟练掌握外语及计算机知识，传承中国传统文化，进行对外汉语教学，开展中外文化交流，胜任国内外党政机关、新闻媒体和企事业单位等相关工作的复合型、应用型人才。围绕人才培养目标，将课程分为三大模块：一是专业基础课程，主要是现代汉语、古代汉语、汉语写作、现当代文学、中国古代文学、外国文学；二是专业核心课程，主要是秘书实务、档案学、行政管理学、美学原理、语言学概论、文学概论、应用文写作、公关与礼仪；三是专业素质拓展课程(或称选修课程)，主要新闻采访与写作、电视节目编辑与制作、广告文案写作、网络文学、古典诗词鉴赏、古典戏曲鉴赏、古代小说鉴赏、民俗学等。三大课程模块紧紧围绕应用型人才培养目标，逐渐探索并形成了一套汉语言文学专业的实践教学模式，即以校内实验(实训)为基础，以校外实(践)习为补充，由浅入深、由简到繁、由单项到综合的全方位、多层次、多角度交错并举、层层推进的螺旋式实践教学模式。

## 一、实训(验)环节

实训(验)环节由课程实训、课程实验和综合实验组成。根据培养计划，实训(验)环节与专业课程教学进程紧密结合，贯穿于日常教学的全过程。

### (一)课程实训

主要指在授课过程中，根据学科特点、课程培养目标、课程内容、人才培养目标，一方面通过理论教学，夯实学生的汉语理论基础，提高学生的人文素养；另一方面则围绕汉语人才的核心能力——文字处理能力、写作能力和公众演说能力，对学生进行培养与训练。在整个专业课程体系中，《现代汉语》《古代汉语》《汉语写作》《中国古代文学》《中国现当代文学》《外国文学》《秘书实务》《档案学》《摄影与摄像技术基础》《秘书公关与礼仪》《应用文写作》《电视节目编辑制作》《小说鉴赏》《诗歌鉴赏》《戏曲鉴赏》《新闻采访与写作》《广告文案写作》《广告策划》等课程，都具有极强的实践性。在理论教学的同时，充分利用课内、课外时间，强化与课程相应的实践内容。

在《汉语写作》的教学过程中，除讲授写作理论外，更多的是通过多种途径、多种方式进行写作训练。一是以各章节理论为基础，进行单项写作训练，如观察能力、感受能力、想象能力、立意与构思能力、结构与表达能力的练习。二是在教学过程中间插各项活动，强化书面表达能力与口头表达能力。如在写作课堂教学中开展了演讲比赛、原创诗歌配乐朗诵比赛与辩论比赛。每项活动从策划书的撰写、任务的布置、人员的安排(参赛选手、主持人的遴选等)到舞台的布置、过程调控、评分颁奖等，都由学生承担，教师主要负责活动过程的督促。不管是演讲，还是原创诗歌朗诵，学生首先都要进行写作，既能锻炼学生写作演讲稿、创作诗词的能力以及查阅、整理资料、提炼观点的能力，又能锻炼学生的口头语言表达能力、活动的组织协调能力以及培养分工协作的团队精神。三是课外阅读与写作。每个学生每学期完成至少2万字的随笔(日记或读书笔记等)写作练习，两周检查一次，并以平时成绩的方式进行鼓励与督促。这些举措，极大地夯实了学生的写作基础，同时激发了学生参与教学的积极性与热情，教学效果较为突出。

《现代汉语》的教学同样是在完成汉语基本理论知识的学习后，注重语言应用能力的培养与提高。课堂上主要把单、双音节练习、文章朗读、说话练习融为一体，提高学生普通话水平、说话技巧、朗诵技巧，提高学生综合运用语言文字的能力。课外鼓励学生参加院系举办的演讲比赛、朗诵比赛、辩论比赛、主持人比赛等活动，进一步提高学生在实践中综合运用语言的能力。《中国古代文学》《现当代文学》《外国文学》的教学，在完成文学史知识的介绍、文章鉴赏方法学习的同时，根据所学知识和方法，进行作品阅读、背诵、创作与鉴赏练习。

每门课程，授课教师都要从课程特点出发，根据人才培养目标，按照应用转型的要求，制订实训（验）方案，实训课时占总课时的40%左右。每节课的都要有明确的训练目标、训练内容、训练方式以及预期的训练效果等，由教研室监督检查，并与教师的课程教学考核挂钩。

（二）课程实验

课程实验主要在实验室进行，科目有《摄影摄像技术基础》与《电视节目编辑制作》。综合实验在课程讲授过程中及课程结束后进行。《摄影摄像技术基础》除在实验室进行图像处理、影音剪辑、影片后期制作外，其他如照相机、摄像机的使用、光线的测定与处理、构图、固定镜头与运动镜头的使用、画面调度、机位安排等单项训练，都安排在实训环节。实验室主要加强图片软件、非线性编辑系统的使用，项目有影视剪辑基本编辑流程、熟悉 Premiere 界面及简单编辑、练习 Project、storyboard 窗口的使用、导入管理素材、transition 的使用、滤镜的使用、键控技术及应用、纪录片或者影视作品质组技术艺术分析等，培养学生处理图像的能力，强化单项操作技能，为综合实践性操作奠定基础。

（三）综合实验

主要是电视节目的拍摄、剪辑与后期制作。综合实验以分组方式进行，每组5人，组内进行分工，任务包括剧本创作、角色选择、场景选择与布置、导演指导、演员表演、影像剪辑、配音、配文等，即五人自编自导自演一部10~15分钟的电视短片。每一环节都体现出学生的创造以及团队协作精神。综合实验，主要锻炼学生的图像处理能力、影音剪辑能力与影片后期处理能力，这也是一个将单项练习进行综合处理的能力，其学科内容涵盖语言、文学、美学、电影理论、摄影、摄像、音响、剧本创作等相关学科内容。

经过综合实践，学生掌握了电视节目制作的基本流程，并能熟练地进行影片的

编辑、制作，综合实践能力得到提升。

## 二、实习环节

通过课外、校外实习弥补课内、校内实训 (实验) 的不足，让学生真正走进企事业单位，进行真实的业务锻炼。实习环节主要分为认知实习、业务实习和毕业实习三个阶段，并结合实训 (验) 环节的课程实训、课程实验和综合实践安排具体的实习时间。如在课程实训和课程实验的同时，安排对应的认知实习或业务实习，在课程综合实验后即安排毕业实习等，形成课内与课外、校内与校外、实验与实习相互交错而又层层递进的实践模式。

### (一) 认知实习

认知实习是在学生学习相关课程过程中，为了巩固所学知识而进行的单项式的实践练习。主要方式是文章写作与鉴赏、演讲、辩论、朗诵、主持、摄像、摄影、新闻采写、报刊编辑、广告调查、档案整理等，学生通过参加各种活动、比赛，将课内所学知识结合课外实践进行锻炼，达到巩固、提高专业单项素质的目的。学院及系 (部) 为学生的认知实习提供了广阔的平台，如学院的各项大型活动、系 (部) 的办公室档案整理，院报的采写、组稿、审稿、编辑、排版等，都由学生直接负责。

### (二) 业务实习

业务实习在学生学完专业主干课程之后进行。学生在学完专业主干课程之后，基本掌握了汉语专业的基本理论、基本方法，在此基础上，或自行联系、或学院推荐 (如带薪实习、实习基地)，走进广播电台、电视台、报社、期刊社、学校等企事业单位进行业务实习，目的是培养学生理论知识与实践的结合能力，在认知实习的基础上，进一步熟练文字处理、档案管理、公文写作、秘书实务、新闻采写、报刊编辑、摄影摄像、影像编辑与制作、广告调查与策划等业务，为今后就业打下坚实的基础。

### (三) 毕业实习

毕业实习在学生毕业之前进行，往往结合毕业论文选题和将来的就业方向进行有目的的实习，一般采取集中与分散安排相结合的方式将学生安排到企事业单位进行实习，主要实习文案处理、秘书实务、教育教学、新闻采写、报刊编辑、广告调查与策划、广告文案写作、摄影摄像、影像编辑、影像后期制作等内容，毕业实习阶段时间长，在认知实习、业务实习的基础上继续巩固提高，单项与综合相互结合，为就业创造条件，积累实践经验。

通过课外、校外实习，学生可以全面、深入地了解学习语言文字的意义，进一步深化专业知识，熟悉各种与语言相关的操作技能，对汉语专业有一个较全面、客观的认识，同时提高学生运用知识的能力，为今后顺利走上工作岗位打下坚实基础。

### 三、科研环节

科研环节是对汉语相关理论与实践的深化，是对学生所学知识的系统化提升。通常学科论文、学年论文、毕业论文、假期社会实践报告、社会调查报告、广告(市场)调查报告、实习报告等方式进行，培养学生提出问题、分析问题、解决问题的能力，提高学生理论联系实际的能力。

科研论文写作是考查汉语专业学生综合运用专业知识解决实际问题的能力，也是将大学四年所学知识系统化的能力。因此，科研论文写作的目的就是理解课程之间的联系，并运用所学理论，根据所选课题，进行深入研究的能力，涉及选题、选材、构思、结构、语言表达、逻辑思维、修改等综合语言应用能力。

通过科研环节，学生可以对感兴趣的领域进行深入系统的研究，提升专业理论与实践技能，从而培养理论素养高、应用能力强的专业人才。

综上所述，经过一系列实践锻炼过程，汉语专业学生毕业时往往都能熟练掌握写作、鉴赏、诵读、演讲、辩论、主持、自动化办公、档案管理、学术研究、摄影摄像、图片编辑与影片剪辑等技能，成为本专业综合素质较为过硬的合格人才，为就业、创业准备了充分的条件，可以在当今社会的广阔天地中大显身手，做出较大的贡献。

# 第三节　民族高校中国语言文学专业古代汉语课教学管见——以大连民族大学为例

"古代汉语"是民族高校中国语言文学专业必修的一门基础课。本课程专业性强、难度大，学习内容涉及文字、词汇、语法、音韵、训诂等文体知识和古代文化常识。王力先生曾指出"本课程的学习目的是掌握古代汉语基础知识，提高阅读古籍的能力，批判继承古代文化遗产，并运用有关知识进行文言文教学，提高中学文言文的教学水平。"对于民族高校的学生来说，要达到这个目标，也有一定的难度。

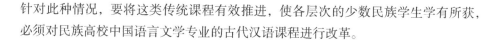

针对此种情况，要将这类传统课程有效推进，使各层次的少数民族学生学有所获，必须对民族高校中国语言文学专业的古代汉语课程进行改革。

### 一、根据实践能力和创新精神培养的需要，调整现用教材的体例

王力先生主编的《古代汉语》教材学术水平较高，要求学生具有较宽的知识面和良好的古代汉语基础，授课对象主要是综合性重点大学的学生，而民族高校的学生多来自全国各少数民族地区，他们汉语起点低，现代汉语基础薄弱，古代汉语更是处于先天劣势。因此，要对少数民族同学讲授"古代汉语"，培养和提高其阅读古籍的能力，若仍"以文选为纲"、通论"依照循序渐进和配合文选的原则"，势必给教师教和学生学都带来困难，而"古代汉语"课的"学史明理，古为今用"的素质培养目标也很难达到。

为摆脱教学中理论讲授与文言翻译、注释的基本训练脱节的困境，在民族高校的古代汉语课堂上实现各民族学生能读懂一般难度的文言文、批判地继承和发扬中国古代传统文化的素质培养目标，大连民族大学适时调整了现用教材的体例，采用"以通论为纲""文选配合通论"的模式。即通论方面，教师不再花费过多的时间去拓展诸如文字、词汇、语法、音韵等专业知识，而是更加注重常识性基础知识点的讲解；词义分析则采用教师课堂点拨、学生课后阅读的形式；练习部分也以课堂练习为主，更加注重培养学生对古代文献进行标点和翻译的能力。文选方面，排除在中学语文课本中已经学过的文言文，着重讲授史书、诸子、诗经等文献，对古代文学课程中涉及的骈体文、唐宋诗词等内容少讲或不讲。

现用教材体例的调整，既要使系统的通论知识充分发挥专题理论"纲"的作用，又要充分带动文言文文选这个"目"，做到纲举目张，理论与实践紧密结合，才能为实践能力和创新素质的培养打下良好的基础。

在教学过程中，结合每单元的"纲目"，增加中国古代传统文化的素质培养内容。王力先生的《古代汉语》共四册教材，其通论部分除了语言文字理论外，还有古代文化常识；文选部分除了散文外，还有大量的诗、词、曲、赋。在有限的96学时内，既要完成基本授课任务，又要实现素质培养目标，只能精简、整合教学内容，做到重点突出、扼要简明。在授课中，教师将常用词和古代文化常识部分内容融入文选中，并以课外阅读的方式指导学生自读，从中培养、训练、提高学生运用古代汉语知识和阅读古代文言作品的能力，最终使学生达到借助工具书读懂一般难度、没有今人注释的文言文的目的。

在明确每单元教学目标的同时，将"弘扬中国古代传统文化的素质培养要求"放在首位。在讲授专题理论"纲"和文言文文选"目"的时候，相应增加"运用理

论解决文言文阅读中的实际问题，进行创新性思维训练"的实践教学环节。在实践教学中，强化素质培养的内容。如每单元都制定本单元的"素质培养目标""素质培养要求""素质培养方法""素质培养训练""素质培养情况反馈"等系列内容，如《左传》中涉及的古代姓氏，教师课上介绍古代姓氏的起源、类型，课后指导学生查找资料，将同一姓氏的学生分为一组，结合电视节目《中华百家姓》使学生认识自己的姓氏起源和发展状况，要求学生最终以 PPT 的形式展现姓氏调查结果。同时，辅助性地开设一些有助于培养学生中国传统文化素养的选修课程，如"汉字与中国文化""中国书画艺术""国学经典与中华传统美德""书法"等课程，进一步增强学生的民族认同感。

## 二、从兴趣入手，坚持"学生本位"的教学理念

学生本位发展是 21 世纪人才培养的方向。"学生本位"的教学理念是指根据学生的身心发展规律和个性差异，通过创设、调控、利用教学条件，灵活运用适合学生特点的教学方法，培养、激发学生的学习兴趣，使学生在学习过程中能够积极主动地参与知识的学习和探索，从而形成良好的精神品质和专业素质。

民族高校中国语言文学专业的学生来自全国各地。据对大连民族大学汉语言专业学生民族状况的调查统计，各年级学生来自 15 个民族以上，其中以汉族、蒙古族、满族、苗族、壮族、回族、藏族居多，合计占总人数的 75%~80%，土家族、维吾尔族、朝鲜族、侗族、布依族、白族、纳西族、彝族、瑶族、哈尼族、哈萨克族、土族、黎族、毛南族、穿青等少数民族学生约占总人数的 20%~25%。要树立"学生本位"的教学理念，教师必须结合各民族学生的身心特点，只有因材施教，才能调动学生的学习兴趣，真正提高教学质量。

### (一)教学内容融古贯今，夯实学生古汉语基础

教学内容尽量贴近现实生活，加深各民族学生对现代汉语的理解，同时要融古贯今，培养学生初步阅读古书的能力。例如，常用词"及"的用法，在《郑伯克段于鄢》中"生庄公及公叔段""若阙地及泉"和《齐晋鞌之战》中"将及华泉""故不能推车而及"等句都有出现"及"，教师先画出"及"的古文字形体，让学生直观感受"两人前后行路，后面的人为了追上比自己走得快的人，就直接伸出手来抓住他"的意思，然后引出"故不能推车而及"中"及"的本义，即动词"追赶上、抓住"。同时，一方面解释"生庄公及公叔段"中的"及"经词性引申，由实词变为虚词，即连词表示并列，又；另一方面分析"若阙地及泉"中的"及"递进引申，即动词到达，到位之义。最后举出成语"望尘莫及""由表及里"和"及格""普及"等词供

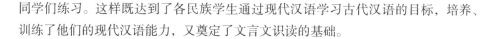

同学们练习。这样既达到了各民族学生通过现代汉语学习古代汉语的目标，培养、训练了他们的现代汉语能力，又奠定了文言文识读的基础。

### （二）提高个人修养，弘扬民族文化

"一般学习外语的人都有这样的体会，在学习那种语言的过程中，慢慢地、不知不觉地就接受了那种语言所包含的文化信息，这种潜移默化的作用是不可估量的"。可见，各民族学生通过学习包含中国古代儒家文化的古代汉语，会潜移默化地接受它的熏陶和影响。一方面，少数民族学生在接触汉语和汉文化时，自然会对汉民族的传统习俗和文化特征有所了解，再经过古代汉语文化常识的学习，会加深理解并进一步融入中国传统文化中来，滋取营养；另一方面，学生在学习中国传统文化的同时，也拓展了了解本民族历史、传统和文化的渠道。各少数民族有文字记录的历史相对较少，很多少数民族的史料也出现在古代汉文典籍中，如纳西族的民族渊源在汉文献中就有许多记载，从晋《华阳国志》中第一次提到"摩沙夷"以来，其史迹历历可考。因此，要想从汉文典籍中更加全面、深入地了解本民族的历史和文化传统，就要有扎实的汉语基础。古代汉语教学要从提高古书阅读能力入手，从增强汉语语感做起，培养学生良好的汉语学习习惯，提高个人修养，为各民族学生进一步了解和研究本民族历史做好准备，以实现弘扬民族文化的目标。

### （三）充分利用多媒体，改善教学效果

多媒体教学能够充分利用文字、声音、图像等表现形式，提供形象直观的交互式学习环境。在教学过程中，穿插相关的文字图片、视频片段、图像等，能够激发学生的学习热情，一改过去古代汉语课堂"一潭死水"的窘境，使课堂活跃起来。例如，在强调学习古代汉语的重要性时，举金庸武侠小说《射雕英雄传》中的独门武功"九阴白骨爪"为例，附上梅超风不知练功正法走火入魔后的图片和打篮球时五指置于对手头部以示五指插入敌人头盖的图片，同时引出小说第17回"五指发劲，无坚不破，摧敌首脑，如穿腐土"的原文与图片对应，最后解释"摧敌首脑"的正确含义是"攻敌要害"，纠正小说人物梅超风的错误解读。多媒体利用现代图片、视频还原了古代文献记录的情境，使原本枯燥的教学内容通过图文并茂的形式展现出来，改变了以往古代汉语课教学效果差的状况。

## 三、"减负放权"，坚持"能力本位"的教学目标

《国家中长期教育改革和发展规划纲要（2010–2020年）》战略主题提出："坚持能力为重。优化知识结构，丰富社会实践，强化能力培养。着力提高学生的学习能

力、实践能力、创新能力，教育学生学会知识技能，学会动手动脑，学会生存生活，学会做人做事，促进学生主动适应社会，开创美好未来。""能力本位"教学是指在教学过程中打破传统的教学模式，将教学目标从单纯的掌握专业知识转向学生自我学习、自我管理以及职业能力等能力的培养，使学生成为学会求知、学会共处、学会做事和学会发展的人，成为适应时代、适应社会、适应市场需要和变化的高技能人才。随着社会主义市场经济体制的逐步建立和民族地区经济结构的战略性调整，民族高校和全国高校一样，实行自主择业、双向选择的就业制度，市场化已经成为毕业生就业的主要趋向，这就要求在教学过程中必须坚持"能力本位"目标。

民族高校古代汉语课的教学对象是汉语基础和汉语水平参差不齐的各民族学生，他们有的从小学开始就在汉族学校学习，汉语基础较好，即使是少数民族，汉语水平几乎和汉族学生没有差别；有的从小学开始就在双语学校学习，汉语被视为第二语言，基础相对薄弱，汉语水平明显不如汉族学生；还有的从小学开始就在民族学校学习，小学始终接受母语教育，进入初高中阶段才开始接触汉语，上大学前虽然能进行日常汉语的口语交流，专业汉语基础几乎为零。要实现"能力本位"的教学目标，古代汉语教学既要提高学生自身的汉语水平，以达到识读一般难度文言文的目的，又要培养和提高学生阅读古籍的能力，还要指导学生学会自我学习、自我管理、自我探索，培养他们运用古代汉语知识分析解决未来教学和信息处理工作中遇到各种问题的职业能力。

(一) 注重"实用性"教学，增强学生的动手能力

"减负放权"是指在教学学时大量缩减的情况下，精简教学内容，重点突出、详略得当，提高教学效率，同时给学生充分的自学空间，鼓励学生动脑，思考发现问题，并辅导学生寻找解决问题的途径，从而帮助学生掌握学习与思考的方法。在教学过程中，更加强调教学的"实用性"。如讲解古代汉语通论"怎样查字典辞书"一节时，教师首先介绍字典、词典、辞典的定义；其次介绍字典辞书的编排方式；再次举例介绍《说文解字》《汉语大字典》《汉语大词典》《辞源》《辞海》等几部有代表性的字典、词典，做到重点突出、详略得当，教师可以带领学生到图书馆现场翻阅这些工具书，并由教师演示如何查阅；最后结合现代丰富的网络资源，教学生如何查找网上资料，这一环节最好在机房进行，使学生人手一台电脑，教师在前方展示台演示，学生在电脑上同步操作。譬如关于如何使用本校电子图书馆查找论文的部分，就可以结合大连民族大学图书馆网页电子资源的有关内容，展示中国知网、维普、万方等资源数据库，让学生动手实践，输入关键词进行中文检索，这样一来，学生既看到了网上的丰富资料，又增强了动手实践能力。

**（二）增加实践环节，注重提高学生的人文素养**

民族高校的古代汉语课要实现"能力本位"的教学目标，就必须坚持实践渠道多元化。学生之所以对古代汉语不感兴趣，其重要原因之一就是多数教师只重视文本知识的传授，完全与实践理论脱节。如果在教学中能够将所学知识用于实践，实现实践渠道多元化，此种状况就会大大改善。

1. 课后作业形式多元化

课后作业是将所学知识用诸实践的主要形式，要培养学生的能力，作业形式必须多元化。众所周知，古代汉语教材是用繁体编写，学生要看懂教材，就必须识读繁体字。因此，书写繁简对照字就成为汉语言专业同学必不可少的一项课后作业，但是单纯机械的书写，达不到熟识的目的。教师在教学中要结合辅助性的书法课程，让学生在写书法的时候，练习写繁体字，经过近一个学期的训练，学生不仅记住了常用字的繁体形式，而且还熟悉了该字的隶书或小篆写法，既完成了作业，又提高了人文修养。

2. 教学过程多元化

在教学活动中，一改以往教师教、学生学的被动模式，让学生也主动参与到教学中来。古代汉语中的先秦文选内容丰富，《左传》《战国策》等史书故事性强，即采用分配角色让学生排演单篇文选的方式，使所有学生都参与其中，并在表演中讲述中国古代重要的文化常识。如排演《晋灵公不君》时，讲述"稽首礼"和古代的"车制"，如此一来，学生既记住了专业知识，又丰富了传统文化常识，这种实践性教学的效果要远远好于单纯的课堂讲授。多元化的实践教学活动，既"寓教于乐"、丰富了学生的学习生活，又夯实了学生的专业基础知识，实现了"能力本位"的教学目标。

3. 考核方式多元化

改变以往一考定终身的考核方式，把学生从一张考卷的单一考试形式中解放出来，即改变"3+7"的传统考试模式，在以往的考核系统中，3代表平时成绩，7代表考试成绩。要实现"能力本位"的教学目标，要在考核方式中适时加入能力考核的比重。该专业试验了"2+3+5"的考核模式，此种考核系统2代表平时成绩，3代表能力测试，5代表考试成绩。能力测试部分主要通过教师布置任务、学生自主学习完成，实现求知、共处、做事、发展的全过程。如学习"六书"理论时，为加深学生对"四体两用"的理解，教师给学生布置作业，每四人一组，共同完成对一个汉字所含信息的讲解，讲解内容包括字体、字义、演化方式、文化内涵等内容，最终以说解PPT的形式汇报小组成果。经过一年的不间断训练，学生的分析问题、解决问题能力明显提升。多元化的考核机制既提高了学生独立思考、组织分工、协同合作、解决问题的能力，又加深了他们对理论知识的认知，还提高了他们运用多媒体和计算机软件的能力。

总之，民族高校中国语言文学专业的古代汉语教学要适时调整教学内容，充分发挥各民族学生的主观能动性，不断改进教学方法，坚持"学生本位"的教学理念和"能力本位"的教学目标，丰富学生的学习方式，注重素质培养和能力创新，从而实现增强各民族学生人文素养、提高古籍阅读能力的目标。

# 第四节　独立学院汉语言文学专业现代汉语教学的现状与思考——以长江大学文理学院为例

"现代汉语"是汉语言文学专业本科阶段的专业必修课，是后续相关专业课如语言学概论等课程的基础，其重要性不言而喻。现代汉语课程承担着培养和提升学生语言素质的重要任务，现代汉语课程的实施程度直接关系学生的语言素养甚至文化素养。

长江大学文理学院作为一所独立院校，从办学开始就大胆实施分层教学、分流培养，强化英语、计算机教学和创新能力培养的教改方案，致力于培养适应社会、适应竞争、适应发展的实用性、应用型人才。但长期以来，由于现代汉语课程的深奥性以及教师、教材、教学方式等原因，现代汉语课程在本校学生中并不受欢迎。对此，任课教师也深感头痛。本文从此问题出发，采用书面问卷方式，以长江大学文理学院大一汉语言文学专业学生为调查对象，以求了解本校现代汉语教学现状，并探讨相应对策。

## 一、现代汉语现状调查

长江大学文理学院汉语言文学专业分为两个方向，一个是汉语言文学专业师范类，一个是汉语言文学非师范类。现代汉语课程在汉语言文学专业的这两个方向中都是大一开设，使用的教材都是高等教育出版社出版并由黄伯荣、廖序东主编的现代汉语教材，但区别是师范类专业的现代汉语课程分为上下两个学期，共96学时，非师范类专业的现代汉语课程在大一的上学期就全部完成，共64学时。

本次问卷调查对象为长江大学文理学院汉语言文学专业包括师范和非师范专业的所有大一学生，在这些学生中，有些学生已经修完了此课程，有的还未修完此课

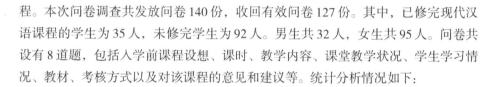

程。本次问卷调查共发放问卷 140 份，收回有效问卷 127 份。其中，已修完现代汉语课程的学生为 35 人，未修完学生为 92 人。男生共 32 人，女生共 95 人。问卷共设有 8 道题，包括入学前课程设想、课时、教学内容、课堂教学状况、学生学习情况、教材、考核方式以及对该课程的意见和建议等。统计分析情况如下：

(一) 学习前课程设想

在关于课程设想中，共有文学类、语言类、写作类、文学理论类四个选项。学生所选比例分别占 71%、9%、14%、6%。由数据可知，学生在学习这门课程前对该课程并不熟悉，大部分学生认为现代汉语就和初高中语文课一样，学习写作、文学之类的，而认为现代汉语课程是语言类课程的学生人数仅排列第三，大多数学生不知道语言类课程是什么。

(二) 课时

长江大学文理学院教学大纲规定，"现代汉语"课程，对于非师范类学生来说，一周两节，一学年 68 课时，全部集中在大一上学期修完；师范类学生可分为上下两学期修完，一共 96 课时。对于这样的课时安排，67% 的学生认为较为合理，33% 的学生认为不合理，其中超过一半的学生认为课程内容过于深奥，加上课时较少，理解吸收效果不强，认为应该增加课时。学生有学习的欲望，这一点还是可喜的。

(三) 教学内容

目前的现代汉语分为语音、词汇、语法和修辞四大块，近几十年来，虽然在内容上有所修订，但基本框架未动，在教学内容上还存在一定程度的问题。本次问卷调查在教学内容方面主要涉及语言学概论、文字学概论、语法与修辞这三个后续专业课程的重复情况。58% 的学生认为有重复的地方，但不多；34% 的学生认为有重复，而且很多；8% 的学生认为没有重复。

(四) 教学方式

学生对于现代汉语的学习也不应仅仅局限在课堂，还要延伸到课外。对于"你学习现代汉语的方式是什么?"，72.2% 的学生选择"听教师讲课"，13% 的学生选择"阅读教材"，只有 14.8% 选择其他几项，如"上网查阅相关资料""借阅相关语言类书籍""关注身边语言现象"等。由此可见，讲授法在目前的现代汉语教学中仍然占绝对的统治地位，学生自主学习的兴趣不高。在这种情况下，教学效果可想而知，教学目标恐怕也很难实现。

（五）教材

长江大学文理学院所采用的教材为高等教育出版社出版，黄伯荣、廖序东主编的《现代汉语》(增订第五版)。对于这个版本的教材，选择"清晰易懂，符合实际、能引起兴趣"的学生占 42%；选择"清晰易懂，但不符合实际、不能引起兴趣"的占学生 45%；选择"不够清晰易懂，也不符合实际、不能引起兴趣"的占 13%。此数据表明，有超过一半的学生认为教材并不能引起学习的兴趣，因此需要我们再一次反思教材的选择问题。

（六）考核

现代汉语作为一门必修的专业基础课程，一直把这门课程定为考试课程，闭卷考试，时间是两个小时，有填空题、选择题、名词解释题、分析说明与应用等题型。86% 的学生认为这种考核方式较为合理，能对学习起到促进作用，有少数学生认为应该把闭卷改为开卷或者减少记忆性题型、增加开放式运用类题型。

（七）对该课程的意见与建议

最后一题为开放式问题："你对现代汉语这门课程有何意见或建议？"，共有 72人填写，占 56.7%。意见和建议主要分为以下几点：理论与实际生活脱节；理论性课时太多；教学方式太死板；教学内容太枯燥等。学生对教学方式和教学内容的意见和建议较多，这就提示我们教改的重心应放在这两方面。

## 二、现代汉语教学思考

以上调查结果为我们进一步改善教学提供了可供参考的依据。在此基础上，结合现代汉语教学实际，提出以下解决对策：

（一）互联网背景下现代汉语教学的改革与创新

随着互联网的发展，课堂教学的方式也发生了变化，现代汉语教学也出现了新的教学模式。如今，将互联网技术运用到现代汉语教学中，是现代汉语教学发展的必然选择。现代汉语的教授者，应该充分利用互联网教学资源，把互联网技术与教学模式相结合，引导并鼓励学生进行全新的自主探索学习，改变传统的以教师为主的授课模式，使他们自主学习。同时，现代汉语教学不应仅仅局限于以往那种单一的传统的授课方式，而应当充分利用丰富的网络资源，将网络中有趣的语料融入具体的教学当中来，增加课堂教学的趣味性，组织学生进行讨论，使学生在轻松有趣

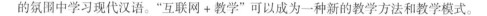

的氛围中学习现代汉语。"互联网＋教学"可以成为一种新的教学方法和教学模式。

### (二) 教师专业化背景下的现代汉语教学

美国学者利伯曼用七项指标来界定"专业"这个概念："范围明确，垄断地从事于社会不可缺少的工作；运用高度的理智性技术；需要长期的专业教育；从事者具有广泛的自律性；在专业自律性范围内，直接负有做出判断、采取行动的权力；非营利，以服务为动机；形成了综合性的自治组织。"用一句话来说，专业就是职位的不可替代性。

教师专业化要求教师在整个任教过程中，依托教师教育培训，通过有针对性的专业训练，习得与教学实践相关的专业知识，如教学方法、谈心技巧等，并将这些教育教学技巧运用到教学活动中，为成为一名优秀的教育专业工作者打下良好的基础。

### (三) 现代汉语教学培养学生的创新能力

课本知识不是完全正确，也不是万能的，它只是一种对于现象较为靠谱的假设，但并不是解释现实的模板。因此，学生的学习不能一成不变、死气沉沉。在现代汉语教学中，我们应提倡学生在对现代汉语知识理解的基础上发现问题、分析问题和提出问题，实现创造性的学习，只有这样才能取得事半功倍的效果。

在现代汉语的教学和学习中，学生发现问题和错误，反而说明学生对教师所教授的知识有了一定的理解。发现问题并分析问题后，鼓励学生自己寻找答案，使他们在这个过程中得到更好的锻炼，在提高学习兴趣的同时，解决问题的能力也得到了提高。每个小组需要讨论：要寻找哪方面的资料？哪种资料比较权威？怎样去图书馆寻找需要的电子资料和图书资料？如何在较多的资料中寻找自己需要的答案等。同时，现代汉语教师在旁进行引导，帮助学生完成相关学习。

## 第五节　经典阅读与中国语言文学类专业人才培养模式探究——以绵阳师范学院文学与对外汉语学院为例

"十二五"期间，为了提升高校人才培养水平、增强科学研究能力、服务经济社会发展、推进文化传承创新，教育部出台了《关于全面提高高等教育质量的若干意见》等一系列文件，高校内部围绕"内涵式发展"进行教育教学研究改革，人才培养模式就成了这次教育教学改革的突破口。为了更好地适应这种大趋势，自2013年开始，绵阳师范学院文学与对外汉语学院（以下简称文学院）便开展了"以经典阅读为切入点，构建中国语言文学类专业人才培养模式的改革与实践"，探索符合地方本科院校、密切联系专业特点和行业面向的人才培养模式，在人才培养方面取得了一定成效。

## 一、"以经典阅读为切入点，构建中国语言文学类专业人才培养模式"的提出

中共中央总书记习近平同志在2014年10月15日的全国文艺工作座谈会上的讲话中指出："中华优秀传统文化是中华民族的精神命脉，是涵养社会主义核心价值观的重要源泉，也是我们在世界文化激荡中站稳脚跟的坚实根基。要结合新的时代条件传承和弘扬中华优秀传统文化，传承和弘扬中华美学精神。"显而易见，习总书记的这番讲话，一是从意识形态的高度充分肯定了中华优秀传统文化在整个民族历史进程中所彰显的精神价值和文化意义；二是从政治理论高度再次强调了中华优秀传统文化在当代中国社会发展实践中的重要地位和历史作用。只有将中华优秀传统文化与当前及其未来的社会实践紧密结合，我们中华民族才会树立牢不可破的社会主义文化核心价值观，也才能在纷繁复杂的当今世界立于不败之地。尽管习总书记的这番讲话仅仅是针对文艺创作而言的，但作为以人文教育与理学教育并重和着力强调师范技能培养的高等师范院校，尤其是以民族语言文学为主要传授内容的中文专业，理应对中华优秀传统文化进行富有系统性和全面性的深度阐释、现代传播、弘扬光大，这不仅是一种历史责任，更是一种文化义务，并以此为出发点努力培养既有较高人文素养又富于较强社会实践能力的、新型的、有用的文化之人。因此，文学院开展的"以经典阅读为切入点，构建中国语言文学类专业人才培养模式"的改革与实践，既是在践行这样的责任和义务，也是在积极应合当前经济社会发展对人才的新要求、新需要。

基于这种理论认知，文学院首先对自己所办各专业的教育教学属性及其共有特点、经济社会发展需要进行了细致而深入的梳理，认为开展"以经典阅读为切入点，构建中国语言文学类专业人才培养模式"的改革与实践，对当下高校中文专业教育具有十分重要的意义。

开展"以经典阅读为切入点，构建中国语言文学类专业人才培养模式"的改革与实践，一方面是由中国语言文学类专业的特点和行业面向、服务面向决定的；另一方面则是由经典阅读对人才培养作用决定的。从中国语言文学类专业的特点和行业面向、服务面向来看，教育部制定的中国语言文学类专业人才的培养要求均强调

学生要有宽广的文化与科学知识，能胜任基础教育实际和基础教育课程改革要求的高素质语文师资和企事业单位宣传、文秘等工作的高级专门人才。以经典阅读为切入点，强调对经典文化的阅读与理解，这是对我国文化发展走向的理性判断，是对中国语言文学类专业肩负文化传承与发展的历史使命和当前传统文化缺失的深入思考。从经典阅读对人才培养的作用来看，高校人才培养的综合素质包括"基础性素质、专业性素质和创新性素质"等。以"经典阅读"为切入点，培养学生的人文素养（基础性素质）和专业素养（专业性素质），对当代大学生的价值定位以及大学生的学习和精神成长是非常重要的。

阅读经典不仅是对优秀文化的再认识，也是对优秀文化的积淀。大学生通过经典阅读能修身养性、感悟真理，提高逻辑思维能力、语言表达能力、心理协调能力和文化认知能力等，最终能培养深厚的人文素质底蕴，因而经典阅读对当代大学生的价值定位以及大学生的学习和精神成长是非常重要的。然而，当今的大众文化有效地消解了主流文化的"霸权"，导致人们对时代、社会、历史与文化责任感的淡化，造成一个学术浮躁、精英文化日渐消退的时代的来临。在这种文化背景下，大学生很难静下心来主动阅读曾经的经典文学作品，甚至很多大学中文系的学生对中国古代、中国现当代、外国文学领域的那些经典名著以及优秀作家作品的认识也仅仅停留在当下流行的一些影视改编作品中，功利性阅读、快餐阅读、时尚阅读、浅表阅读等浪费了本应属于经典阅读的时间与精力。

与这种堪忧的阅读现状相对应的是对经典内蕴、经典文本、经典意义以及经典化过程与机制的研究，在国际国内学术界向来是经久不衰的热点之一，而在重视学生人文素养培养的各大高校，对经典阅读的提倡，对经典作品的现代性解读、阐释和再认识，也成为其中的重头戏。仔细考察我校文学院现有的育人模式，我们发现，无论是中国古代文学、中国现当代文学还是外国文学，无论是专业必修课还是专业选修课，其教学均较重视向学生传授"史"的知识，而欠缺对学生"文学"感受与领悟的唤起，导致学生的文学感受、理解、领悟、批评能力日渐削弱，学生的文学写作能力下降、整体水平低也日渐成为不容忽视的问题。专业素养的欠缺很显然不利于文学院学生的成才，更不利于学生的精神成长。

因此，主动求变，积极转化传统的教学、科研、管理模式，以经典阅读为主线，全方位提升学生阅读经典的兴趣、把握经典的能力，从而培养其纯正的文学乃至人生品味、境界，健全其美学观、人生观、价值观、世界观，是文学院致力研究的一种新的人才培养模式。

## 二、"以经典阅读为切入点，构建中国语言文学类专业人才培养模式"的主要内容

"以经典阅读为切入点，构建中国语言文学类专业人才培养模式"的改革与实践，是由文学院组织、用人单位参与设计、全体师生共同实践的系统化的教育教学改革，是在总结我校文学院现有的人才培养模式的基础上，坚持以经典阅读为切入点，不断探索和创新文学类专业的人才培养模式，形成了一个切入点（经典阅读）、两种素养（人文素养和专业素养）、三个课堂（第一课堂、第二课堂和潜在课堂）、四类教学资源（课程资源、活动资源、实践资源、网络资源）的独具特色的人才培养模式。这一培养模式是以"经典阅读"为切入点，以提高学生"人文素养和专业素养"为培养目标，以"第一课堂、第二课堂和潜在课堂"为培养途径，以统合"课程资源、活动资源、实践资源、网络资源"为依托的人才培养模式。

## 三、"以经典阅读为切入点，构建中国语言文学类专业人才培养模式"改革与实践的途径

### （一）在课程建设方面

以适应区域经济社会和文化发展为导向，根据中国语言文学类专业人才培养特点与专业发展需要，优化课程体系，构建了以"通识教育课程＋专业主干课程＋专业选修课程"为主体的人文素养和专业素养的培养体系。要求学生在学习专业主干课程和专业选修课程的同时，选修学校"尔雅课程"中有关经典阅读的选修课程，以此拓展学生经典阅读的知识视野。

在具体的课程教学过程中，有意识地淡化古今中外文学的"史"的线索，突出对作家作品、作家与社会存在、文学与文化现象的分析，并且以解读经典文学、文化文本为教学切入点，以召唤学生建立经典的文学观。具体的教学研究，既重视对文学的"经典"问题本身的研究，包括对"经典"的内蕴的反思，对各类文学文本的经典意义、经典化过程的探索，各类文学经典之间的同质性与异质性的探究等，又重视对影像资料与文学文本的结合方式、结合度的研究，以及对影像资料的解读，并探索出一条成功的新的教学之路。

### （二）在第二课堂方面

构建全员参与、全过程、全方位覆盖的第二课堂教学体系，培养学生的专业素养和人文素养。以经典阅读为切入点，结合学生管理方面的班级、社团、团组织，

教师管理方面的教研室、文学教学团队、学术研究团队，以丰富多样的形式营造经典阅读第二课堂的良好氛围。在学生管理方面，注重在班级、社团、团组织等各种组织的活动中，增加与阅读经典有关的形式多样的活动；在教师管理方面，注重在教研室、文学教学团队、学术研究团队等组织的活动中，不断增加与阅读经典有关的教学研究活动；在教研管理方面，注重经典阅读氛围的营造，增加资金投入，保障经典阅读活动的顺利展开；在第二课堂开展的形式方面，以文学院三大论坛（绵州论坛、李白文化论坛、经典作品论坛）、校内外专家讲座、系列学生社团活动和学校创新创业项目为主体，以校内外经典阅读相关活动为补充。近三年来，我院共举办论坛近10场，学术讲座12场，校内经典阅读活动2次，涵盖文学院所有的专业和学生。

(三) 在潜在课程方面

抓住高等教育改革和区域社会、经济迅猛发展的历史机遇，以培养符合区域经济社会发展需要的应用型本科人才为目标，在"李白文化研究中心"这个地域文化平台的基础上，又有意识地将绵阳地域范围内的嫘祖文化、大禹文化、文昌文化、蜀道文化以及涵盖内容更为广泛的整个巴蜀文化紧密结合，挖掘其地域文化内力，贯通其富有的文化意义和价值，走本土化、特色化道路，增强学校教育与社会实际的结合。

绵阳人杰地灵，在历史上曾出现过李白、欧阳修、文同、沙汀等文学大家。这些极富本土化意义的诗人、作家不仅撰写了许多彪炳史册的诗词文赋、现代小说，而且对后来的文学研习者产生了极为重要而深远的影响，对处于春华时期、精神成长的青年学子的潜移默化影响更是不可估量。因而充分发挥绵阳历代文学大家在人文素养和专业素养上的育人功能，我们以绵阳人文历史为重点，利用网络和宣传板报等推进潜在课程的建设。

(四) 在实践教育方面

实践教学是人才培养的重要环节，是培养应用型人才的有效途径和手段。因此，我们修订人才培养方案时将实践教学的比重扩大至15%-25%，在课程实习、综合实习、毕业实习和论文写作中，以经典阅读的有关内容为切入点，构建一个一以贯之的实践教学体系，构建符合我校特色又具有学科特点的实践教学模式；同时，加大实践平台的建设，逐步形成以李白文化研究中心、李白纪念馆、安县沙汀纪念馆、绵阳和广元境内的蜀道为依托，以采风为基本形式的实践教学模式，组织学生认识经典、感悟经典，最终实现对经典的把握。

（五）在创新教育方面

一是加强同《人民文学》《四川文学》《剑南文学》《新报》等报刊的合作，为学生阅读经典后的感悟抒发搭建平台，如《剑南文学》就开辟了"经典阅读"专栏；二是开展学生经典阅读竞赛，每学期分别开展一次"课本剧大赛"和"红色影剧讲评大赛"；三是创办电子期刊《瞭望》《文溪》，刊载各专业学生对中外经典进行研读的文章，通过真切力行的学术论文、散文随笔等写作实践，进一步加深对经典内蕴、文本意义的个体性认知和理解。

## 四、"以经典阅读为切入点，构建中国语言文学类专业人才培养模式"改革与实践的成效

"以经典阅读为切入点，构建中国语言文学类专业人才培养模式"的改革与实践，开始于 2013 年，先期是在汉语言文学专业进行试点，在学生的专业素养和人文素养培养方面取得明显成效后，在文学院所有专业中全面开展，并有重点地逐步深入推进。

（一）取得了显著的人才培养效益

自该项目实施以来，我院师生全员参与，并且都获得了不同程度的精神收益。所有教师都参与到经典阅读活动中，在课堂教学内容和教学方式上有意识地植入经典阅读的内容，进一步加大对经典文本传授的力度。所有学生都参与"课本剧大赛"和"红色影剧讲评大赛"等活动，以亲历性的艺术表演来体现经典阅读的精神愉悦，感知经典文本的情境、内蕴。这种在师生间开展的经典阅读，不仅使教与学紧密结合，也使学生收获了更丰富的精神力量。

由于我们积极开展上述活动，大大激发了学生文学创作的热情。近三年，文学院学生在各类比赛和征文活动中取得了较好成绩，发表各类文学作品 200 余篇，吴瑕、李巧玲的小说作品连续荣获 2013 年度、2014 年度《剑南文学》"道融民舟"杯好作品"青春写作"奖，方亚男、廖东兰的小说作品荣获 2014 年度《剑南文学》"道融民舟"杯好作品"青春写作"奖。学生李宝山已发表诗词、散文、论文多篇，作品散见于《首届中国百诗百联大赛作品集》《张问陶研究文集》《红楼梦研究辑刊》《绵阳师范学院报》等报刊文集。曾受邀参加第五届曹雪芹文化艺术节并在北京曹雪芹纪念馆做主题演讲，受邀参加张问陶全国学术研讨会。此外，文学院毕业生考上硕士研究生的人数也逐年递增，总数已逾 80 人。

我院学生以人文素养好、社会适应面广、专业基础能力过硬等特点著称，毕业

生中涌现了一大批教育界、政界、商界、学界的优秀人士，学生的培养质量受到社会各界的普遍好评。近年来，在就业压力日益凸显的情况下，学生一次性就业率一直保持在90%以上；该专业一志愿录取率一直保持在100%；2014年、2015年新生的录取线均高于省控二本线30分以上。

（二）促进了学校人文素养能力培养的基本建设不断加强

文学院开展的"以经典阅读为切入点，构建中国语言文学类专业人才培养模式"的改革与实践，是与学院的教学建设和教学改革的实践紧密结合的，并得到了不断深化与提升，这就使学生的人文素养得到不断提升；与此同时，学校加强了在通识教育模块和第二课堂实践等方面的基本建设，也为文学院继续深入开展经典阅读活动奠定了坚实的基础。在通识教育模块建设中，面对全校学生开设《大学语文》课程，公共选修课方面鼓励教师开设经典阅读相关的课程，并在"尔雅课程"中选取了5门经典阅读相关的课程；各种有关经典阅读的社团和活动蓬勃开展，通过第二课堂的经典阅读，实现了培养学生人文素养的目标。

（三）产生了广泛的社会影响和示范效应

以经典阅读为切入点的人文素养和专业素养的人才培养实践，不仅体现了它的教育价值和重要意义，也引起了我校兄弟院系和省内同类院校文学院系的广泛关注，人文素养和专业素养的人才培养理念、途径等经验被其他同类院校的文学院系所借鉴，部分省内兄弟院校的文学院先后到我院考察交流，我院以本项目成果作为交流的重点，并得到了充分的肯定。

## 五、"以经典阅读为切入点，构建中国语言文学类专业人才培养模式"改革与实践的启示

（一）坚持全面系统、个性发展、实践应用是人才培养模式改革与实践的基本原则

全面系统是指人才培养模式改革与实践是一项涉及教育教学各个环节，是一项在教育理念、培养方案、课程结构、教学方法、管理制度、师资队伍等教学各要素中开展的全方位的教育教学改革。坚持改革的全面系统，综合人才培养的各个环节，才能形成以"经典阅读"为切入点的人文素养和专业素养的人才培养体系。个性发展是指"以经典阅读为切入点，构建中国语言文学类专业人才培养模式"改革与实践必须以学生为本，以尊重学生个性发展为前提，充分体现学生的主体性，在实践过程中注重学生知识、能力和素质的协调发展，通过课程建设、第二课堂建

设、潜在课堂建设三个课堂，建设了课程资源、活动资源、实践资源、网络资源四类资源，形成了独具特色的人才培养体系，只有坚持个性发展，人才培养模式改革才不会偏离方向，才能保证人才培养目标的最终实现。实践应用是指"以经典阅读为切入点，构建中国语言文学类专业人才培养模式"的改革与实践应当自始至终坚持实践育人的导向，注重学生将抽象的知识转化为具体的能力的培养，不断完善实践教学体系、强化实践育人的各个环节、深化实践教学方法改革。目前已初步形成了以学生科研项目为把手，以经典阅读为切入点，以李白文化研究中心、李白纪念馆、安县沙汀纪念馆以及绵阳与广元境内的蜀道为依托，以第一课堂、第二课堂、潜在课堂为主要课堂的实践教学体系。

**（二）创新管理机制是"以经典阅读为切入点，构建中国语言文学类专业人才培养模式"的改革与实践得以顺利落实的重要保障**

开展"以经典阅读为切入点，构建中国语言文学类专业人才培养模式"的改革与实践无疑需要一系列的管理制度作为重要保障。2013 年以来，文学院为了使"以经典阅读为切入点，构建中国语言文学类专业人才培养模式"的改革与实践得以顺利实施，在管理制度上做了如下创新：一是实施专业负责人和课程负责人制度。学院为汉语言文学、秘书学和汉语国际教育这三个专业和每一门核心课程都选聘一名负责人，明确每一位负责人的主要工作职责、权利和义务，充分发挥专业负责人和课程负责人在人才培养模式改革与实践中的作用。二是建立完善的人才培养模式改革与实践的质量监控体系，完善教学督导制度和督导办法。三是创新学生学业考核与评价方式。将改革课程考核的内容与形式，从传统的单一试卷考试向综合化考核转变；从传统的注重结果的考核转变为更加注重过程考核；从传统的注重知识记忆的考核向强化能力评价转变。考核方式这一指挥棒的变革，为"以经典阅读为切入点，构建中国语言文学类专业人才培养模式"的改革与实践提供了外在驱动力，极大地激发了学生的学习热情，促进了学生对经典鉴赏能力的不断提升，丰富了其人文精神内质。

**（三）重视相关研究为"以经典阅读为切入点，构建中国语言文学类专业人才培养模式"的改革与实践提供了强大的理论支撑**

"以经典阅读为切入点，构建中国语言文学类专业人才培养模式"的改革与实践非常重视其科学性和可行性的研究与论证。2013 年以来，文学院先后申报汉语言文学综合改革、卓越教师人才培养、经典阅读与文学类专业人才培养模式研究等多项省级校级教学研究项目。项目组组织项目成员多次参加经典阅读和人才培养模式改革的学术会议，在各类会议上交流宣读有关"以经典阅读为切入点，构建中国语言文学类专业人才培养模式"的改革与实践思路和成果。这些研究，或在宏观上对新升本科院校转型发展时期的人才培养模式等问题进行探讨，或在微观上对某一专业的人才培养方案、课程结构体系、实践教学体系、实践实习基地、课程教学的方法和手段、教学考核评价等问题提出思路，为"以经典阅读为切入点，构建中国语言文学类专业人才培养模式"的改革与实践构建了系统完整的理论支撑体系。

在中国高等教育面临转型发展的社会背景下，许多高校都在思考、谋划自身的转型发展之路，力图通过对教育观念的转变、教学方法的创新、育人模式的革命，培养更多既具有较高文化素质又富于较强实际能力，能够主动适应当前经济社会发展需要的人才。作为一所地方性的普通高校，我院应当积极融入这种转型发展中，也唯有如此，我们才会有更大的生长空间和更强的前行力量。因而，我们文学院所开展的"以经典阅读为切入点，构建中国语言文学类专业人才培养模式"的改革与实践，正是为了适应这种转型发展的需要所做出的一种积极而主动的尝试。尽管这种尝试还存在这样那样的不足，需要我们进一步充实和完善，但这样的尝试却是势在必行的，因为这不仅仅是我们的一种义务，更是我们的一种责任。高校的转型发展没有终点，高校的人才培养也永没有止境，我们必须加倍努力，继续深入探寻人才培养方法，不断创新人才培养模式，着力于培养人才的实用性和有效性，我们的高教事业才能蒸蒸日上，富有灿烂美好的明天。

## 第六节　应用型人才培养目标下的古代汉语实践教学探索——以汉语言文学专业为例

随着我国高等教育从精英教育到大众化教育阶段的转变，许多新升本科院校将人才培养目标定位为应用型人才培养。2013 年 6 月，在教育部的指导下，为落实《国家中长期教育改革和发展规划纲要 (2010–2020 年)》所提出的"促进高校办出特色，建立高校分类体系，实行分类管理""建立现代职业教育体系"等要求，成立了应用技术大学 (学院) 联盟、地方高校转型发展研究中心，拉开了地方高校加快调整人才培养结构、向应用型大学转型的教育改革的序幕。培养应用型人才，在教学体系建设中要体现"应用"二字，其核心环节就是实践教学，其重点就是学生实践能力的培养。汉语言文学专业是我国高校最悠久的传统人文专业之一，而古代汉语课程则是该专业的一门重要的必修课，承担着"培养学生掌握古代汉语基础知识、

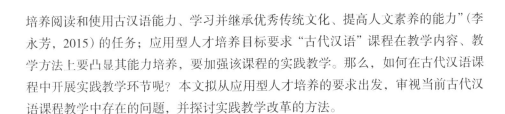

培养阅读和使用古汉语能力、学习并继承优秀传统文化、提高人文素养的能力"(李永芳，2015)的任务；应用型人才培养目标要求"古代汉语"课程在教学内容、教学方法上要凸显其能力培养，要加强该课程的实践教学。那么，如何在古代汉语课程中开展实践教学环节呢？本文拟从应用型人才培养的要求出发，审视当前古代汉语课程教学中存在的问题，并探讨实践教学改革的方法。

## 一、古代汉语课程实践教学的现状

### (一) 教师的人才培养理念缺乏与时俱进的转变

教师是高校办学的主体，教师具有适应应用型教学的能力是应用型人才培养质量的重要保障。但是，实际上许多刚刚转为应用型的地方本科院校中部分师生对应用型人才培养模式以及强化实践教学的重要性的认识很大程度上还停留在表面，尤其是汉语言文学之类的传统人文专业的老师绝大多数是从教学型或研究型大学毕业后进入学校从事教学工作的，他们大多"身居象牙塔，藏于书斋，拘于课堂，喜于论道"(包克菲，2013)，其学科教育理念和教学方法大多仍局限于大学期间所接收的师传授受模式，教师的课堂教学仍然以理论讲授为主，重理论、轻实践的思想较为严重，很少关注古代汉语课程的实践教学环节；在教学计划中虽然设置了几个学时的实践教学环节，但不能引起老师们的重视，形同虚设，很多古代汉语任课教师忽略实践教学环节，认为是浪费时间，老师们希望花更多时间把古代汉语理论知识讲得更深、更透彻。

### (二) 古代汉语教法陈旧、单一，实践教学不够灵活多样，开展力度较小

古代汉语的课程教学内容主要是"以先秦口语为基础而形成的上古汉语书面语言以及后来历代作家仿古的作品中的语言，也就是通常所谓的文言"(王力，2011)。文言作为一种过去使用的语言，远离现实生活，本身就让学生心生畏惧、兴味索然，尽管许多高校的古汉语教师都在探索改革古汉语教学内容、教学方法，但是不少应用型本科院校的古代汉语课程教师仍采用"学究式""灌输式""一言堂"的单一教学方法，忽视了对学生应用能力的培养，忽略了学生在课堂上的参与互动。有的老师虽然也开展了几个学时的实践教学，但是一般采用布置某个章节的内容让学生课后自学，或是课上让学生起来翻译几段文言文等方式。总体而言，古代汉语实践教学的开展方式有待多样化，力度有待加强。

## 二、转变教育理念，改革教学模式

"古代汉语"作为汉语言文学专业的一门传统学科，要适应应用型本科人才培养目标的要求，教师必须进行改革。古代汉语课程任课教师要转变教育理念，充分认识研究型大学与应用型大学教育理念的差异性，"研究型、教育型培养模式突出的是语言理论的传承和研究，应用型的培养模式应当突出理论指导下的语言现象分析、积累和应用"（包克菲，2013），切实树立应用型人才培养的教育理念，充分认识应用型人才培养目标的关键是培养学生的实际动手能力、创新能力，充分认识强化实践教学的重要性和紧迫性。此外，其次是古代汉语任课教师也要大力进行适应应用型人才培养的教学模式改革，大胆调整教学内容，增加实践教学的课时比重并积极推进实践教学，转变过去以理论讲授为主导而很少关注教学实践的局面，使学生在教学活动中成为积极的参与者，而不是被动的只会抄笔记、背书的接受者。

## 三、结合古代汉语教学内容，全方位推进实践教学

古代汉语课程教学内容既包括文字、词汇、音韵、语法、修辞等通论基础知识，又涵盖大量经典的文言作品的选读，如何在具体教学过程中开展实践教学活动呢？为了适应应用型人才培养目标对"能力培养"的要求，教师在实施各章节教学活动过程中，要根据各章节教学内容特点安排灵活多样的实践教学，激发学生的学习兴趣，调动学生的积极性，培养学生运用所学古汉语知识解决实际问题的能力。

### （一）通过汉字文化溯源，激发学生学习兴趣

汉字是中华民族文明的标志，是中华历史文化典籍的重要载体，汉字学是古代汉语的基础，也是古代汉语课程的开篇第一课。在教学过程实施好实践教学，不仅能激发学生对古代汉语课程的学习兴趣，而且对整门课程的后续教学活动开展具有积极的引领示范作用。

汉字是汉民族语言的载体，每个字都蕴含着深厚的历史文化信息，在汉字学教学过程中，教师利用多媒体课件展示大量甲骨文、金文、小篆等古文字图片，简要梳理汉字演变过程、汉字结构特点及六书理论，然后充分调动学生积极性，课前布置学生利用字典辞书、网络等，分析自己姓氏名字的字形、字义，并制作成多媒体课件，在课堂上让部分学生展示自己姓名的古文字形体图片，并利用所学汉字知识讲解这些汉字的造字理据、文化内涵。通过这一实践活动，很多学生第一次了解了自己姓氏的历史来源，不仅知道了自己名字在甲骨文、金文、小篆中的写法，而且还了解了这些汉字符号蕴含的文化意蕴，更体会到了父母在给自己取名时寄予的殷切希望。

教师在这种实践活动中，一方面要引导学生查阅《说文解字》《汉语大字典》等，另一方面在点评学生所展示的资料时，要巧妙地将汉字结构理据、汉字文化信息以及中国古代姓氏文化知识贯穿其中。实践证明，在近两年的古汉语教学实践中，这种实践方式很受学生欢迎。但是还存在两个问题：一是部分学生比较懒散，直接向老师询问自己姓名文字的古文字形体及造字结构，遇到这种情况，老师不能告诉他结果，而是引导他去查阅字典辞书，并且在课上让他起来重点发言；二是部分学生直接从网上下载文字形体分析的材料，有很多望文生义、说解错误、前后矛盾，学生不明就里、全盘照搬，对于这部分学生，他们在课堂上照本宣科介绍完自己的姓名文字内涵之后，老师要给予及时纠正，并且要求学生正确对待网络资料，要用心思考、懂得取舍材料。

（二）围绕成语、典故，强化文本阅读，提升学生语言表达能力

古代汉语基础理论知识的教学是为了实现其终极目标——培养学生阅读古书的能力，传承中华民族优秀的传统文化，而古代典范文言作品的选读是这门课程的重要内容。但是在传统的古汉语文选教学过程中，一方面，老师大多采用字词随文释义、串讲疏通篇章大意的方式，教法陈旧、单一，费时费力；另一方面，由于文言作品远离现代社会，加之信息化时代的学生兴趣广泛、关注点丰富，大部分学生不愿意花费太多时间认真阅读篇幅较长的文言作品，这些80、90后的学生在古汉语文选讲读课上往往茫然不知，味同嚼蜡。如何在文选教学过程中开展实践活动调动学生学习积极性以及动手能力呢？这就需要拉近古今语言的距离、消除古今汉语的障碍，搭建古今汉语学习的桥梁。在现代汉语中广泛使用的成语典故正是沟通古今汉语的桥梁，这些成语典故大多为四字固定词组，它们或源于历史人物故事，或源于古代神话传说、寓言故事，或出自名作佳篇，它们传载着古汉语的血脉，浓缩了大量历史文化知识、人文故事。学生们对这些耳熟能详、短小精悍却蕴含丰富历史人文故事的成语典故很感兴趣，在教学过程中，巧妙利用成语典故开展古汉语实践活动往往可以起到事半功倍的效果。在近两年的古汉语教学过程中，多数老师都采取了这种方式：首先，备课时精心准备几十个成语典故，例如"高山流水、鸡鸣狗盗、退避三舍、狐假虎威、嗟来之食、朝三暮四、卧薪尝胆、唇亡齿寒、一鸣惊人、画蛇添足、狡兔三窟"等，在古汉语第一次课时要求学生课后查阅这些成语典故的出处，查找原文并翻译、解读原文；其次，在每一节课开始的前5分钟，随机抽查一名学生，让其说解某个成语典故的出处、原文大意并分析该成语在现代汉语中的意义；最后，教师简要总结，并根据学生的综合表现给出相应成绩。

这种围绕成语典故进行的古汉语教学实践活动不仅能激发学生的学习兴趣、培

养动手能力，而且使学生在查阅、解读成语典故出处时了解了《左传》《战国策》《论语》《孟子》《庄子》《史记》《吕氏春秋》等古代经典著作的语言风貌，同时，学生上台分析说解成语典故也锻炼了学生的胆识，有利于培养、提升学生的语言表达能力。

（三）紧扣现代语言实际，积极贯彻古为今用

在现代社会中，古代汉语这门古老的学科要继续发挥其功用、焕发出新的光彩，必须大胆走出书斋、走出课堂，紧密联系现实生活，积极贯彻古为今用。古汉语课程任课教师在开展文字、词汇、语音等基础理论知识教学过程中，要注意引导学生利用所学的古汉语知识发现、解决现实生活中的问题。具体可以从以下几方面进行：

（1）讲解了"汉字的运用"中繁简字、通假字的基本概念之后，布置学生分组进行"店铺招牌、广告牌（或影视剧中）的繁体字使用情况调研""网络语言中的通假现象分析"实践活动。在"店铺招牌、广告牌中繁体字使用情况调研"活动中，学生们走到大街小巷去发现、收集各种繁体汉字并拍下图片，进而整理出哪些繁体字使用正确，哪些使用错误，例如"理發店""锺表店""薑茶""太後"等是"发、钟、姜、后"字繁体的误用。在"网络语言中的通假现象分析"活动中，让学生结合所学的"通假字就是本有其字不用，却借用音近或音同的字来表示另一个词"的知识，对照当下流行的网络词语，找出这类字词，分析其词义及产生的原因，例如"炒鸡""驴友""蜀黍""美腻""童鞋"等，都是网民为了方便快捷或求新求奇而故意不用本字、借用音近或音同汉字的现代通假现象。

（2）讲解古汉语特殊语法现象以及词的本义、引申义时，教师要善于引导学生挖掘现代汉语普通话中的成语、网络流行词语或方言语词中的相关语言现象进行对比分析。较之词汇、语音，古今汉语在语法上的差异并不太大，古代汉语的词类活用、特殊句式等现象，人们虽然在现代汉语普通话中不再使用了，但在成语中都有保留。古汉语课程任课教师可以布置"成语中的古汉语语法现象"小作文，要求学生从名词活用为动词、名词作状语或使动用法、意动用法、宾语前置等某一方面入手，收集整理成语、分析其中的古汉语语法现象，写成几百字或一千字左右的小论文。词汇是语言三要素中最活跃的，讲解古汉语词汇的本义、引申义时，古汉语任课教师可以让学生收集网络流行词语、关注传统词语的新意变化，结合古文字形体资料分析其词义引申方式、梳理其与本义的关系，例如"雷、萌、作、顶、汗、霸、扒"等。此外，方言中的某些词语保留了古汉语词义的意义用法，也可以作为例证加以印证，例如贵州方言中"引""之""起"在方言中分别表示"带领""这""建造（房

屋)"的含义。

（3）教学古汉语音韵理论知识时，为了便于学生领会古汉语声韵调的特点教师可以让学生去"寻找"各自方言中的"古韵遗风"、分析那些与现代汉语普通话声韵调差异很大的字词、探究其原因。例如贵州方言中"街、阶、解、介、鞋、角、敲"等字的声母至今仍保留舌根音 [k]、[k ′]、[x] 读法，这些字在中古汉语中属于见系蟹摄开口二等字；而"黑出屋桌、急竹觉节、笔尺铁雪、剔策设目"等四组字，在普通话中分别读成阴平、阳平、上声、去声，但是在西南方言中很多人都读成阳平调，究其原因是古汉语语音发展为现代汉语某些方言时，古入声调消失以后全部归入了阳平调。此外，找几首经典的粤语歌曲，布置学生认真听，找出其中跟普通话声韵调差异明显的字词。很多学生都喜欢粤语歌曲，在课上他们找出了很多粤语歌曲中的字词，例如《一生何求》中"求、秋、却、去、解"等，《飘雪》中"见、雪、心、想、起、醒"等，老师可以利用古音知识分析这些字音特点，引导学生理解古汉语声韵调演变规律、尖音、团音等。这种课内外相结合的教学方式不仅拉近了古今语言的距离，让学生在熟悉亲切的方言土音、流行歌曲中领略古代汉语的余韵，更增添了教学趣味性。

（四）发掘学生潜力，因材施教开展实践教学

应用型人才培养目标的重点是培养学生的实际动手能力、创新能力。古代汉语课程要实现这一目标，要加强课程的实践性，必须将教师的课堂教学与学生的课下训练结合起来，将古汉语实践教学拓展到第二课堂。要善于挖掘学生潜力，及时了解所教学班级学生的兴趣爱好，并将他们分成各类兴趣爱好小组，例如书法、古诗词、普通话等各种兴趣小组，课余时间依托社团开展古汉语教学实践活动。例如对于"书法欣赏、创作小组"的学生，教师可以引导他们分析字形结构、了解部分汉字的甲骨文、金文、小篆、隶书等写法，懂得汉字造字理据、文化内涵，感受汉字文化魅力，结合古文字、古诗文指导学生赏析、创作书法作品。对于"古诗词赏析、创作小组"的学生，教师可以结合古汉语音韵学，深入浅出讲解诗词格律，引导学生赏析、创作古诗词或对联。而普通话水平较好的学生大多喜欢参加"古诗文朗诵小组"，对于这个小组的学生，教师在讲解古诗文押韵、汉语音律特点的同时，可以结合古代文学、普通话训练等，指导学生诵读经典诗文，例如《诗经》、楚辞、唐诗、宋词、《论语》《孟子》以及唐宋八大家散文等，让他们在诵读经典诗文的过程中充分领略典范文言作品深远的意境、优美的韵律。在这些丰富多彩的古汉语教学实践活动中，教师有意识地引导学生将古汉语知识的学习与兴趣特长相结合，不仅充分调动了学生的积极性，拓展了古汉语教学内容，而且使学生通过这些活动不断

提高个人文化素养。

　　总而言之，汉语言文学专业古代汉语课程教学要适应应用型人才培养目标的要求，任课教师一定要转变教育理念，积极探索灵活多样的教学实践活动，充分利用各种教学资源，拓展实践教学空间，从而不断提高教学质量、提升教学效果，为学生动手能力、创新能力的培养提供更为便利的平台。

# 结 束 语

本书主要研究了语文阅读与写作教学，针对中职语文教学以及高中语文教学中出现的问题提出了相应的解决方案，为未来语文阅读的发展提供了理论依据。

第一，随着中职教育观和人才观的变化，中职语文教学的目标也逐渐明确。笔者认为，语文课是一门人文性、审美性、陶冶性高度统一的学科，对人的思想情感、观点态度、处世方式的影响比其他学科更深刻，更持久。可喜的是，中职教育摆脱了应试教育的指挥棒，走上了素质教育的正轨，给中职语文教育教学提供了更便利的条件和更宽松的环境。

中职生毕业后将直接进入社会，成为一名劳动者，会遇到诸如写求职信、个人简历、工作申请、自我介绍、自我推荐、工作计划、工作总结等应用文写作方面的问题。因此，中职语文教学应提高实用性，加大应用文写作训练，从各类应用文写作的格式要求、语言风格、语体色彩等方面进行训练，使学生掌握写作技巧，为将来参加工作做好准备。此外，还应加强对学生的口语表达训练，注重从说话的针对性、逻辑性、流畅性以及文采性等方面给予指导训练，为将来的应聘面试做好准备。

第二，学生进入高中后，学习语文不能没有自己的思考，循规蹈矩更多时候成就的只是平庸。语文思维应该作为教学的一项主要内容，注重学生自身的创造性。语文的主观性很强，每个人对同一事物的看法都是不同的。学生需要在高中阶段形成自己的语文思维，凡事要有自己的判断，提出与他人不同的观点。语文思维与人的性格、文学积累、思考习惯都有紧密的联系。因此，本书论述了如何在高中语文教学中培养学生的语文思维，旨在推动高中语文的可持续发展。

第三，要想有效的提升大学汉语言文学的教学质量，就要对大学汉语言文学进行重新定位，提高大学汉语言文学在教学中的地位，加大学校对汉语言文学教育的重视。汉语言文学教育不仅要注重对知识的掌握，同时还要注重学生对于知识的运用能力，包括口语的表达能力、写作能力以及创新性思维能力。大学汉语言文学还担任着陶冶情操、弘扬伟大的民族精神的使命，因此，大学汉语言文学的教学要被放在一个正确的位置，才能够有效引导学生学习汉语言并传承传统精神。

# 参 考 文 献

[1] 张志公. 张志公自选集 [M]. 北京：北京大学出版社，1998.

[2] 张楚廷. 课程与教学哲学 [M]. 北京：人民教育出版社，2003.

[3] [意] 亚米契斯. 爱的教育 [M]. 桂林：广西师范大学出版社，2004.

[4] 张华. 课程与教学论 [M]. 上海：上海教育出版社，2000.

[5] 曹明海. 语文教育学（修订本）[M]. 青岛：中国海洋大学出版社，2002.

[6] 杨九俊. 中职语文 [M]. 南京：江苏教育出版社，2011.

[7] 朱永新. 我的阅读观 [M]. 北京：中国人民大学出版社，2012.

[8] 蔡跃. 微课程设计与制作教程 [M]. 上海：华东师范大学出版社，2014.

[9] 陈琦，刘儒德. 当代教育心理学 [M]. 北京：北京师范大学出版社，2007.

[10] 王魏魏. 高中语文阅读教学和写作教学有效结合的研究 [D]. 华中师范大
学，2015.

[11] 朱艳凤. 初中语文阅读教学和写作教学有效结合研究 [D]. 沈阳师范大学，
2016.

[12] 杨帆. 高中语文课堂阅读教学与写作教学有效结合的策略研究 [D]. 苏州
大学，2013.

[13] 杨璐. 新课程背景下高中语文写作知识建构问题研究 [D]. 四川师范大学，
2014.

[14] 陆巧娟. 高中语文写作教学生活化研究 [D]. 苏州大学，2011.

[15] 王艳杰. 高中语文创新性写作教学的研究 [D]. 东北师范大学，2006.

[16] 周海艳. 高中语文课本中作文素材的挖掘与运用 [D]. 湖南师范大学，
2015.

[17] 刘光霞. 诗词进行高中写作训练的实践研究 [D]. 河北师范大学，2014.

[18] 邸珍玉. 自主学习策略在高中语文写作教学中的应用探析 [J]. 内蒙古师范
大学学报（教育科学版），2010，23（2）：88–92.

[19] 于永新. 初高中语文作文教学的衔接性研究 [D]. 辽宁师范大学，2014.

[20] 王增琴. 高中语文课堂教学评价语言运用策略研究 [D]. 四川师范大学，
2015.

[21] 刘远. 高中语文课堂对话教学存在的问题及策略探究 [D]. 首都师范大学，

2013.

[22] 李朝霞 . 新课程背景下高中语文课堂有效教学策略研究 [D]. 湖南师范大学，2011.

[23] 郭绍虞，王文生 . 中国历代文论选（一卷本）[M]. 上海：上海古籍出版社，2001.

[24] 爱因斯坦 . 爱因斯坦文集：第 3 卷 [M]. 北京：商务印书馆，1979.

[25] 陈思思 . 基于学生主体教学理念的高中语文阅读教学设计研究 [D]. 广西师范大学，2015.

[26] 朱雨楠 . 空白艺术在高中古诗词教学中的实践探索 [D]. 东北师范大学，2009.

[27] 王玉辉，王雅萍 . 语文课程与教学论 [M]. 北京：北京师范大学出版社，2012，1.

[28] 邹群，王琦 . 教育学 [M]. 大连：辽宁省师范大学出版社，2009，5.

[29] 陈晨 . 基于读写结合理论的初中语文作文教学调查研究 [D]. 广西师范大学，2015.

[30] 高达 . 高中语文写作教学评价研究 [D]. 安徽师范大学，2014.

[31] 路德庆 . 普通写作教程 [M]. 北京：高等教育出版社，2015.

[32] 李慧明 . 微博在高中语文写作教学中的应用研究 [D]. 东北师范大学，2012.

[33] 黄智诚 . 人教版高中语文教科书写作内容研究 [D]. 湖南科技大学，2015.

[34] 李金芝 . 小组合作在高中语文写作教学中的应用研究 [D]. 山东师范大学，2014.

[35] 王爱华 . 新课程高中语文写作教材比较研究 [D]. 华东师范大学，2009.

[36] 叶澜，杨小薇 . 教育学原理 [M]. 北京：人民教育出版社，2007：252-264.

[37] 王振宏 . 青少年心理发展与教育 [M]. 西安：陕西师范大学出版总社有限公司：2012：144-148.

[38] 侯颖 . 高中语文写作教学现状分析与对策研究 [D]. 西藏大学，2014.

[39] 黄伯荣，廖序东 . 现代汉语：增订五版 [M]. 北京：高等教育出版社，2012.

[40] 邵敬敏 . 现代汉语通论：第二版 [M]. 上海：上海教育出版社，2007.

[41] 张斌 . 新编现代汉语：第二版 [M]. 上海：复旦大学出版社，2008.

[42] 葛天博 . 教学改革的逻辑 [M]. 成都：西南财经大学出版社，2015.

[43] 顾明远 . 教育大词典（上）[M]. 上海：上海教育出版社，1998.

[44] 王策三 . 教学论稿（第二版）[M]. 北京：人民教育出版社，2005.